CODE ANNOTÉ

DU DIVORCE

CODE ANNOTÉ

DU

DIVORCE

CONTENANT :

LE COMMENTAIRE DU LIVRE I, TITRE SIXIÈME DU CODE CIVIL
REVISÉ PAR LA LOI DE 1884.
L'ANALYSE DE LA DISCUSSION DEVANT LES CHAMBRES
ET CELLE DES TRAVAUX PRÉPARATOIRES DU CODE CIVIL
L'ÉTAT COMPLET DE LA JURISPRUDENCE
FRANÇAISE ET BELGE

PAR MM.

Max BOTTON
Docteur en droit,
avocat à la Cour de Paris.

André LEBON
Chef du Cabinet
du Président du Sénat.

AVEC UNE PRÉFACE ET UN DISCOURS DE

M. Alfred NAQUET
Sénateur.

———————— ⊗ ————————

PARIS

LIBRAIRIE NOUVELLE DE DROIT ET DE JURISPRUDENCE
Arthur ROUSSEAU, Éditeur
14, RUE SOUFFLOT ET RUE TOULLIER, 13

1884

PRÉFACE

Messieurs,

Vous allez publier un ouvrage sur le divorce et vous me demandez quelques lignes dont vous puissiez le faire précéder.

Ces quelques lignes, je vous les accorde bien volontiers, et le plaisir est grand, vous le concevez, que j'éprouve en vous les donnant.

Je ne veux pas ici empiéter sur votre terrain qui est celui du légiste et qui n'est pas le mien. Je ne veux pas davantage faire à la nouvelle loi et notamment à l'article 310 toutes les critiques que je pourrais leur faire. Il y a bien des imperfections, bien des lacunes dans cette loi; mais je vous avoue que peu m'importe, que je suis tout heureux de la savoir enfin promulguée.

C'est que l'important, le point capital, était de rétablir le divorce, de rompre avec l'œuvre de la Restauration et de montrer non plus seulement par les arguments de la théorie, mais surtout par la pratique, que la législation du divorce est essentiellement morale et humaine.

Une fois cette preuve faite, une fois que l'expérience aura convaincu les timides et désarmé les plus endurcis, une fois que, comme en Belgique, les catholiques eux-mêmes accepteront le divorce et protesteront lorsqu'on les accusera de vouloir l'abolir, ainsi qu'ils protestent, à cette heure, lorsqu'on les accuse de vouloir abolir le mariage civil, une fois, en un mot, que le temps aura complété et consolidé l'œuvre que vient d'accomplir la raison, si la loi est imparfaite, on la modifiera. On en aura fini alors avec les préjugés qui s'attachaient au principe, et non aux détails du divorce, et le principe n'étant plus en question, rien ne sera facile comme d'améliorer les détails.

Je suis donc très content du résultat obtenu. Je crois avoir en cette circonstance attaché mon nom à une réforme sociale de la plus haute importance et, en même temps à un fait politique, — car c'en est un — dont les conséquences seront on ne peut plus heureuses.

Aussi est-ce avec un grand sentiment de satisfaction que je vois les jurisconsultes se mettre au travail pour analyser, interpréter la nouvelle législation, en éclaircir les points obscurs, en aplanir les difficultés, et compléter ainsi ce qu'ont fait les Chambres. C'est là un travail qui s'impose toutes les fois qu'une transformation s'opère dans nos Codes, et nul n'est plus que vous à même de l'entreprendre et de le mener à bien.

Veuillez agréer l'expression de mes meilleurs sentiments.

A. NAQUET.

Juillet 1884.

AVERTISSEMENT

La loi du 27 juillet 1884, en modifiant le titre VI du Code civil, relatif au divorce, a laissé subsister le plus grand nombre de ses dispositions, sur lesquelles la jurisprudence française, de 1804 à 1816, et la jurisprudence belge, depuis la promulgation du Code, ont été appelées à statuer. Nous avons, en conséquence, analysé et placé sous chacun des articles : 1° toutes les parties des discussions de la Chambre et du Sénat qui pouvaient en éclaircir le sens et la portée; 2° un certain nombre d'extraits des débats du Conseil d'État et du Tribunat, destinés à éclairer les points qui n'ont pas été abordés dans les discussions de 1882 et de 1884, ou à compléter les indications tirées de ces dernières ; 3° un exposé méthodique de la jurisprudence française et belge, spéciale au divorce.

Nous avons puisé, notamment dans la jurisprudence belge, des discussions complètes et des éclaircissements précieux sur les difficultés que peut soulever l'application du titre VI du Code civil.

2

EXPLICATION DES ABRÉVIATIONS

Les arrêts cités dans cet ouvrage, comme l'indiquent les renvois qui les suivent, ont été empruntés au Sirey, au Dalloz et à la *Pasicrisie* belge, recueil général de la jurisprudence des Cours et Tribunaux de Belgique.

Art	Article.
Arg	Argument.
Cass.	Cour de cassation francaise.
Cass. B	Cour de cassation belge.
C.	Cour.
Cpr	Comparer.
D.	Dalloz périodique.
Dalloz.	Dalloz, *Jurisprudence générale.*
J. P.	Journal du Palais.
loc. cit.	*loco citato.*
Pas., ...	(Pasicrisie belge) Recueil général de la jurispru- dence des Cours et tribunaux de Belgique.
Pas., 1882, 2, 134 .	(Pasicrisie belge) année 1882, 2ᵉ partie, page 134(1).
S. a.	Sirey ancien.
S. a., 7, 2, 63 . . .	Sirey ancien, tome 7, 2ᵉ partie, page 63.
S. c. n	Sirey, collection nouvelle.
Trib.	Tribunal.
V.	Voir.
Vᵒ	*Verbo.*

(1) Chaque année de la Pasicrisie belge est divisée en trois parties : la première contient la jurisprudence de la Cour de cassation; la seconde celle des Cours d'appel; la troisième la jurisprudence des tribunaux.

CODE ANNOTÉ

DU DIVORCE

INTRODUCTION

HISTORIQUE. — LÉGISLATION COMPARÉE.

Notre intention n'est point ici de rechercher les arguments moraux, sociaux ou juridiques qui militent pour ou contre l'institution du divorce. Le remarquable et éloquent discours de M. Alfred Naquet, que nous reproduisons plus loin, est à ce point de vue un traité complet : il n'est pas une objection dont l'honorable sénateur n'ait abordé de front l'examen, pas un des aspects de la question qu'il n'ait tour à tour mis en lumière avec une hauteur de vues, une sûreté de logique, un respect de tous les scrupules de conscience dont l'histoire parlementaire offre malheureusement trop peu d'exemples.

Nous n'avons donc point à redire, dans ces quelques pages d'introduction, les considérations de tout ordre si fortement et si habilement développées par M. Naquet. Mais nous avons pensé qu'avant d'aborder l'objet spécial de ce volume, à savoir la critique du texte de la loi et l'étude de la jurisprudence, il ne serait pas sans intérêt de jeter un rapide coup d'œil sur l'histoire du divorce et l'accueil que lui ont fait les législations des principaux pays civilisés.

I

S'il est vrai de dire, d'un façon générale. que l'histoire du
droit montre le triomphe de la famille germanique sur la
famille romaine, à côté du triomphe de la propriété romaine
sur la propriété germanique (1), on ne peut du moins assigner
au divorce une origine strictement romaine ou germanique,
bien qu'il forme l'une des parties les plus importantes du
droit familial. Rome l'a connu à toute époque, et l'on sait
les abus auxquels il donna lieu au temps de la décadence.
D'autre part, les lois barbares lui ont fait la plus large place.
Au midi comme au nord, la loi ou la coutume allait même
plus loin encore que le divorce : à l'instar des législations
orientales, elle admettait la répudiation, tout au moins en
faveur du mari. Et cependant, si de nos jours l'on parcourt
la carte de l'Europe, il semblerait à première vue que l'indissolubilité du lien matrimonial est un héritage de l'influence
latine, au lieu que le divorce est demeuré comme le monopole
des races plus rebelles au droit romain : au nord, les pays
germains, à l'est les pays slaves, admettent le divorce;
parmi les pays latins, la Roumanie, grâce au voisinage des
Slaves, la Belgique, sous l'impérieuse action de la révolution
française, l'ont introduit dans leurs lois; mais ni le Portugal,
ni l'Espagne, ni l'Italie ne l'ont encore accueilli; la France
même, après l'avoir eu pendant vingt ans, en a mis soixante
à le reconquérir.

L'origine de cette divergence entre les législations européennes se trouve non dans la différence des races ou
des climats, mais dans celle des religions. Le judaïsme, le

(1) Glasson, *Le Mariage civil et le Divorce*, 1879, p. CXL.

christianisme grec, le christianisme protestant, l'islamisme
sont d'accord pour autoriser le divorce; le catholicisme
romain seul proclame en principe l'indissolubilité absolue du
lien matrimonial, et, lorsque devant certains cas particuliers
il a dû faire fléchir la rigueur de la règle, le droit canonique
a cependant voulu lui rendre un dernier hommage en décidant non pas que le mariage était rompu, mais qu'il était
nul, radicalement nul dans son essence : c'est ainsi qu'il a
compté et compte encore parmi les causes de nullité de
mariage l'erreur sur la personne morale, la parenté spiri-
tuelle, la disparité des cultes, le rapt, la non-consommation
volontaire du mariage, l'impuissance naturelle et tant
d'autres.

Est-ce à dire qu'à s'en tenir à la lettre stricte de l'Évangile, il convienne de donner raison aux grecs ou aux protestants plutôt qu'aux catholiques?

Sur ce point même, aucune secte chrétienne ne peut prétendre à représenter seule la fidélité à la tradition religieuse :
contre les catholiques, on peut citer deux passages de saint
Mathieu (1) qui admettent le divorce, ou plutôt la répudiation de la femme, en cas d'adultère; contre les grecs ou les
protestants, on peut conclure de ces deux mêmes passages
qu'en toute autre matière, le lien matrimonial doit demeurer
indissoluble, et de deux textes de saint Luc (2) et de saint
Marc (3), qu'il l'est même en cas d'adultère. A proprement
parler, l'Évangile ne peut être invoqué ni par les partisans
ni par les adversaires du divorce : il n'en parle point, mais
seulement de la répudiation. C'est après des péripéties
diverses, au concile de Trente, le 11 novembre 1563, que le

---

(1) Chap. v, verset 32, et chap. xix, v. 7.
(2) Chap. xvi, v. 18.
(3) Chap. x, v. 11.

divorce fut définitivement proscrit par l'Église catholique.
Déjà la Réforme avait contesté l'autorité des décisions du
concile et assuré la conservation du divorce dans tous les
pays qui embrassèrent la doctrine de Luther.

Dès lors, la question se posa non plus au point de vue du
droit civil pur, mais eu égard à l'autorité dont jouissait
l'Église catholique romaine : partout où ses doctrines étaient
religion d'État, en France, en Espagne, en Portugal, en Italie,
le divorce fut interdit, la séparation seule permise ; partout
ailleurs le divorce demeura autorisé à des degrés divers.
Aujourd'hui encore, l'existence du divorce dans un pays
dépend de la situation qu'y occupe le catholicisme. La
France où nous étudierons bientôt l'histoire du divorce avec
plus de détails, la France l'a vu apparaître en même temps
que la liberté de conscience, et disparaître ensuite au lendemain de la Charte qui rétablissait une religion d'État.
L'Italie, la jeune Italie, n'a pas osé, dès ses premiers pas
vers l'unification, s'affranchir intégralement des préceptes
de l'Église : le Code de 1865 est muet sur le divorce, et c'est
seulement en 1881 que le gouvernement a fait sien un projet
de réforme. En Espagne, en Portugal, il n'en est point
question, et l'on admet seulement, dans la plupart des cas,
les causes de nullité de mariage prévues par le droit canonique.

Parmi les législations européennes qui admettent le divorce, et, on le sait déjà, c'est la très grande majorité d'entre
elles, il en est de deux sortes : les unes, les plus nombreuses,
n'admettent que le divorce ; d'autres réservent également une
place à la séparation de corps. Les premières embrassent
l'Allemagne, la Russie, la Suisse, les États scandinaves, la
Serbie, le Montenegro, la Roumanie ; les secondes, l'Angleterre, l'Autriche, la Hollande, la Belgique, la Pologne russe,
et maintenant la France ; en Autriche-Hongrie et dans la

Pologne russe, les parties ne peuvent demander le divorce que si leur religion les y autorise; en Belgique, en Hollande, en France, leur droit de choisir est absolu, quelles que soient ou qu'aient été au moment du mariage leurs convictions religieuses; en Angleterre et en Autriche, certains faits donnent droit au divorce, d'autres seulement à la séparation. Nous examinerons sommairement les causes de divorce dans les principales d'entre ces législations, nous contentant de renvoyer aux textes les lecteurs qui désireraient étudier la procédure et les effets du divorce (1).

ALLEMAGNE (Loi d'empire du 6 février 1875). — Cette loi ne fait qu'abolir la séparation de corps perpétuelle, sans indiquer les causes de divorce. Pour connaître ces causes il faut donc se référer aux législations particulières des divers États de l'empire. Le consentement mutuel n'est admis qu'en Prusse, à Bade et dans les provinces rhénanes, où le Code civil français est demeuré en vigueur. L'adultère, sans distinction entre le mari et la femme, mais sauf compensation des torts de l'un et de l'autre conjoints, les attentats à la vie, sévices et injures graves, la condamnation à une peine infamante, l'absence, l'abandon, le refus d'accomplir le devoir conjugal, l'ivrognerie habituelle, certaine maladies, parfois même le changement de religion sont des causes de divorce. Pour quelques-unes d'entre elles le divorce ne peut être prononcé qu'après une séparation temporaire, à titre d'épreuve. La législation prussienne, est de beaucoup la

____

(1) Les *Bulletins de la Société de législation comparée* de janvier et de février 1882 contiennent d'importantes études de MM. Ch. Lyon-Caen, Lefort, Theurault, Hubert-Valleroux, Flach et L. Renault, sur le divorce en Autriche-Hongrie, en Suisse, en Allemagne, en Angleterre, en Alsace-Lorraine et en Belgique. MM. Gonse et Pinchon ont étudié le divorce en Algérie et en Cochinchine; M. Amiaud, le projet italien.

plus large dans l'énumération des causes de dissolution du lien coujugal (1.)

Russie (Zwod, et ukase du 6 février 1850). — La loi russe n'autorise le divorce qu'en cas d'adultère, de condamnation ou d'absence.

Suisse (Loi fédérale du 24 décembre 1874). — Le tribunal, en dehors de certaines causes déterminées par la loi, peut prononcer le divorce sur la demande d'un seul des époux « s'il résulte des circonstances que le lien conjugal est profondément atteint », ou sur la demande des deux époux « s'il résulte... que la continuation de la vie commune est incompatible avec la nature du mariage ». C'est, on peut le dire, la liberté absolue d'appréciation pour le juge.

Danemark (Code de 1684). — L'adultère, l'abandon, la condamnation à une peine perpétuelle, l'impuissance avant mariage, le consentement mutuel sont des causes de divorce. L'adultère réciproque amène compensation et empêche la rupture du mariage.

Angleterre (Loi du 28 août 1857). — La séparation s'obtient pour adultère, abandon sans cause pendant deux ans, cruauté (2) ou sodomie ; le divorce, pour adultère de la femme, et pour adultère du mari quand celui-ci est accompagné de bigamie, inceste, rapt ou de l'une des causes de séparation.

(1) Voici les dates des principales lois en vigueur en Allemagne, sauf les modifications résultant de la loi d'empire du 6 février 1875 :
Saxe, Code de 1863 ;
Bavière, loi du 8 mai 1816 ;
Wurtemberg, loi du 8 août 1875 ;
Bade, Code civil français et loi du 29 mai 1811 ;
Prusse, *Landrecht.*
(2) La jurisprudence comprend sous ce nom les excès, les sévices et certaines injures graves.

Autriche (Code civil de 1811, et patente impériale du
5 novembre 1855 sur la mise en vigueur du Concordat de la
même année). — En dehors de la règle qui interdit aux époux
d'obtenir le divorce quand leur religion s'y oppose, on compte
six causes de divorce et cinq causes de séparation. Les premiers sont l'adultère, la condamnation à cinq ans de prison,
le délaissement intentionnel, les attentats à la vie, les sévices
]répétés, l'aversion invincible et mutuelle. Les secondes sont
a condamnation pour crimes, les mauvais traitements même
accidentels, les injures graves renouvelées, la mauvaise conduite compromettant la fortune ou les bonnes mœurs de la
famille, le vice corporel incurable et contagieux.

On voit par ces quelques exemples (1) que, d'une façon
générale, les pays d'origine germanique, à l'exception de
l'Angleterre, sont ceux où la rupture du lien conjugal rencontre le plus de facilités. Chez les Slaves, au contraire, la
réglementation est plus sévère.

Il nous reste à résumer l'histoire du divorce en France,
le seul pays latin d'Occident qui l'ait un instant pratiqué.

II

La première apparition du divorce en France date de la
loi du 20 septembre 1792 ; jusqu'alors la séparation de corps
avait seule été autorisée par le droit civil. OEuvre de réac-

----

(1) Voici les dates des principales lois en vigueur dans les autres
pays :
Suède, Code de 1734, loi du 27 avril 1810;
Norvège, Code de 1687, ordonnances de 1750 et du 18 octobre
1811;
Serbie, Code de 1844;
Pologne russe, loi du 24 juin 1836;
Roumanie, Code de 1865.

tion contre les maximes de l'Église catholique, la loi de 1792 poussait jusqu'à ses plus extrêmes limites le principe qui fait du consentement des parties la base même du contrat de mariage; non seulement ce consentement devait se rencontrer au moment de la formation du contrat ; mais, suivant le législateur révolutionnaire, il devait persister pendant toute la durée du mariage; à côté des causes déterminées de divorce, causes dont l'énumération était cependant fort étendue, puisqu'elle comprenait la démence, la folie, l'abandon, l'absence et l'émigration, la loi admettait la dissolution du lien conjugal sur la simple allégation d'incompatibilité d'humeur apportée par l'un des époux : ce n'était déjà plus le divorce, mais la répudiation. La procédure même organisée par la loi de 1792 se ressentait de la facilité qu'elle entendait accorder aux époux pour se séparer : la loi faisait de la dissolution du mariage une affaire de famille réglée par la famille, en dehors de l'intervention des tribunaux.

Deux décrets de la Convention, en date du 8 nivôse et du 4 floréal an II, vinrent encore supprimer les rares formalités et les courts délais imposés aux parties par la loi de 1792 pour leur en substituer d'autres plus rares et plus courts. Mais le désordre devint bientôt tel que la Convention elle-même abrogea ces deux décrets le 15 thermidor an III, et la loi de 1792 demeura seule en vigueur jusqu'à la fin de la Révolution, sauf une restriction sans grande importance qu'y introduisit le Directoire.

Les rédacteurs du Code civil (1) cherchèrent à se maintenir dans un juste milieu entre la prohibition absolue de l'ancien

(1) Le Concordat de 1802 reconnaît que la religion catholique est la religion « de la grande majorité des Français », mais n'en fait pas la religion de l'État.

régime et la complaisance excessive du droit intermédiaire :
de là le titre VI du Code civil qui, limitant strictement
les causes de divorce, établissait en outre une procédure
spéciale à la matière et où les formalités étaient calculées
de façon à provoquer, pour ainsi dire, la réconciliation
des époux avant le prononcé du jugement définitif. Ce n'était
plus en effet la famille, mais le tribunal qui statuait sur la
dissolution du mariage ; si, en dehors du divorce pour
causes déterminées soumises à l'appréciation de la magistrature, le législateur admettait encore le divorce par consentement mutuel, les délais et les conditions sévères qu'il
imposait à ce dernier ne permettaient d'y voir qu'un moyen
de laisser aux époux la liberté de se séparer sans livrer leurs
différends et leurs griefs à la publicité des Cours judiciaires,
et non point de se quitter au gré de leur fantaisie. Enfin,
comme annexe au divorce, le législateur de 1803 rétablit la
séparation de corps, qui avait été supprimée en 1792 : con-
cédée pour les mêmes motifs que le divorce, sauf le consentement mutuel, mais suivant la procédure des actions civiles
ordinaires, la séparation était simplement destinée à mettre
le relâchement du lien conjugal à la disposition des personnes que leur foi religieuse n'autorisait pas à en poursuivre la rupture.

Cette législation subsista jusqu'à la Restauration : la loi du
8 mai 1816, votée par la Chambre introuvable, raya du Code
le divorce que condamnait la religion de l'Etat (1), et ne laissa
subsister dans nos lois que la séparation de corps.

A peine la monarchie légitime avait-elle été renversée par

(1) Charte de 1814 :
Art. 5. — Chacun professe sa religion avec une égale liberté, et obtient pour son culte la même protection.
Art. 6. — Cependant, la religion catholique, apostolique et r o m a i ı
est la religion de l'État.

la Révolution de juillet (1), des efforts nombreux et répétés furent faits en faveur du rétablissement du titre VI du Code civil : à quatre reprises différentes, en 1831, en 1832, en 1833, en 1834, la Chambre des députés vota les propositions de M. de Schonen ou de M. Bavoux, mais toujours on se heurta à la résistance de la Chambre des pairs. Reprise en 1848, à l'Assemblée constituante, la proposition fut abandonnée par son auteur et ne vint pas en discussion. La question demeura longtemps dans l'ombre, et ne fut soulevée à nouveau que vingt-huit ans plus tard, par M. Naquet.

Arrêté une première fois en 1876 par la dissolution de la Chambre, battu une autre fois en 1880, M. Naquet réussit enfin, en 1882, à faire adopter sa proposition par la Chambre des députés. Le rétablissement du divorce a été voté par le Sénat, et décidé par la loi de 1884 (2).

Il ne rentre pas dans le cadre de cette étude d'examiner la nature et la valeur de l'opposition politique ou religieuse qu'ont rencontrée les partisans du divorce. Toutes les parties des discussions de la Chambre et du Sénat, qui pouvaient éclairer le sens et la portée des articles de la loi, ont été ana-

(1) Charte de 1830 :
Art. 5 de la Charte de 1814 maintenu.
Art. 6. — Les ministres de la religion catholique, apostolique et romaine, professée par la majorité des Français, et ceux des autres cultes chrétiens, recoivent des traitements du Trésor public.
(2) Nous donnons ci-dessous la date des rapports et débats tant à la Chambre qu'au Sénat : *Proposition* de M. Naquet à la Chambre, 11 novembre 1881 ; *rapport sommaire* de M. de Marcère, 26 novembre 1881 ; *rapport* du même, 14 mars 1882 ; *rapport supplémentaire* du même, 27 mai 1882 ; *séances de la Chambre* des 6 et 8 mai 1882 (première délibération), des 13, 15, 17 et 19 juin 1882 (seconde délibération) ; — *transmission* au Sénat, 27 juin 1882 ; *rapport* de M. Emile Labiche, 7 février 1884 ; *séances du Sénat* des 26, 27, 29, 30 mai, 5 et 7 juin 1884 (première délibération), des 20, 21, 23 et 24 juin 1884 (seconde délibération) ; — *transmission* à la Chambre, 30 juin 1884 ; *rapport* de M. Letellier, 8 juillet 1884 ; *séance de la Chambre* du 19 juillet 1884.
Mentionnons en outre, pour le débat de 1880, un important rapport de M. Léon Renault à la Chambre, 15 janvier 1880.

lysées et placées sous chacun des articles qu'elles concernaient ; on y a joint un certain nombre d'extraits des débats du Conseil d'État et du Tribunat, du Consulat, destinés à éclairer les points qui n'ont pas été abordés dans les discussions de 1882 et de 1884, ou à compléter les indications tirées de ces dernières.

Dans son ensemble, la loi du 27 juilllet 1884 se borne à remettre en vigueur les dispositions du Code civil de 1803; cela nous a permis de ne pas nous borner à la critique doctrinale des textes, mais de faire la plus large part à la jurisprudence française depuis la promulgation du Code jusqu'à la loi du 8 mai 1816. D'autre part, le Code civil n'ayant pas cessé d'être appliqué dans son intégralité en Belgique, la jurisprudence de ce pays nous a fourni un précieux contingent d'arrêts sur la plupart des articles.

La loi nouvelle ne s'en est cependant pas purement et simplement référée au texte du Code civil. Sans parler de quelques modifications de rédaction et d'autres également secondaires, qui seront étudiées en leur lieu, il convient d'appeler dès à présent l'attention sur quatre points importants.

Tout d'abord, la loi du 27 juillet 1884 a maintenu l'abrogation des articles du Code relatifs au divorce par consentement mutuel. Ces articles avaient été rétablis par la Chambre; ils n'ont pas été conservés par le Sénat. Le divorce ne peut donc être désormais obtenu que sur décision des tribunaux et pour causes déterminées.

D'autre part, la nouvelle loi a modifié l'article 230, et se conformant en cela à la plupart des législations étrangères, elle a assimilé l'adultère du mari à celui de la femme, sans exiger que des circonstances aggravantes accompagnent le premier pour en faire une cause de divorce. Le législateur français n'a cependant pas été aussi loin que le législateur danois par exemple : il n'a pas décidé que lorsqu'il y a adultère de la part de chacun des deux conjoints, une sorte de compensation se produit qui empêche le divorce.

D'après l'article 295 modifié, les époux divorcés une première fois peuvent se réunir à nouveau dans certaines conditions. Cette modification au Code civil a été réclamée par le parti catholique.

L'article 310 sur la conversion des jugements de séparation en jugements de divorce contient les germes d'une théorie nouvelle sur le rôle respectif du divorce et de la séparation de corps dans le droit français, et l'on peut se demander dans quelle mesure cette théorie réagit sur l'ensemble du titre II du Code civil.

Enfin, quelques dispositions additionnelles de la loi du 27 juillet 1884 concernent la publication des débats judiciaires de divorce ou de séparation par la voie de la presse, et l'application de la loi dans les colonies. Pour faciliter les recherches, nous avons placé en tête les articles de la loi qui prescrivent le rétablissement des articles du Code, sauf modification de quelques-uns d'entre eux; nous avons ensuite reproduit dans leur ordre tous les articles du Code, à l'exception de ceux qui sont et demeurent abrogés; les dispositions additionnelles de la loi du 27 juillet 1884 ont été rejetées à la fin du volume.

LOI DU 27 JUILLET 1884

ARTICLE PREMIER

La loi du 8 mai 1816 est abrogée.

Les dispositions du Code civil abrogées par cette loi sont rétablies, à l'exception de celles qui sont relatives au divorce par consentement mutuel, et avec les modifications suivantes apportées aux articles 230, 232, 234, 235, 261, 263, 295, 296, 298, 299, 306, 307 et 310... (1).

Sont abrogés les articles 233, 275 à 294, 297, 305, 308 et 309 du Code civil.

1. — Historique. — Discussion. — La Chambre avait voté un article additionnel ansi conçu :

« Les dispositions relatives au divorce dans les articles de loi suivants sont remises en vigueur : C. civil, art. 386, 767, 1441, 1452, 1463, 1518 ; — C. de procédure civile, art. 174, 187, 268, 881, 1504 ; — C. de commerce, art. 66 ; — C. d'instruction criminelle, art. 156, 322, § 5 : — Tarif du 16 février 1807, art. 29, 70, 91, 92, 168 ; — L. sur l'enregistrement du 22 frimaire an VII, art. 68, § 6 ; — L. du 28 avril 1816, art. 45, n° 8 et art. 49, n° 2. »

Cet article additionnel a disparu dans le texte définitif de la loi, sans que le rapporteur du Sénat ni les orateurs qui ont pris part à la discussion aient indiqué pourquoi. Le motif est que l'article était inutile ; la loi du 8 mai 1816 avait en effet décidé que le divorce était aboli, mais n'avait pas abrogé nominativement tels ou tels articles du Code. Ces articles n'ont donc jamais cessé d'être en vigueur, en tant qu'ils n'avaient rien de contraire à la loi de 1816, et un grand nombre d'entre eux ont été appliqués en matière de séparation ; la loi de 1816 ayant été abrogée, ils sortiront désormais leur plein et entier effet.

Nous en dirons autant de l'article 227 que la Chambre avait rétabli dans les termes suivants : « Le mariage se dissout : 1° par la mort de l'un des époux ; 2° par le divorce légalement prononcé. »

ART. 2.

Le paragraphe ajouté à l'article 312 du Code civil par la loi du 6 décembre 1850 est modifié comme il suit...(1).

ART. 3, 4 et 5.

(Voir à la suite des articles du Code civil, p. 171.)

(1) Voir ci-après le texte des articles duCode civil et des articles modifiés par la loi.

CODE CIVIL

LIVRE Ier — DES PERSONNES

TITRE VI

DU DIVORCE

1. — Statut personnel. — Étrangers. — Loi étrangère. — Le divorce et ses causes, intéressant l'état des personnes, relèvent du statut personnel (Cass. B., 9 mars 1882; Pas., 1882, 1, 63. — C. Bruxelles, 14 mai 1881; Pas., 1881, 2, 263) (1). Par suite, lorsque deux étrangers intentent une action en divorce devant un tribunal, c'est à la loi de leur pays qu'ils sont soumis relativement aux causes du divorce si elles ne sont pas contraires aux bonnes mœurs et à l'ordre public (Cfr. Trib. Bruxelles, 19 février 1881; Pas., 1881, 2, 74, confirmé par C. de Bruxelles, 14 mai 1881; Pas., 1881, 2, 263). V. aussi Merlin (*Questions de droit; v° Divorce*).

Il en résulterait également que si leur loi nationale n'admet que la séparation, la séparation seule peut être prononcée entre eux.

Laurent (2) pousse jusqu'à ses extrêmes conséquences le système qui fait du divorce une matière relevant du statut personnel : il va jusqu'à dire, s'appuyant sur l'opinion de Troplong et de Merlin, que des étrangers pouvaient obtenir le divorce en France avant la nouvelle loi, si le divorce était admis par leur loi nationale; de même, il dit que les causes du divorce relèvent du statut personnel.

La jurisprudence française ne fournit aucun élément d'appréciation, nos tribunaux s'étant toujours déclarés incompétents dans les procès de séparation entre étrangers.

(1 et 2) Laurent. *Droit civil international.* V. *passim*, notamment p. 274 et n° 203.

L'incompétence du tribunal peut être prononcée d'of ice par le juge (Cass., req., 10 mars 1858; D. 1858, 1, 313) ; elle doit l'être quand elle est opposée par le défendeur (même arrêt et C. de Paris, 23 juin 1859; D. 1860, 2, 213); mais dans l'un et l'autre cas, le tribunal peut ordonner des mesures provisoires, autoriser la femme à quitter le domicile conjugal, veiller à la sûreté des enfants. (C. de Paris, 28 juin 1853; D., 1853, 5, 200 ; — C. de Metz, 26 juillet 1865; *ibid.*, 1865, 2, 160; — C. de Poitiers, 15 juin 1847; *ibid.*, 1848, 149.)

Au contraire, le tribunal français peut juger le fond, lorsque les époux ont, dans leur contrat de mariage, déclaré se soumettre aux règles du Code civil français (C. d'Aix, 3 juillet 1873; D., 1875, 2, 232), lorsqu'ils ont été autorisés à établir leur domicile en France (Cass., 23 juillet 1855, *ibid.*, 1855, 1, 353), ou enfin lorsque les parties y consentent. (C. de Paris, 13 fév. 1858; *ibid.*, 1858; 2, 56.)

2. — Étrangers. — Changement de nationalité des époux. — Un étranger, dont la loi nationale n'admet que la séparation, pourra-t-il, s'étant fait naturaliser Français, exciper de sa nouvelle nationalité et réclamer en France la dissolution du mariage contracté avant la naturalisation dont sa femme n'a point profité?

La Cour de cassation (16 déc. 1845; D., 1846, 1, 7), confirmant un arrêt de la Cour de Poitiers, a, dans l'hypothèse inverse d'un Français s'étant fait naturaliser Suisse pour obtenir le divorce, refusé d'admettre la validité du second mariage, la naturalisation paraissant frauduleuse et exclusivement destinée à permettre le divorce (V. dans le même sens, Cass. 13 juillet 1875; D., 1876, 1, 5-6). Si c'est la femme qui a acquis la nationalité française, la même question se pose, et, de plus, celle de savoir si elle pouvait changer de nationalité aux termes de sa loi nationale. Sur ce dernier point par exemple, la Cour de cassation (18 mars 1878; D., 1878, 1, 201) a décidé, dans l'affaire de Bauffremont, que la femme française séparée ne peut acquérir une nationalité étrangère sans l'autorisation de son mari.

Si les deux époux se sont fait naturaliser Français il n'y a point de motif pour leur refuser le divorce.

CHAPITRE PREMIER.

DES CAUSES DE DIVORCE.

ART. 229.

Le mari pourra demander le divorce pour cause d'adultère de sa femme.

1. — Adultère. — Preuve. — Présomptions. — L'adultère, servant de base à une demande en divorce, peut être établi non seulement par des preuves positives, mais encore par des présomptions précises, concordantes, s'induisant des faits qui en précèdent ou préparent la consommation et ne laissant à l'esprit du juge aucun doute raisonnable. Par suite il n'est pas nécessaire que l'époux incriminé et son complice aient été vus consommant l'adultère ou couchés dans le même lit pour qu'il soit constant pour le juge que l'adultère a été commis. L'enquête et la correspondance des complices, prises ensemble ou isolément, peuvent lui en fournir une preuve suffisante en mettant à sa connaissance des rendez-vous secrets, des entrevues fréquentes, de jour et surtout de nuit, à la maison conjugale en l'absence du conjoint plaignant, etc..., ou en lui dévoilant notamment les sentiments d'une passion déréglée ou des désordres qui ne permettent pas de douter de la consommation de l'adultère (C. Bordeaux, 27 fév. 1807; S. a., 7, 2, 163; S. c. n., 2, 2, 204; — Colmar, 20 juin 1812; S. c. n., 4, 2, 138). — Cette jurisprudence est aussi bien applicable à l'article 229 qu'à l'article 230.

2. — Adultère. — Demande en divorce. — Absence de preuve. — Injure grave (1). — L'époux qui a fondé sa demande en divorce pour cause d'injures graves et non pour cause d'adultère ne peut valablement, pour justifier

(1-2) Voir ci-après le texte de l'art. 312, § 2.

d'injures graves, provoquer à la preuve des faits d'adultère, puisque ce délit comporte une action autre que celle qui n'a pour cause que l'injure grave et dont les effets et les conséquences sont aussi différents. L'adultère, il est vrai, est bien une injure réelle et très grave; mais le législateur en a fait une cause particulière de divorce, en la distinguant formellement de l'injure grave; dès lors les preuves qui conviennent à la première de ces causes ne peuvent servir à justifier l'autre cause, lorsque c'est cette dernière qui forme le fondement de la demande en divorce. Aussi doit-on retrancher des dépositions des témoins les faits relatifs au prétendu délit d'adultère, et s'il n'en reste aucun assez sérieux pour justifier la demande en divorce pour cause d'injures graves, selon le sens de la loi, l'époux demandeur doit être débouté de sa demande (C. Colmar, 8| décembre 1807; S. a., 10, 2, 531; S. c. n., 2, 2, 310). — Cette jurisprudence est également applicable à l'article 230.

3. — Demande en divorce de la femme. — Rejet. — Autorisation donnée au mari de faire rentrer la femme au domicile conjugal. — Adultère de la femme. — Demande en divorce du mari. — Rejet. — Le mari, qui a obtenu le rejet de la demande en divorce de la femme avec autorisation de faire rentrer celle-ci au domicile conjugal, peut avoir lui-même à former plus tard une demande pareille contre sa femme pour cause d'adultère; mais s'il n'a pas donné exécution au jugement qui l'autorisait à faire réintégrer à sa femme le domicile conjugal, en tolérant qu'elle demeure hors de la surveillance de ses père et mère, dans une habitation isolée, et dans une société que la notoriété publique lui indique comme dangereuse, il perd le droit de se plaindre de l'inconduite de sa femme. (C. Paris, 6 avril 1811; S. a., 12, 2, 14; S. c. n., 3, 2, 470. Dalloz, v° *Séparation de corps*, n° 468.)

4. — Adultère. — Connivence du mari. — Fin de non-recevoir. — Le mari est recevable à demander le divorce pour cause d'adultère de la femme alors même qu'il aurait établi dans le domicile conjugal un état de choses facilitant les relations coupables de sa femme. Le législateur a spécifié les fins de non-recevoir qui peuvent être opposées à l'action en divorce pour cause déterminée, et il n'a pas rangé parmi elles la circonstance que le mari aurait connu ou toléré les relations coupables de sa femme. (C. de Bruxelles, 17 février 1881; Pas., 1881, 2, 219.)

ART. 230.

La femme pourra demander le divorce pour cause d'adultère de son mari (1).

1. — Historique. — Motifs. — Discussion. — Le texte de l'ancien article 230 du Code civil exigeait que le mari eût tenu sa concubine dans la maison commune pour que la femme pût invoquer l'adultère du mari comme cause de divorce ou de séparation de corps. Mais la jurisprudence, plus large que la loi, avait, dans ces derniers temps, introduit deux règles nouvelles en matière de séparation de corps : elle admettait fréquemment que l'adultère du mari, commis en quelque lieu que ce fût en dehors de la maison commune, constituait à l'égard de la femme une injure grave donnant lieu à séparation suivant les termes de l'article 231 du Code civil (2); de plus, les tribunaux avaient souvent assimilé à la maison commune de l'article 230 toute chambre, tout appartement loué par le mari et en son nom en dehors du domicile conjugal proprement dit.

En demandant la suppression de toute condition restrictive à l'action de la femme fondée sur l'adultère du mari, la commission de la Chambre s'exprima en ces termes par l'organe de son rapporteur (3) :

« A l'heure où nous poursuivons un idéal de justice en faveur des personnes, où nous donnons une plus large part aux sentiments d'humanité dans une loi qui règle le plus intime, le plus achevé de leurs rapports mutuels : à l'heure où nous

---

(1) Ancien texte de l'art. 230 : « La femme pourra demander le divorce pour cause d'adultère de son mari, lorsqu'il aura tenu sa concubine dans la maison commune. »

(2) V. art. 231.

(3) *Rapport* de M. de Marcère.

voulons accentuer la notion de pure spiritualité qui distingue la législation française, où nous désirons rétablir l'idée du mariage dans toute sa noblesse en la dégageant des compromissions et des fictions pitoyables qui le déshonorent, nous ne pouvons laisser la femme dans une situation abaissée qui la fait inférieure à l'homme. Esclave, servante, concubine, femme chrétienne, son élévation morale a marqué chacun des progrès de la civilisation. Il appartient à notre temps de l'élever encore d'un degré et d'en faire notre égale, en lui laissant avec ses dons, le rôle que la nature lui a départi. Elle subit encore dans nos lois civiles une sorte d'infériorité traditionnelle. Relevons-la du moins dans la famille, qui est son empire, et rendons-lui le droit de ressentir l'injure de la trahison, comme nous. »

Puis, après avoir rappelé la jurisprudence nouvelle, M. de Marcère ajoutait :

« Quel que soit, au surplus, le procédé détourné qu'emploient les tribunaux pour effacer entre les deux époux une différence à cet égard injustifiable, ils ont devancé les lois en se conformant aux mœurs. Leur doctrine est humaine et progressive : nous l'avons fait passer dans la loi. »

La Chambre vota la suppression reclamée par sa commission.

Au Sénat, la Commission proposa le maintien pur et simple du texte primitif du Code civil, et la majorité du Sénat adopta cette proposition en première lecture. En vain, M. de Pressensé chercha-t-il à prouver que l'article 230 était en contradiction avec l'article 212, qui fait aux époux une obligation absolue et mutuelle de la fidélité ; en vain, rappela-t-il les paroles de Régnier, disant au Conseil d'Etat de 1802 qu'en matière de divorce ou de séparation, « l'adultère ne doit être considérée que dans les effets qu'il produit entre les époux, » et que « sous ce rapport, le tort est le même, soit que le crime appartienne au mari, soit qu'il appartienne à la femme ». M. Emile Labiche répondit à M. de Pressensé, au nom de la Commission, que l'innovation était inutile avec la jurisprudence actuelle, et qu'en adoptant l'amendement on irait beaucoup trop loin, puisque les tribunaux n'auraient plus à apprécier le degré de gravité de la faute du mari, mais seulement à constater s'il y avait faute, et, la faute une fois établie, à prononcer *de plano* le divorce (1).

En deuxième délibération (2), M. Demôle reprit l'amendement de M. de Pressensé. Se plaçant sur le même terrain que le conseiller d'État Régnier, il affirma que si la loi pénale pouvait, à la rigueur, punir différemment l'adultère du mari et celui de la femme, à raison de l'inégalité des conséquences sociales qu'ils entraînent respectivement, la loi civile au contraire doit seulement se préoccuper de savoir si au regard de l'époux outragé, la violation du contrat matrimonial et le tort moral sont les mêmes, et, proclamant l'identité de la faute et de l'outrage, M. Demôle poursuivait :

« Est-ce à dire que le principe que nous demandons au Sénat d'admettre, l'égalité de l'homme et de la femme, va avoir pour résultat d'augmenter les cas de divorce ? En aucune façon. Écoutez la jurisprudence, plus humaine que la loi, plus juste, tout au moins, voulant dégager les conséquences qui froissent le moins le sentiment public de justice et d'égalité, la jurisprudence s'est prononcée en grande majorité — je pourrais presque dire à l'unanimité sur ce point — que l'adultère du mari, quand il est dénoncé par la femme, est presque toujours, sauf des exceptions difficiles à définir, une cause de séparation de corps. Par conséquent, il deviendra dans le nouveau régime une cause de divorce.

« Vous savez très bien qu'à cet égard, la Cour d'appel et la Cour de cassation ne varient guère.

« Le premier arrêt, celui qui peut-être a servi de type aux autres, que nos recueils de jurisprudence mentionnent, est un arrêt de la Cour de Limoges dans lequel il est dit très positivement que bien que la loi n'ait pas fait de l'adultère du mari une cause péremptoire de divorce, toujours est-il que la publicité donnée à un adultère, et surtout la connaissance que la femme peut en avoir, en fait l'injure la plus cruelle, la plus poignante qu'une femme puisse ressentir ; ce qui revient à dire à peu près que si le mari ne prend pas ses précautions pour dissimuler ce qu'on appelle une escapade, que si la

(1) Sénat, séance du 5 juin 1884.
(2) *Id.*, séance du 20 juin 1884.

femme apprend que son mari, au vu et au su d'un certain nombre de personnes, a trahi la foi qu'il lui a promise, elle a droit à la séparation de corps ; et, par conséquent elle aura droit au divorce.

« Il se produira, en effet, exactement ce qui se passe avec la législation actuelle. Quand un mari, de notoriété publique, ou tout au moins dans des conditions telles que la femme a eu certainement connaissance de l'outrage qui lui a été fait, qu'il a commis un acte constituant une infraction à la foi conjugale, il en sera pour la demande de divorce, tout comme il en est aujourd'hui pour la demande en séparation de corps.

« Eh bien, messieurs, quand la mère de famille, quand la femme, après avoir été outragée dans des conditions telles qu'elle ne pourra pas pardonner, que la vie commune deviendra insupportable, que l'éclat de l'adultère est assez grave pour rendre la cohabitation du foyer commun dangereuse au point de vue des enfants; que, par conséquent, elle viendra dire au juge : Séparez-moi de corps ou prononcez le divorce; est-il bon que le juge substitue son appréciation particulière à cette judicature de famille? Pensez-vous qu'il soit bon que la femme soit renvoyée par les mêmes arguments ou par des arguments analogues à ceux que je vous présentais tout à l'heure quand il s'agissait du mari? . . . . . »

M. Emile Labiche s'opposa à l'adoption de l'amendement Demôle, comme naguères à celle de l'amendement Pressensé. Il s'attacha à prouver que cet amendement n'était point, comme le prétendaient ses auteurs, la simple confirmation législative de la jurisprudence actuelle, mais en réalité l'introduction d'un principe nouveau. Résumant ses objections au système de M. Demôle, il termina en disant :

« Le dissentiment entre nos contradicteurs et nous ne consiste pas, comme l'indiquait tout à l'heure mon honorable collègue et ami M. Demôle, dans une espèce d'acquittement que nous serions disposés à donner aux fautes du mari; mais ce dissentiment consiste uniquement en ceci : c'est que nous, partisans du maintien du Code civil, nous voyons dans l'adultère simple du mari une faute grave sans doute, mais une faute qui, pour justifier la nécessité extrême du divorce, doit être soumise à l'appréciation des tribunaux. Dans leur

conscience, les magistrats décideront si cette faute constitue
ou non, d'après les circonstances de fait, d'après les circonstances de famille, d'après les considérations sociales, une
injure d'une gravité suffisante pour rompre à jamais l'union
conjugale.

« Nos contradicteurs, au contraire, considèrent que l'adultère du mari, quelle que soit la situation des époux, quelles
que soient les circonstances de temps, de lieu, d'éducation,
constitue toujours, sans aucune exception, une faute tellement
grave qu'en aucun cas le tribunal ne peut se refuser à infli-
ger, comme sanction pénale, la dissolution du lien conjugal.

« A notre avis, nos contradicteurs sont trop absolus, nos
contradicteurs se trompent et, en mettant les tribunaux dans
la nécessité de prononcer le divorce toutes les fois qu'on leur
apportera la constatation d'un adultère du mari, ils risquent
de donner une trop large application au divorce, qui devrait
toujours rester un remède extrême... »

Le Sénat adopta l'amendement de M. Demôle.

**2. — Esprit et conséquences juridiques de l'arti-
cle 230.** — Il est impossible de ne point partager la manière
de voir de M. Emile Labiche sur les conséquences juridiques
du nouveau texte de l'article 230. Le législateur a fait de l'a-
dultère du mari une cause de divorce ou de séparation en
faveur de la femme ; le juge n'a point à examiner si cet adultère est entouré de circonstances aggravantes qui en font une
injure grave dans les conditions établies par l'ancienne jurisprudence ; le fait seul qu'un adultère a été commis par le mari,
si accidentel ou si dissimulé qu'ait pu être le fait, entraîne
l'adjudication des conclusions de la demanderesse. Quant
aux éléments constitutifs de l'adultère et aux moyens de le
prouver, la même jurisprudence doit être appliquée qu'en
matière d'adultère de la femme.

Cependant on peut faire valoir une différence de rédaction
entre les articles 229 et 230 d'une part, et l'article 232 de
l'autre. Ce dernier décide que la condamnation à une peine
afflictive et infamante *sera* une cause de divorce ; les articles 229 et 230 disent que le mari ou la femme *pourra demander* le divorce pour cause d'adultère. Il en résulte dans

ce dernier cas un certain pouvoir d'appréciation réservé aux tribunaux.

(Voir pour la jurisprudence ce qui est dit à l'article 229.)

3. — Adultère. — Divorce. — Complice. — Prohibition de l'article 298. — Etendue nouvelle de son application. — La rédaction nouvelle de l'article 230 du Code civil aura pour effet principal d'étendre dans une large mesure l'application de l'article 298. L'adultère du mari hors la maison commune pouvait bien être assimilé à une injure grave et entraîner le divorce. Mais, dans ce cas, la jurisprudence décidait que l'article 298 n'était pas applicable. Cette jurisprudence était fondée sur l'interprétation donnée à cet article, lors de la discussion du Conseil d'État, où le président Boulay, dans la séance du 16 nivôse an X, avait fait la déclaration suivante : « L'intention de la section est d'attacher les mêmes effets à tout adultère qui *opère le divorce*. Mais celui de la femme l'opère dans tous les cas ; celui du mari seulement quand il tient sa concubine dans la maison commune » (Locré, édit. belge, t. III, p. 243). La jurisprudence en concluait que l'article 298 n'était applicable au mari qu'au cas où l'adultère avait été commis dans la maison commune (C. Bruxelles, 23 janvier 1882 ; Pas., 1882, 2, 103). Cette distinction n'a plus aujourd'hui sa raison d'être. L'adultère du mari, en quelque lieu qu'il ait été commis, s'il a été admis en justice comme cause de divorce, donnera lieu à l'application de l'article 298.

4. — Adultère. — Inceste. — Preuve. — L'innovation apportée par le législateur à l'article 230 nous oblige à éliminer toute la jurisprudence relative à l'ancien article. L'arrêt qui suit nous paraît utile cependant encore à noter :

Dans une demande en divorce, pour cause d'inceste, la preuve des faits articulés est recevable de la part de l'époux demandeur parce que son conjoint, pour être coupable d'inceste, n'en est pas moins adultère. (C. Paris, 11 juillet 1812 ; S. a. 12, 2, 425, S. c. n., 4, 2, 154 ; Dalloz, v° *Sép. de corps*, n° 69.)

ART. 231.

Les époux pourront réciproquement demander le divorce pour excès, sévices ou injures graves de l'un d'eux envers l'autre.

1.— Excès. — Sévices. — Injures graves. — Esprit général. — Cet article n'a pas été modifié par la loi nouvelle.

« Il serait superflu d'observer, dit Treilhard (1), qu'il ne s'agit pas de simples mouvements de vivacité, de quelques paroles dures échappées dans des instants d'humeur ou de mécontentement, de quelques refus, même déplacés de la part d'un des époux, mais de véritables excès, de mauvais traitements personnels, de sévices (2) dans la rigoureuse acception de ce mot, *sævitia*, cruauté, et d'injures portant un grand caractère de gravité. »

« La première partie de cet article emploie des termes si formels, dit Savoie-Rollin (3), qu'ils ne sauraient donner lieu à l'arbitraire des jugements. Les expressions d'*injures graves* n'ont pas la même précision ; mais d'abord leur rapprochement de celles d'*excès* et de *sévices* indique qu'elles sont au moral ce que les autres sont au physique ; les premières sont, si l'on peut ainsi parler, la violence des corps, et les secondes la violence des sentiments. Ensuite, la nature de l'action intentée, son importance morale et civile, la sévérité même de la loi dans son accueil au divorce, avertissent assez du véritable sens attaché à cette expression. »

D'après les discussions du Conseil d'Etat et les observations du Tribunat (4), l'article 231 vise principalement des faits d'une gravité particulière, tels que l'attentat à l'honneur, la diffamation publique, les mauvais traitements infligés par la femme à un mari infirme ou par le mari à la femme, l'attentat à la vie du conjoint, attentat dont celui-ci répugne à saisir la juridiction criminelle. Mais la jurisprudence en matière de séparation a indirectement étendu le domaine des excès

(1) *Exposé des motifs* au Corps législatif, Fenet. IX, 478.
(2) « Mauvais traitements habituels » dit Tronchet au Conseil d'Etat. *Ibid.* 277.
(3) *Rapport* au Tribunat ; *ibid.* 502.
(4) Voir notamment, *ibid*, 372 et 433.

et des sévices, en faisant rentrer dans la catégorie des injures graves certaines violences matérielles ou voies de fait; quant à « la violence des sentiments », elle n'a, pour ainsi dire, point de limites. La même jurisprudence sera applicable au divorce, car dans l'esprit des auteurs du Code civil, le divorce et la séparation sont institutions parallèles, fondées sur les mêmes causes. (Voir néanmoins ce qui est dit à l'article 316, n° 4.)

2. — Droits respectifs des époux. — La loi ne fait pas de distinction entre le mari et la femme qui sont également recevables à demander l'un contre l'autre le divorce pour mauvais traitements et injures graves. (Trèves, 28 mai 1813; S. a., 14, 2, 20; S. c. n., 4, 2, 320; Dalloz, v° *Sép. de corps*, n° 433, 2°.)

3. — Appel. — Pouvoir du juge. — Les juges d'appel ne violent pas la loi en rejetant une demande en divorce parce que les excès, sévices et injures dont la femme demanderesse se plaint n'ont pas la gravité requise par l'article 231 et qu'au surplus elle peut les faire cesser par un prompt retour à des bonnes mœurs, dont l'abandon par elle a été la cause de ces sévices et injures de la part du mari. (Cass.,rej., 14 prairial, an XIII; S. a., 8. 2, 908; S., c. n., 2. 1. 119; Dalloz, v° *Sép. de corps*, 484.)

§ 1ᵉʳ. — *Excès ou sévices.*

4. — Violences. — Réciprocité. — Provocation. — S'il est prouvé que les violences et les sévices de l'époux défendeur ont été provoqués par les injures ou les mauvais traitements qu'il a eu à supporter de la part de son conjoint, il n'y a pas lieu à prononcer le divorce. Il en est notamment ainsi dans le cas où une femme s'est portée à des actes de violence contre son mari, provoquée qu'elle était constamment par les reproches d'infidélité et d'adultère de celui-ci, c'est-à-dire par l'injure la plus outrageante qu'un mari puisse faire à sa femme. (C. Metz, 7 mai, 1807; S. a. 7, 2, 649; S. c. n., 2, 240.)

La jurisprudence a admis une solution contraire au cas inverse où la femme avait été victime de sévices et de mauvais traitements qu'elle avait provoqués. Dans ce cas, le divorce peut être prononcé au profit de la femme, car les injures ou mauvais propos tenus par elle ne peuvent autoriser le mari à la maltraiter, et on ne peut établir une sorte de compensation entre ses paroles et les sévices de son mari. (Poitiers, 10 ventôse an XI; S. c. n., 1, 2, 116.)

5. — Voies de fait. — Grossesse de la femme. — Il y a lieu de prononcer le divorce au profit de la femme s'il résulte de l'enquête : que son mari s'est porté envers elle à des voies de fait et à des violences d'autant plus répréhensibles qu'elle était alors enceinte et que cet état exigeait de la part de celui-ci des égards et des ménagements. (Rouen, 30 messidor an XII; S. a. 5, 2, 8; S., c. n., 1, 2, 205; Dalloz, v° *Sép. de corps*, 433.)

6. — Folie. — Translation momentanée dans une maison de santé. — La femme, dont l'état de maladie et notamment de folie nécessite de la part de son mari sa translation momentanée dans une maison de santé, ne peut ensuite faire de cette mesure un motif de divorce contre ce dernier, alors même que toutes les formalités réglementaires n'ont pas été accomplies; l'omission de l'une d'elles ne pouvant constituer un sévice dans le sens de l'article 231. (Paris, 10 janvier 1807; S. a., 7, 2, 1200; S. c. n., 2, 2, 187; Dalloz, v° *Sép. de corps*, 433.)

§ 2. — Injures graves.

7. — Absence. — L'absence peut-elle être considérée comme une injure grave? M. Batbie, s'opposant à l'adoption d'un article additionnel qui, d'abord adopté par la Chambre mais rejeté par le Sénat, déclarait que l'absence pourrait être une cause de divorce cinq ans après qu'elle aurait été déclarée, s'est exprimé ainsi :

« Si le conjoint vit encore... et ne veut pas revenir, quoiqu'on le presse de vives instances, ce serait le cas d'une injure grave; et alors il n'est pas besoin de loi spéciale, de disposition nouvelle, il suffit de se référer à la législation qui permet de prononcer le divorce ou la séparation pour cause d'injure grave, contre celui qui la commet (1). »

Il ne s'agit point ici d'une absence dans les conditions de l'article 115, puisque cette absence repose sur le défaut de nouvelles, et que dans aucun cas, même après l'envoi en possession définitif, elle ne peut donner lieu à divorce ni séparation; il s'agit d'une absence volontaire, persistante, où la résidence de l'absent est connue et où l'absent se refuse à reprendre la vie commune; c'est un abandon plutôt qu'une absence.

Lors de la préparation du Code civil, la question a été examinée de savoir si l'absence proprement dite devait être comprise parmi les causes déterminées de divorce (2) : elle fut écartée, la théorie générale de l'absence dans notre droit n'admettant pas d'effets définitifs et irrévocables.

8. — Abandon. — Quant au simple abandon, d'autres motifs le firent également écarter, avec la démence et l'incompatibilité d'humeur :

« Ce mot, disait le tribun Gillet au Corps législatif (3), ce mot présente une idée complexe : d'abord celle de l'éloignement qui est un fait, et celle du délaissement qui est une intention. Or, si le fait peut être aisément constaté, il en est autrement de l'intention qui souvent est contraire, et presque toujours équivoque. De cette ambiguïté peuvent naître des prétextes trop faciles pour franchir les engagements du mariage. »

Sans vouloir pour ainsi dire forcer la main aux tribunaux en comptant l'abandon parmi les causes de divorce, la loi semble laisser assez de latitude aux juges pour examiner si l'abandon ne constitue pas, dans certaines circonstances, une injure grave.

9. — Abandon du domicile conjugal par le mari ou par la femme. — L'abandon du domicile conjugal ne constitue par lui-même que la violation d'un des devoirs im-

----

(1) *Sénat*, séance du 7 juin 1884.
(2) Voir notamment Fenet, IX, 3, 17.
(3) 21 mars 1803. Fenet, IX, 547.

posés par la loi aux époux, et il ne peut être considéré comme une injure grave, dans le sens de l'article 231 du Code civil que s'il est accompagné de circonstances particulières qui lui attribuent ce caractère. Ce principe découle tant des termes précis de l'article 231 que des travaux préparatoires et des discussions qui ont. précédé l'adoption du titre du divorce. Spécialement il n'y a pas lieu de reconnaître ce caractère d'injure grave pouvant faire admettre la demande en divorce de la femme : — si le mari a quitté le domicile conjugal sans avertissement et sans qu'il soit établi que son départ ait été déterminé par une cause injurieuse pour la femme ; — si celle-ci, qui allègue que, depuis quatre ans, son mari ne lui a envoyé aucune nouvelle ni aucun secours, ne soutient pas qu'il l'ait laissée dans une situation précaire ; — si rien ne prouve que le mari se soit, comme le dit la femme, systématiquement dérobé aux recherches qu'elle a faites pour le découvrir. (C. Bruxelles, 23 juillet 1873 ; Pas., 1873, 2, 351.)

Il en est de même pour un mari qui n'a abandonné sa femme pour se retirer chez ses parents, qu'après une tentative de réconciliation, et après lui avoir laissé une certaine somme pour satisfaire à ses premiers besoins et lui avoir envoyé, pour la soigner, son médecin et une sage-femme. (Trib. Charleroy, 4 juin 1873 ; Pas., 1873, 2, 351. — C. Bruxelles, 29 juin 1874 ; Pas., 1875, 2, 129. — Trib. Bruxelles, 4 décembre 1880 ; Pas., 1881, 3, 133. — Trib. Anvers, 24 février 1873 ; Pas., 1873, 3, 115.)

Il a été enfin jugé que le fait par la femme d'avoir abandonné le domicile conjugal ne doit pas être considéré comme une injure grave susceptible d'entraîner le divorce, si le mari a laissé passer un certain nombre d'années sans contraindre son épouse à rentrer au domicile conjugal. Dans ces circonstances, on est autorisé à penser que la demande n'est que le résultat d'une entente entre les époux pour arriver à obtenir le divorce par consentement mutuel.

10. — Condamnations correctionnelles. — Un paragraphe additionnel à l'article 231, voté par la Chambre, n'a pas été maintenu par le Sénat ; ce paragraphe permettait à un époux de *demander* le divorce, en se fondant sur la condam-

nation de son conjoint à une peine correctionnelle d'empri-
sonnement pour vol, escroquerie, abus de confiance, outrage
à la pudeur, etc., ou à une peine correctionnelle prononcée
par les Cours d'assises ou les conseils de guerre à raison de
l'admission de circonstances atténuantes.

A la Chambre même (1), M. Bovier-Lapierre s'était opposé
à l'addition de cette disposition, disant que des causes facul-
tatives de divorce n'ont pas la même gravité dans tous les
cas, dans toutes les classes sociales, et que les condamnations
correctionnelles visées par le nouveau texte rentraient déjà
dans la catégorie des injures graves.

M. A. Naquet répondit à M. Bovier-Lapierre :

« Si vous n'introduisez pas dans l'article ces causes facul-
tatives, savez-vous ce qui va se produire? C'est que vous
laisserez aux tribunaux le soin d'apprécier s'ils peuvent ou
non considérer comme injures graves les condamnations que
nous avons visées. Il en est quelques-unes pour lesquelles la
réponse des tribunaux ne sera pas douteuse, j'en conviens :
ainsi, en ce qui concerne les outrages à la pudeur, l'excita-
tion de mineurs à la débauche, je crois que, dès à présent,
la jurisprudence est telle que les tribunaux jugeraient dans
le sens où la Commission s'est prononcée. Mais le cas de vol,
d'escroquerie, est-ce là une injure grave de l'un des époux
vis-à-vis de l'autre? Non, messieurs, ce ne serait que par un
abus d'interprétation qu'on pourrait arriver à considérer ces
faits comme une injure grave d'un des époux envers l'autre.
Ce n'est pas là une injure grave; mais, suivant les conditions
dans lesquelles le vol, l'escroquerie aura été commise, ce
fait entraînera suffisamment l'infamie du conjoint pour que
l'union devienne intolérable et pour que la séparation ou le
divorce puisse être très légitimement accordé par les tribunaux. »

La distinction établie par M. Naquet est parfaitement juste
et le rejet final du paragraphe additionnel laisse aux tribunaux le droit d'apprécier si la condamnation correctionnelle
ne constitue pas dans certains cas une injure grave.

Cette opinion est d'ailleurs confirmée par le nouveau rap-

____

(1) *Chambre*, séance du 8 mai 1882.

porteur de la Chambre, M. Letellier, qui, appréciant les modifications apportées par le Sénat au texte primitif voté par la Chambre, s'est exprimé en ces termes :

« Nous regrettons cette disposition qui est réclamée depuis bien longtemps par les plus éminents jurisconsultes et que la raison semblait commander. Un homme peut être infâme sans que la peine à laquelle il a été condamné soit légalement infamante, et s'il est vrai qu'aucun supplice n'est comparable, pour une nature élevée, à celui d'être uni à un être dégradé et pervers, le divorce semblait devoir être admis dans ce cas. La solution du Sénat ne nous a cependant pas paru sans remède. Nous demeurons convaincus que, dans l'immense majorité des cas, les tribunaux considéreront l'infamie de fait de l'un des époux comme une injure grave envers l'autre époux et prononceront le divorce, Aussi, n'insisterions-nous pas autrement en faveur de notre rédaction première si nous ne pensions pas que nous devons, dès aujourd'hui, fixer le résultat acquis en adoptant, sans y rien changer, toute la rédaction qui vous est soumise (1). »

La jurisprudence belge semble inspirée des mêmes principes ; elle a jugé que les peines correctionnelles encourues par une femme peuvent être considérées, surtout si elles sont nombreuses, comme constituant vis-à-vis du mari une injure qui est encore plus grave lorsque celui-ci mérite à tous égards l'estime publique et qu'il exerce des fonctions de l'État où l'honorabilité la plus entière est absolument nécessaire. Dans ce cas, la demande en divorce du mari pour cause d'injure grave peut être admise. (C. Bruxelles, 17 février 1881 ; Pas., 1881, 2, 136.)

11. — Ivrognerie. — Les habitudes d'ivrognerie de l'un des époux accompagnées de faits et de propos tels qu'elles doivent être considérées comme des injures graves à l'égard de l'autre, peuvent être une cause de divorce (Cass. B., 22 juin 1882 ; Pas., 1882, 1, 250). Les juges ont un pouvoir souverain d'appréciation à ce sujet. Rien ne s'oppose à ce qu'ils considèrent l'ivrognerie comme une injure grave pouvant

____

(1) *Rapport* de M. Letellier à la Chambre.

entraîner le divorce. Tel est l'esprit de la loi qui, en mettant les injures graves au nombre des causes de divorce, n'a pas indiqué le degré de gravité qui devait les entourer ; elle en a laissé l'appréciation aux tribunaux qui doivent rechercher, dans les faits et dans l'ensemble de la cause, tous les éléments de leur conviction. (C. Gand, 26 décembre 1872 ; Pas., 2, 95. — C. Bruxelles, 24 juillet 1872 ; Pas., 1873, 2, 58. — Trib. Verviers, 14 juin 1880 ; Pas., 1881, 276.)

12.—Lettres missives.— Accusations outrageantes. — Lorsque des lettres confidentielles écrites par le mari à diverses personnes et à la femme contiennent des accusations outrageantes contre celle-ci, elles peuvent être considérées comme injures graves dans le sens de l'article 231, surtout si leur *multiplicité* a rendu la diffamation publique (C. Dijon, 30 pluviôse an XIII ; S. a., 13, 2, 289; S. c. n., 2. 2. 28). — La solution est la même lorsque les lettres ont été adressées par la femme. (C. Liège, 27 janvier 1864; Pas., 1864, 3, 389.)

13. — Lettres.—Aveu.— Preuve.— La preuve de l'injure grave, autorisant le divorce, peut être uniquement tirée, en dehors de toute publicité, de lettres écrites par le mari à la femme et avouées par lui. Il en est à plus forte raison ainsi quand ces lettres peuvent être combinées avec les dépositions des témoins de l'enquête. (C. Poitiers, 29 juillet 1806; S. a., 6, 2, 191 ; S. c. n., 2, 2, 160; Dalloz, v° *Sép. de corps*, 38 ; 1°.)

14. — Refus par le mari de recevoir sa femme au domicile conjugal.— Les devoirs respectifs des époux ont été déterminés par l'article 214 du Code civil. Y manquer, c'est, de la part du mari, faire à la femme une injure qui prend un caractère de gravité proportionné à l'éducation des époux, à leur état de fortune, à leur manière de vivre et à la publicité qu'on lui donne. Par suite doit donner lieu au divorce, comme constituant une injure grave, tout manquement à ces devoirs et notoirement le refus par le mari de recevoir sa femme chez lui. (C. Bruxelles, 8 fructidor an XIII ; S. a., 7, 2,904. S. c. n., 2, 2, 85.)

Mais le refus du mari de recevoir sa femme n'est une cause de divorce qu'autant qu'il est assez persistant pour constituer une infraction à l'obligation de la vie commune qui est de l'essence du mariage, ou bien s'il est accompagné de circonstances qui lui donnent le caractère de sévices ou injures graves; ce qui arrive notamment si, par suite de ce refus, la femme se trouvait privée de tout moyen d'existence. Il n'en est spécialement pas ainsi lorsqu'il est prouvé que le mari avait offert, à plusieurs fois, de reprendre sa femme, de la recevoir et de lui fournir tout ce qui est nécessaire pour les besoins de la vie suivant ses facultés et son état. (Trib. Charleroy, 17 juillet 1873 ; Pas., 1873, 3, 285.)

15. — **Expulsion du lit conjugal.** — Il n'est pas nécessaire, pour obtenir le divorce, que la femme ait couru du danger pour sa vie ; il suffit que les sévices et mauvais traitements aient été habituels et assez graves pour rendre la vie commune insupportable. Ainsi il y a injure grave, pouvant donner lieu au divorce, dans le fait du mari de placer son fils illégitime dans lit conjugal et d'obliger ainsi sa femme à coucher sur le plancher. (C. Besançon, 16 germinal an XIII, S. a., 5, 2, 142 ; S. c. n., 2, 2, 40 ; Dalloz, vº *Sép. de corps*, 25.)

16. — **Conduite scandaleuse du mari.** — Il peut y avoir lieu d'admettre, pour cause d'injure grave, la demande en divorce de la femme contre son mari dont la façon de vivre est sévèrement jugée par tous, même par des étrangers, et dont la conduite est si scandaleuse qu'il se voit expulsé de certains établissements publics : la décence des mœurs publiques et privées, étant une des premières obligations d'un chef de famille, il en résulte que l'oubli de ce devoir par le mari, constitue pour la femme une injure grave de la nature de celles autorisant le divorce. (Trib. Bruxelles, 22 avril 1876 ; Pas., 1877, 3, 174.)

17. — Séparation de fait. — Naissance et mort d'un enfant. — Refus du père de voir son enfant. — Le refus d'un mari de se rendre auprès de sa femme, dont il est séparé de fait depuis quelque temps, lors de la naissance et la mort de leur enfant, est certainement un tort, mais ce manquement à ses devoirs ne peut à lui seul constituer une cause de divorce. (Trib. Charleroi, 17 juillet 1873; Pas., 1873, 3, 285.)

18. — Torts réciproques. — Les torts, quoique constants, de l'époux demandeur en divorce ne peuvent lui être opposés par son conjoint pour établir, avec les siens, une compensation qui ne saurait être admise en matière de divorce. Mais, sans excuser ceux-ci, ils peuvent être de nature à en atténuer la gravité en leur enlevant une partie de leur caractère injurieux. Au surplus, il peut toujours y avoir intérêt à les produire parce que dans cette matière délicate du divorce, alors que le tribunal est appelé à apprécier si la vie commune des époux est devenue impossible et par la faute de qui cette extrémité a été amenée, il ne saurait s'entourer d'assez de renseignements aussi complets que possible. (Trib. Bruxelles, 22 avril 1876; Pas., 1877, 3, 174.)

19. — Accusation d'adultère. — Absence de preuve. — Est une injure grave, de la nature de celles que la loi admet pour cause de divorce, l'accusation d'adultère portée contre la femme par le mari qui n'essaye même pas d'en administrer la preuve après y avoir été admis sur sa demande. (C. Rennes, 15 septembre 1810; S. c. n., 3, 2, 350.)

20. — Épithètes injurieuses. — Publicité. — Des épithètes injurieuses adressées par le mari à sa femme, dans un moment de vivacité provoqué à la suite de discussions avec celle-ci, ne peuvent être considérées, quoique indécentes et grossières, comme *injures graves* donnant lieu au divorce, si elles n'ont pas été proférées en public, mais seulement dans l'intérieur de la famille. (C. Colmar, 20 messidor an XIII; S. c. n., 2, 2, 72.)

21. — Expressions outrageantes. — Lettres confidentielles. — Ne peuvent être considérées comme injures graves dans le sens de l'article 231 du Code civil certaines expressions outrageantes échappées à un mari dans des lettres confidentielles, qu'il n'a pas rendues publiques, et qu'il adressait à son beau-père et à sa belle-mère pour se plaindre du dérèglement des mœurs de sa femme, et à celle-ci, pour lui reprocher sa conduite. (Trib. Charleville, 17 thermidor an XI; S. a., 4, 2, 101. — C. Metz, 7 pluviôse an XII; S. c. n., 1, 2, 175.

22. — **Discussion des faits articulés**. — Il n'y a pas lieu, dans une instance en divorce, d'admettre comme injures graves, dont le demandeur puisse faire profiter sa demande, les récriminations de l'époux défendeur et notamment sa réponse devant le tribunal aux inculpations dirigées contre lui. (C. Turin, 15 germinal an XIII; S. a., 5, 2, 267; S. c. n., 2, 2, 139.)

23. — **Grossesse antérieure à la célébration du mariage**. — Le texte des articles 229 à 232 du Code civil, en n'admettant comme causes du divorce que les faits commis par *les époux*, exclut virtuellement toutes les actions remontant à une époque où les parties n'avaient pas encore la qualité d'époux. Les travaux préparatoires à la publication du Code civil indiquent que le législateur n'a entendu autoriser le divorce que pour les infractions les plus graves aux devoirs respectifs des conjoints. Il est naturel, du reste, de ne voir, dans les actes antérieurs ou concomitants à la célébration du mariage, que des faits pouvant, en certaines circonstances, vicier le consentement et, par suite, motiver la nullité de l'engagement. En admettant néanmoins que les devoirs des époux remontent même aux préparatifs du mariage, ou qu'une réticence commise au moment de la célébration puisse déjà constituer une injure d'un époux envers l'autre, encore faudrait-il, pour ce cas exceptionnel, des circonstances particulièrement graves, à raison surtout de la moralité et de la délicatesse de l'époux qui se plaint d'être trompé. Spécialement, rien de pareil ne se présente dans le cas du mari qui, après avoir, dans son acte de mariage, reconnu et légitimé un enfant né de sa femme, quatre ans avant, se plaint, comme d'une injure grave, que celle-ci soit accouchée cinq mois après leur mariage, alors, disait-il, qu'il a ignoré sa grossesse. Cette reconnaissance et cette légi-

timation excluent de la part du mari une moralité et une délicatesse telles, qu'il puisse avoir le droit de se dire blessé d'une autre faute, commise par sa femme avant le mariage, et à laquelle lui-même est resté étranger. (Trib. Anvers, 14 février 1873; Pas., 1873, 3, 118.)

ART. 232.

La condamnation de l'un des époux à une peine afflictive et infamante sera pour l'autre époux une cause de divorce (1).

1. — Historique. — L'ancien texte du Code civil ne parlait que des peines infamantes. Le mot « afflictive » a été introduit par la Chambre, sur la proposition de la Commission, et par le Sénat, sur la demande de M. Humbert, pour écarter des causes de divorce la condamnation au bannissement et à la dégradation civique, qui sont, en général, des peines politiques temporaires.

Les peines donnant lieu au divorce sont donc les suivantes :

1° La mort; 2° Les travaux forcés à perpétuité; 3° La déportation; 4° Les travaux forcés à temps; 5° La détention; 6° La réclusion (2).

2. — Généralité du principe posé par l'article 232. — L'article 232 est applicable, quelle que soit la juridiction qui ait prononcé la condamnation. Il est impératif pour le juge : la condamnation constitue une cause péremptoire de divorce, la seule admise par la loi.

Mais il résulte des débats qui se sont engagés sur l'article 231 (voir ci-dessus) comme du texte de l'article 232 que c'est la peine effectivement prononcée qui donne droit au divorce, et, dans aucun cas, la qualification du crime ou du délit.

3. — Condamnation par contumace. — L'effet de l'article 232 du Code civil, portant que la condamnation de l'un des époux à une peine infamante sera pour l'autre époux une cause de divorce, est formellement subordonné aux disposi-

----

(1) Ancien texte de l'art. 282 : « La condamnation de l'un des époux à une peine infamante sera par l'autre époux une cause de divorce. »
(2) Art. 7 du Code pénal.

tions de l'article 261 du même Code, qui veut que le divorce, en ce cas, ne puisse être prononcé qu'autant que le jugement de condamnation n'est susceptible d'être réformé par aucune voie légale. Et, comme tout jugement, rendu par contumace portant condamnation à une peine infamante, est anéanti et susceptible d'être réformé lorsque, pendant les vingt ans qui suivent sa date, le condamné se constitue prisonnier ou est arrêté, il s'ensuit que, pendant le même temps, le divorce ne peut être demandé contre l'époux ainsi condamné par coutumace. (Cass., sect. crim., 17 juin 1813; S. a., 13, 1, 293; *d.* S. c. n., 4., 1. 372. — V. art. 262 n° 4.)

ART. 233.

Abrogé : (Consentement mutuel.)

CHAPITRE II

DE LA PROCÉDURE DU DIVORCE (1).

1. — Caractère général de la procédure du divorce. Avant d'entrer dans l'examen des articles de ce chapitre, il convient de faire remarquer le caractère tout spécial de la procédure du divorce telle qu'elle a été organisée par le Code civil. Treilhard a pris soin de marquer ce caractère en présentant le projet au Corps législatif (2) :

« La marche de l'instruction d'une demande en divorce, dit-il, ne doit pas être confondue avec la marche de l'instruction d'une affaire ordinaire : en général, l'accès des tribunaux ne peut être trop facile, ni la procédure trop rapide ;

---

(1) Les intitulés du chapitre et des sections ont été modifiés par la loi nouvelle à raison de la suppression du divorce par consentement mutuel.

(2) Fenet, IX, 484.

il n'en est pas de même en matière de divorce : une sage
lenteur doit donner aux passions le temps de se refroidir ; le
divorce n'est tolérable que lorsqu'il est forcé, et la société
gémit de l'admettre lors même qu'il est nécessaire : chaque
pas dans l'instruction doit donc être un grand objet de médi-
tation pour le demandeur, et, pour le juge, un nouveau moyen
de pénétrer les motifs secrets, les véritables motifs d'une demande de cette nature, de s'assurer du moins que ces motifs
sont réels et légitimes. Toutes les dispositions du projet relatives aux formes ont été rédigées en conséquence. »

C'est pour satisfaire aux mêmes préoccupations que le
Sénat, dans sa séance du 7 juin 1884, a rejeté un contre-projet de M. Denormandie, contre-projet dont le but était d'assimiler la procédure du divorce à celle de la séparation. La
présence du demandeur et celle du juge aux principaux
actes de l'instance en divorce demeurent les traits distinctifs
de la dérogation faite par le Code civil aux règles du Code de
procédure.

ART. 234.

*La demande en divorce ne pourra être formée qu'au tribu-
nal de l'arrondissement dans lequel les époux auront leur domicile (1).*

**1. — Demande du mari. — Abandon du domicile
conjugal par la femme. — Demande de la femme.
— Absence du mari. — Tribunal compétent. —** Lorsque le mari est demandeur, la femme n'ayant d'autre domicile que celui du mari, l'instance doit être portée au tribunal
du domicile de celui-ci, alors même que la femme l'aurait
abandonné.

(1) Cet article ne diffère que par sa rédaction du texte de l'ancien
article 234 lequel était ainsi conçu :
« Quelle que soit la nature des faits ou délits qui donnent lieu à la
demande en divorce pour cause déterminée, cette demande ne pourra
être formée qu'au tribunal de l'arrondissement dans lequel les époux
auront leur domicile. »
La modification de cette partie de l'article provient de la suppression
du divorce par consentement mutuel.

Si la femme est demanderesse et le mari absent, la demande doit être introduite au lieu du dernier domicile commun.

2. — Demande en divorce. — Tribunal saisi. — Compétence. — Liquidation de la communauté. — Il ne dépend pas du mari de changer la juridiction saisie de la demande en divorce, sous prétexte du choix d'un nouveau domicile depuis la demande formée. Le juge du domicile des époux, auprès duquel la demande en divorce a été formée, reste le juge naturel des contestations qui ont pour objet la liquidation des droits résultant du mariage dissous, d'abord parce qu'il s'agit d'une communauté dont le partage est ouvert dans sa juridiction; et, en second lieu, parce que la translation du domicile du mari devient un acte étranger à l'épouse qui n'est plus sous la dépendance maritale. D'ailleurs, il est de principe que c'est là où une affaire a été déduite en jugement qu'elle doit recevoir son exécution. S'il en était autrement, le choix des juges pourrait être laissé au gré et au caprice du mari qui, en changeant de domicile, pourrait, à chaque pas, rendre illusoires les poursuites que l'épouse divorcée intenterait sur les effets civils du mariage dissous. (C. Bruxelles, 30 mars 1807; S. a., 7, 2, 266; S. c. n., 2, 2, 221. — Cass. (28) 29 mars 1808; S. a., 8, 1, 318; S. c. n., 2, 1, 506.)

ART. 235.

Si quelques-uns des faits allégués par l'époux demandeur donnent lieu à une poursuite criminelle de la part du ministère public, l'action en divorce restera suspendue jusqu'après la décision de la juridiction répressive : alors elle pourra être reprise sans qu'il soit permis d'inférer de cette décision aucune fin de non-recevoir ou exception préjudicielle contre l'époux demandeur (1).

1. — Historique. — Rédaction nouvelle. — Au lieu des mots « la décision de la juridiction répressive » l'ancien texte

(1) L'ancien texte de l'article 235 était ainsi conçu : « Si quelques-uns

du Code civil portait « l'arrêt de la Cour d'assises. » Cette modification, introduite par le Sénat en seconde déliberation (1), a pour conséquence de rendre l'article 235 applicable même lorsque la juridiction compétente n'est pas la Cour d'assises; le tribunal militaire ou maritime par exemple, ou certaines cours criminelles qui existent encore dans les colonies.

Mais de quelles poursuites s'agit-il? D'une poursuite *criminelle* intentée par le ministère public, dit l'article 235, c'est-à-dire d'une poursuite pouvant donner lieu à l'application d'une des peines qui, aux termes de l'article 232, sont une cause péremptoire de divorce. Cela résulte et des discussions du Conseil d'État (2) et de celles du Sénat.

La décision de la juridiction répressive ne peut être opposée au demandeur : en effet, tel attentat d'un époux contre l'autre par exemple peut n'être point jugé passible d'une pénalité et néanmoins être assez grave pour faire admettre le divorce.

Au contraire, le demandeur est admis à se servir du jugement ou arrêt de condamnation pour faire la preuve des faits allégués par lui ou pour avoir, s'il y a eu condamnation à une peine afflictive et infamante, une cause péremptoire de divorce.

2. — Suspension de l'action en divorce. — L'article 235 n'est applicable, relativement à la suspension de l'action civile par l'action criminelle, qu'aux faits allégués par l'époux demandeur contre l'époux défendeur, lorsqu'ils ont donné lieu à une poursuite criminelle de la part du ministère public. Par suite, il ne saurait recevoir d'application dans le cas où, par exemple, c'est l'un des témoins produits à l'instance qui est, de la part de l'époux défendeur, sous le coup d'une action criminelle pour faux témoignage. (Cass., 22 novembre 1815; S. a., 16, 1, 165 ; S. c. n., 5, 1, 115.)

des faits allégués par l'époux demandeur donnent lieu à une poursuite criminelle de la part du ministère public, l'action en divorce restera suspendue jusqu'à l'arrêt de la Cour d'assises; alors elle pourra être reprise, sans qu'il soit permis d'inférer de l'arrêt aucune fin de non-recevoir ou exception préjudicielle contre l'époux demandeur. »

(1) *Sénat*, séances des 7 et 23 juin 1884.

(2) Fenet, IX, 388 et suiv., 435.

ART. 236.

Toute demande en divorce détaillera les faits; elle sera remise, avec les pièces à l'appui, s'il y en a, au président du tribunal ou au juge qui en fera les fonctions, par l'époux demandeur en personne, à moins qu'il n'en soit empêché par maladie; auquel cas sur sa réquisition et le certificat de deux docteurs en médecine ou en chirurgie ou de deux officiers de santé, le magistrat se transportera au domicile du demandeur pour y recevoir sa demande.

1. — **Remise de la demande au président par le demandeur.** — Aux termes de l'article 236 du Code civil, la demande en divorce doit être remise au président du tribunal par l'époux demandeur *en personne*. Il n'y a, suivant l'exposé des motifs présentés par Treilhard, aucune exception à cette règle. Dans les discussions au Conseil d'État (1), la même opinion est émise par Tronchet, et Boulay fait observer que, parmi les causes de divorce, il n'en est qu'une qui paraisse susceptible de donner lieu à une demande par procuration : c'est celle qui résulte d'une condamnation à une peine afflictive et infamante (1). Le sens des mots *en personne* se trouve ainsi précisé par les travaux préparatoires du Code civil. (Cass. B., 11 novembre 1869; Pas., 1870, 1, 3.)

2. — **Attributions et pouvoirs du magistrat.** — Savoie-Rollin, dans son rapport au Tribunat (2), définit ainsi le rôle du juge dans la procédure préparatoire du divorce :

« Ne recevoir la plainte du demandeur que comme une confidence; chercher à le rappeler à des sentiments plus modérés; ne lui permettre de citer l'époux défendeur qu'après ces essais de conciliation; suspendre ensuite pendant un temps les effets de la citation même; n'écouter que dans des conférences secrètes les griefs et les défenses des deux époux, ainsi que les dépositions des témoins; ne les livrer à l'éclat de l'audience publique que lorsque tout espoir de rapprochement est éteint. »

(1) Voir la règle spéciale édictée à ce sujet par l'article 280.
(2) Fenet, IX, 339.

3. — Interdit. — Tuteur. — Exercice de l'action en divorce. — Le texte et l'esprit de la loi s'accordent pour dénier l'exercice de l'action en divorce au tuteur d'un interdit, et, pour soutenir le contraire, on argumenterait en vain du mandat conféré au tuteur par les articles 450 et 509 du Code civil. En effet, les soins du tuteur se bornent à la surveillance, à l'entretien de l'interdit, aux mesures à prendre pour adoucir son sort et pour accélérer sa guérison, et les actes où l'interdit est représenté par son tuteur se rapportent surtout à l'administration de ses biens.

La représentation d'une personne par une autre n'étant qu'une fiction, doit être appliquée d'une manière restrictive, et aucune loi ne donne au tuteur, pour dissoudre le mariage de son pupille, un pouvoir qu'il n'a pas pour le contracter. Il est impossible d'admettre que le législateur, s'il avait permis d'intenter l'action en divorce au nom d'un interdit, ne se fût pas expliqué, comme il l'a fait pour certains actes importants de la gestion du tuteur, sur la procédure à suivre et notamment sur la participation de la famille à l'instance, et qu'il n'eût pas réglé le sort des enfants et prévu le cas où l'époux, dont la conduite motiverait le divorce, serait tuteur lui-même.

Les dispositions de la loi sur la tutelle confirment donc les conclusions déduites de l'organisation de la procédure en divorce. Si des inconvénients en résultent, le juge ne saurait s'en prévaloir pour étendre les attributions déléguées au tuteur.

Il y a donc eu lieu de décider que le tuteur d'un interdit n'est pas recevable à intenter, au nom de celui-ci, l'action en divorce pour excès, sévices ou injures graves. (C. cass. B., 11 novembre 1879; concl. conf. de M. le premier av. gén. Faider, qui soutenait que ce principe était applicable à toute autre cause de divorce; Pas., 1870, 1, 3.)

4. — Demande adressée au président. — Demande adressée au tribunal. — Nullité. — La demande en divorce peut être valablement adressée au président du tribunal et non au tribunal entier. La loi ne prescrivant pas de formule sacramentelle pour la rédaction de la demande en divorce, il est indifférent, dès lors, que la requête qui la contient porte en tête : « A Monsieur le président du tribunal » ou : « A Messieurs les président, vice-président et juges composant le tribunal. » Cette dernière rédaction, ne contrevenant à aucune disposition légale et ne portant aucun préjudice aux droits du défendeur, ne peut constituer une cause de nullité. (Trib. Bruxelles; 26 mars 1881; Pas., 1881, 3, 184.— C. Liège, 31 mai 1865; Pas., 1865, 2, 231.)

5. — Autorisation préalable de la femme.—Le Code civil, en prescrivant des formes à suivre pour la demande en divorce pour cause déterminée, n'y a pas compris celle de l'autorisation préalable de la femme. Le mode de formalités qu'il a spécialement choisi pour cette demande exclut même cette autorisation, puisque jusqu'au jugement d'admission ou au moins jusqu'à la permission de faire citer dans la forme ordinaire, ces formalités ne tendent qu'au rapprochement des époux par des voies conciliatoires et entièrement distinctes des formes ordinaires.(Cass.,25 germinal an XIII; S. a., 5, 1, 169; S. c. n., 2, 1, 97.)

6. — Articulation des faits. — Lieu. — Jour. — Heure. — Circonstances. — La demande en divorce doit déterminer avec précision le lieu, le jour, l'heure et toutes les circonstances du fait dont on se plaint, de manière à mettre l'accusé en état de combattre l'accusation, de l'atténuer ou même d'en établir la fausseté; et il ne suffit pas, notamment, au lieu de cette précision, d'articuler vaguement et sans nul détail que la femme s'est rendue coupable d'adultère. (Paris, 18 février 1806; S. a., 6, 2, 572.; S. c. n., 2, 2, 117.)

Les faits formant l'objet de la demande en divorce doivent non seulement être détaillés; ils doivent encore être énoncés avec les causes et les particularités qui les ont accompagnés, de façon à ce que l'époux défendeur soit à même de les discuter et ne puisse se méprendre sur les époques ni se tromper sur le lieu où ils se sont passés, pas plus que sur la présence des personnes qui ont pu en être témoins. (Trib. de la Seine, 1er prairial an XIII, confirmé par la C. de Paris,

14 mars 1806; S., 8, 2, 528. — Colmar, 20 messidor an XIII; S. c. n., 2, 2, 72.)

6. — Production de pièces postérieurement à la demande. — Il est toujours loisible à l'époux demandeur en divorce de produire, ultérieurement à sa demande, toutes pièces à l'appui sans qu'il soit nécessaire de les signifier par copie à l'époux défendeur. (C. Bruxelles, 12 (13) frimaire an XIV; S. a., 6. 2, 70. S. c. n., 2, 2, 95 ; — *Contra* : Trib. de la Seine, 1ᵉʳ prairial an XIII, confirmé par la Cour de Paris le 14 mars 1806; S. a., 6, 2, 528; — Riom, 18 nivôse an XII; S. c. n., 1, 2, 171.)

7. — Juge chargé de remplir les fonctions de président. — Attributions. — C'est au juge, qui a droit de remplacer le président, en cas d'absence de celui-ci, que doit être présentée la requête en divorce. Et lorsque ce magistrat s'est trouvé investi de la connaissance de l'affaire, par son ordonnance aux parties de comparaître devant lui, il doit la conserver, même dans le cas où le président est de retour. (C. Besançon, 16 août 1811.; S. a., 12, 2, 106; S. c. n., 3, 2, 556. — Cpr. art. 237, n° 1.)

ART. 237.

Le juge, après avoir entendu le demandeur et lui avoir fait les observations qu'il croira convenables, paraphera la demande et les pièces, et dressera procès-verbal de la remise du tout en ses mains. Ce procès-verbal sera signé par le juge et par le demandeur, à moins que celui-ci ne sache ou ne puisse signer; auquel cas il en sera fait mention.

1. — Comparution des parties. — Juge remplissant les fonctions du président. — La loi ne prescrit pas à peine de nullité que le même magistrat reçoive la demande et fasse ensuite aux parties les représentations propres à opérer un rapprochement. Donner à la loi une pareille interprétation serait imposer à la partie demanderesse, pour un fait qui lui est étranger et qu'elle n'a aucun moyen de prévoir ou de prévenir, des retards ou des frais qui pourraient lui être gravement préjudiciables. Le président du tribunal auquel a été remise la demande en divorce pourra donc être remplacé par un juge. (Trib. de Bruxelles, 26 mars 1881; Pas., 1881, 3, 184; — C., art. 236, n° 7.)

ART. 238.

Le juge ordonnera, au bas de son procès-verbal, que les parties comparaîtront en personne devant lui, au jour et à l'heure qu'il indiquera; et qu'à cet effet copie de son ordonnance sera par lui adressée à la partie contre laquelle le divorce est demandé.

1. — Ordonnance. — Juge saisi de la demande. — L'ordonnance doit être adressée par le magistrat à qui la demande a été remise. (Cass. B., 9 janvier, 1881; Pas., 1881, 1, 49.)

2. — Ordonnance. — Procès-verbal. — Signatures. — Si les articles 237 et 238 du Code civil exigent que l'ordonnance, fixant le jour et l'heure de la comparution des parties, soit placée au bas du procès-verbal signé par le président et par le demandeur, il ne résulte cependant pas de la combinaison de ces deux textes qu'une formalité substantielle, intéressant l'ordre public, soit violée parce que l'ordonnance, faisant immédiatement suite au procès-verbal, précède les signatures. Il suffit évidemment que le procès-verbal soit signé, et il ne cesse pas de l'être par cela seul que l'ordonnance se trouve intercalée entre le corps de cet acte et les signatures. (C. de Liège, 31 mai 1865; Pas., 1865, 2, 231.)

3. — Ordonnance du président. — Signification. — Huissier. — L'ordonnance du président fixant le jour de la comparution des époux peut être signifiée au défendeur par voie de signification, par un huissier commis à cet effet. Aucune disposition de la loi ne s'y oppose, puisque l'article 238 du Code civil, en prescrivant que copie de l'ordonnance du président sera par lui adressée à la partie contre laquelle le divorce est demandé, n'indique pas les intermédiaires auxquels le président doit recourir, pour faire parvenir son ordonnance au défendeur. Cette signification satisfait au vœu de la loi du moment qu'elle est faite de la part du président, et que le défendeur est prévenu par la copie de l'ordonnance que c'est le président qui l'invite à comparaître devant lui. (Trib. Bruxelles, 26 mars 1881 ; Pas., 1881, 3, 184. — Cass., req., 25 germinal an XIII; S., a., 5, 1, 169; S. c. n., 2, 1, 97. — C. Liège, 31 mai 1865; Pas., 1865, 2, 231.)

ART. 239.

Au jour indiqué, le juge fera aux deux époux, s'ils se présentent, ou au demandeur, s'il est seul comparant, les représentations qu'il croira propres à opérer un rapprochement ; s'il ne peut y parvenir, il en dressera procès-verbal, et ordonnera la communication de la demande et des pièces au ministère public, et le référé du tout au tribunal.

1. — Comparution. — Juge saisi de la demande. — Les époux doivent comparaître devant le magistrat auquel la demande en divorce a été remise. (Cass. B., 6 janvier 1881; Pas., 1881, 1, 49.)

ART. 240.

Dans les trois jours qui suivront, le tribunal, sur le rapport du président ou du juge qui en aura fait les fonctions, et sur les conclusions du ministère public, accordera ou suspendra la permission de citer. La suspension ne pourra excéder le terme de vingt jours.

1. — Rapport. — Juge saisi de la demande. — Permission de citer. — C'est le magistrat auquel a été remise la demande en divorce qui doit faire le rapport au tribunal pour accorder ou suspendre la permission de citer. (Cass., B., 6 janvier 1881 ; Pas., 1881, 1, 49.)

2. — Délai. — Point de départ. — Nullité. — Le délai de trois jours, dans lequel l'article 240 veut que le tribunal accorde ou suspende la permission de citer, peut, sans aucune violation de la loi, se compter non du jour de la signification du procès-verbal prescrit par l'article 239, et constatant la comparution des époux et leur refus de se concilier; mais de celui où les pièces remises au ministère public et ensuite au tribunal, ont permis au ministère public et aux juges d'en prendre connaissance. (Cass., req., 25 germinal an XIII; S. c. n., 2, 1, 97.)

Si le jugement, accordant la permission de citer, n'a pas été rendu dans le délai de l'article 240 du Code civil, il ne peut en résulter aucune nullité. Certes, de pareils retards ne sont guères compatibles avec les exigences de la loi, mais l'époux demandeur étant le plus, sinon le seul intéressé à s'en plaindre, on ne concevrait pas qu'à raison de leur existence, il pût être déclaré non recevable dans sa demande. (C. Liège, 31 mai 1865; Pas., 1865, 2, 231.)

3. — Suspension de la permission de citer. — Demande nouvelle pour citer. — Lorsque le tribunal a suspendu pendant vingt jours, conformément à l'article 240, la permission de citer, l'époux demandeur en divorce est obligé, à l'expiration de ce délai, de demander une nouvelle permission qui, alors, ne peut plus lui être refusée. Par suite, la citation donnée à son conjoint, à l'expiration des vingt jours et avant l'obtention de cette nouvelle permission, est irrégulière et doit être annulée; mais cette irrégularité n'est pas de nature à faire rejeter la demande en divorce, qui conserve son effet avec une citation régulière, c'est-à-dire, donnée après la demande et l'obtention d'une permission nouvelle. (C. Besançon, 16 août 1811; S. a., 12, 2, 106; S. c. n., 3, 2, 556.)

ART. 241.

Le demandeur, en vertu de la permission du tribunal, fera citer le défendeur, dans la forme ordinaire, à comparaître en personne à l'audience, à huis clos, dans le délai de la loi; il fera donner copie, en tête de la citation, de la demande en divorce et des pièces produites à l'appui.

1. — Citation. — Autorisation maritale. — La femme n'a pas besoin d'être autorisée par son mari pour le citer devant le tribunal.

Le titre du Code civil concernant le divorce prescrit toutes les formalités qui doivent être observées dans cette procédure; aucune des dispositions de la loi ne soumet la femme à une autorisation spéciale; les deux époux sont placés par la loi sur la même ligne et la femme n'est pas plus assujettie que le mari à une formalité particulière; cette autorisation se trouve d'ailleurs dans le jugement qui, d'après le rapport du président et sur les conclusions du ministère public, permet à la femme, demanderesse en divorce, d'assigner son mari à comparaître à l'audience de huis clos. (Poitiers, 2 prairial an XII; S. 1 c. n., 1, 2, 192.)

2. — Citation. — Domicile de la femme. — La femme assignée en divorce, peut l'être au domicile de son mari et non au lieu où elle a, dans une autre ville, sa résidence réelle, bien connue du mari et tolérée par lui. (C. Aix, 7 mars 1809; S. a., 9, 2, 233; S. c. n., 3, 2, 38.)

3. — Ajournement. — Forme. — Délai de la loi. — L'ajournement qui, en matière de divorce, assigne le défendeur à comparaître dans les délais de la loi, huitaine franche, satisfait complètement aux prescriptions de l'article 241 du Code civil, combiné avec les articles 61 et 72 du Code de procédure. Aucune disposition de la loi, n'exigeant l'indication d'un jour déterminé par la date du calendrier, l'ajournement ne peut être annulé pour omission de cette indication. (C. Paris, 13 fructidor an XI; S. a., 7, 2, 905; S. c. n., 1, 2, 161. — Trib. Bruxelles, 26 mars 1881; Pas., 1881, 3, 184.)

ART. 242.

A l'échéance du délai, soit que le défendeur comparaisse ou non, le demandeur en personne, assisté d'un conseil, s'il le juge à propos, exposera ou fera exposer les motifs de sa demande; il représentera les pièces qui l'appuient, et nommera les témoins qu'il se propose de faire entendre.

1. — Abandon de la procédure. — Demande nouvelle. — L'acte par lequel deux époux, au cours d'une instance en divorce, conviennent qu'ils vivront séparés, doit

être considéré comme un abandon de la procédure de la part
de l'époux primitivement demandeur qui, s'il veut y revenir,
est alors obligé de la recommencer complètement, *ab initio*.
(C. Turin, 20 juin 1807 ; S. a., 7, 2. 688 ; S. c. n., 2, 266.)

**2. — Abandon de la procédure. — Reprise d'ins-
tance·** — Si les premiers juges, après abandon momentané
de la procédure du divorce, ordonnent une reprise d'instance,
c'est à partir de l'ordonnance d'assignation à paraître à l'audience qu'ils doivent la rouvrir et non à partir de l'ordonnance de permission de faire citer ; par suite, s'ils admet-
taient une nouvelle discussion à huis clos entre les parties et
des faits nouveaux, ils contreviendraient aux dispositions
des articles 242 et suivants, par lesquels la marche à suivre
dans la procédure en divorce est strictement indiquée.
(Turin, 20 juin 1807. S. a., 7, 2, 688 ; S. c. n., 2, 2, 266.)

**3. — Comparution du demandeur. — Conseils. —
Nombre.** — Les articles 242 et 243 ne contiennent aucune
disposition expresse qui puisse permettre au demandeur en
divorce de se faire assister de trois conseils, à l'audience à
huis clos à laquelle il a été cité de comparaître en vertu de
l'article 241. L'article 253 ne peut être invoqué par lui pour y
chercher cette faculté. (V. art. 243, n° 1, par quels motifs l'article 253 ne peut être invoqué. — (C. Rouen, 17 mars 1807 ; S.
a., 7, 2, 906 ; S. c. n., 2, 2, 363.)

**4. — Pièces nouvelles. — Production par le défen-
deur.** — L'article 242 qui enjoint au demandeur de représenter, *à l'audience où la cause est appelée*, toutes les pièces
dont il entend faire usage, ne contient pas semblable obligation pour le défendeur. L'article 243 n'assimile point davantage le défendeur au demandeur quant aux règles à suivre
pour la production des pièces. Les exceptions de procédure
ne peuvent être étendues d'un cas à un autre, surtout en une
matière comme le divorce qui déroge déjà au droit commun.
Il est donc permis de conclure de ces principes que le défendeur peut, au cours des débats, après la clôture des enquêtes,
verser des pièces qu'il n'avait pas encore produites. (Trib.
Bruxelles, 27 déc. 1879 ; Pas., 1880, 3, 223.)

5. — Production de pièces. — Documents soustraits au défendeur. — Le demandeur ne peut produire des documents litigieux qui se trouvent sans titre entre ses mains et dont le défendeur a été dépossédé par suite d'une voie de fait. (Trib. Bruxelles, 23 avr. 1881; Pas., 1881, 3, 234.)

6. — Lettres missives adressées à un tiers. — Production par le demandeur. — En matière de divorce les tribunaux doivent se montrer assez larges dans l'admission des documents produits à l'appui de la demande, quand le demandeur ne les produit que dans un intérêt légitime et respectable. Par suite l'époux, qui demande le divorce, peut être admis à se prévaloir des lettres écrites à un tiers par l'autre époux, lorsque ces lettres ne lui sont pas parvenues par un moyen illicite. (Trib. Bruxelles, 28 avr. 1881; Pas., 1881; 3, 234. — C. Bruxelles, 28 avr. 1875; Pas., 1875, 2, 217; Dalloz, v° *Lettres missives*, n° 30. — *Contra* : Dalloz, v° *Lettres missives*, n° 7; Cass., 5 mai 1858; *J. P.*, 1859, 326; Cass., 21 juill. 1862; *J. P.*, 1863, 694.)

Il a été jugé cependant que le mari défendeur en divorce, lorsque sa femme s'y oppose, ne peut verser au procès des lettres adressées à celle-ci à une époque antérieure à leur mariage. On ne saurait admettre que le secret de la correspondance particulière puisse être violé grâce à un véritable abus de confiance; car il peut arriver que cette correspondance, toute confidentielle et intime, ait été surprise par le défendeur ou arrachée par lui à la confiance de sa femme. En outre, cette correspondance a pu n'être produite que dans le but d'outrager cette dernière ou de faire du scandale. En tout cas, ces lettres doivent être écartées parce qu'elles sont complètement étrangères à l'action en divorce et qu'elles ont trait à une époque sur laquelle il est, à tous égards, inutile de revenir. (Trib. Bruxelles, 22 avr. 1876; Pas. 1877, 3, 174.)

7. — Adultère. — Productions. — Présomptions. — Preuve. — Dans une instance en divorce, l'adultère de la femme (ou du mari depuis la loi nouvelle), peut s'établir non seulement par des décisions de justice ou par des enquêtes, mais encore par un ensemble de présomptions qui ne laisse aucun doute dans l'esprit des juges. Les modes de preuve n'en sont point limités par la loi; par suite l'arrêt qui décide que la demande en divorce du chef d'adultère est pleinement justifiée *par tous les faits et documents de la cause*, ne contrevient à aucune disposition de la loi. (Cass. B., 25 déc. 1881; Pas., 1882, 1, 21.)

8. — Témoins. — Obligation de les désigner à l'audience à huis clos. — Les parties peuvent-elles désigner des témoins postérieurement à l'audience à huis clos? (V. art. 249, n°s 1, 2 et 3.)

9. — Faits articulés après l'audience à huis clos.— (V. art. 247, n° 6, *in fine*.)

10. — Audience à huis clos. — Présence du greffier. — L'article 1040 du Code de procédure civile enjoint aux juges de se faire assister d'un greffier dans les actes de leur ministère. Le renvoi fait par l'article 881 du même Code au Code civil pour la matière du divorce ne peut avoir pour conséquence de faire annuler cette procédure spéciale lorsque, dans le silence du Code civil, les magistrats chargés d'instruire la demande se conforment aux règles générales concernant l'exercice de leurs fonctions. Il est vrai que la présence d'une autre personne, lors de la tentative de conciliation, et la crainte de ses indiscrétions peuvent compromettre le rapprochement des époux; mais il n'en résulte pas que la demande en divorce doive être déclarée non recevable à raison de cette présence; le fait du juge, alors surtout qu'il n'implique la violation d'aucune loi, ne devant pas, en général, entraîner pour la partie qui y est étrangère des conséquences aussi fâcheuses. (C. Liège, 31 mai 1855; Pas., 1865, 2, 231.)

ART. 243.

Si le défendeur comparaît en personne ou par un fondé de pouvoir, il pourra proposer ou faire proposer ses observations, tant sur les motifs de la demande que sur les pièces produites par le demandeur et sur les témoins par lui nommés. Le défendeur nommera, de son côté, les témoins qu'il se propose de faire entendre et sur lesquels le demandeur fera réciproquement ses observations.

1. — Comparution du défendeur. — Assistance de ses conseils. — L'article 243 ne parle pas de conseils dont le défendeur en divorce peut se faire assister lors des explications qui ont lieu secrètement entre les deux époux ; s'il a cette faculté, ce ne peut être que par induction de l'article 242, qui l'accorde au demandeur et parce qu'il est juste que l'une des parties ait les mêmes droits et la même faveur que l'autre. L'article 253 ne peut être appliqué à cette première réunion secrète ; en effet, dans le cas de cet article, il ne s'agit plus de simples explications entre les parties, mais bien de la discussion, en droit et en fait, des dépositions plus ou moins nombreuses, plus ou moins compliquées des témoins respectivement fournis. D'ailleurs la position des parties est essentiellement différente : dans le cas de l'article 243, la demande en divorce n'a acquis aucune publicité, et il arrive souvent que, d'après les explications des parties, elle se tient sans éclat, au sein même du tribunal conciliateur ; au contraire, dans le cas de l'article 253, la demande précédemment portée à l'audience publique est devenue notoire, et elle peut alors être discutée sans inconvénient et sans indiscrétion, en présence de trois conseils (C. Rouen, 17 mars 1808 ; S. a., 8, 2, 134.)

ART. 244.

Il sera dressé procès-verbal des comparutions, dires et observations des parties, ainsi que des aveux que l'une ou l'autre pourra faire ; lecture de ce procès-verbal sera donnée auxdites parties, qui seront requises de le signer ; et il sera fait mention expresse de leur signature, ou de leur déclaration de ne pouvoir ou ne vouloir signer.

1. — Procès-verbal. — Mention des aveux.— Devoir du juge. — L'obligation imposée par l'article 244, de dresser procès-verbal des comparutions, dires et observations des parties ainsi que de leurs aveux respectifs, fait un devoir au

juge d'apporter la plus grande attention aux aveux du défendeur. Lorsque ceux-ci contribuent à constater les causes
de divorce alléguées par la partie qui le réclame, il peut
n'être pas nécessaire de recourir à d'autres moyens de preuve.
(Cass., 11 frim. an XIV; S. a., 6, 1, 97; S. c. n., 2, 1, 187.)

**2, — Procès-verbal.'— Rédaction. — Palais de jus-
tice. — Hôtel ou maison particulière du juge. —**
L'article 1040 du Code de procédure ordonne d'une manière
générale que tous actes et procès-verbaux du ministère du
juge soient faits au lieu où siège le tribunal; mais, d'un autre
côté, comme l'article 881 du même Code veut que, spécialement à l'égard du divorce, il soit procédé comme il est prescrit au Code civil, et comme il ne se trouve dans le titre de
ce Code aucune disposition semblable à celle de l'article 1040,
il s'ensuit que les actes, ordonnances et procès-verbaux du
président ou du juge, qui le remplace, peuvent être faits par
lui, en cas de divorce, aussi bien dans son hôtel ou sa maison particulière qu'au lieu où se rend la justice, sans en-
courir à aucune nullité. (C. Besançon, 16 août 1811; S. a., 12,
2,106 ; S. c. n., 3, 2, 556.)

ART. 245.

*Le tribunal renverra les parties à l'audience publique, dont
il fixera le jour et l'heure; il ordonnera la communication de
la procédure au ministère public, et commettra un rapporteur.
Dans le cas où le défendeur n'aurait pas comparu, le demandeur sera tenu de lui faire signifier l'ordonnance du tribunal
dans le délai qu'elle aura déterminé.*

1. — **Historique.** — Dans son projet primitif, le Conseil
d'Etat avait uniformément fixé à vingt-quatre heures le délai
de signification de l'ordonnance. C'est sur les observations du
Tribunat(1) que l'article 245 a permis au tribunal de déterminer lui-même le délai, en tenant compte « de la distance des
lieux... du temps nécessaire pour l'expédition et l'ènregis-

(1) Fenet, IX, 435.

trement. » Mais l'esprit de la loi est sans contredit que le délai doit être aussi bref que possible.

ART. 246.

Au jour et à l'heure indiqués sur le rapport du juge commis, le ministère public entendu, le tribunal statuera d'abord sur les fins de non-recevoir, s'il en a été proposé. En cas qu'elles soient trouvées concluantes, la demande en divorce sera rejetée; dans le cas contraire, ou s'il n'a pas été proposé de fin de non-recevoir, la demande en divorce sera admise.

1. — Admission de la demande. — Motifs. — La société et la morale publique sont intéressées à ce que les demandes en divorce ne soient admises que d'après l'observation rigoureuse des formalités prescrites pour leur validité. Leur admission sur l'énonciation de faits vagues, sans époque déterminée et sans indication des circonstances propres à les faire reconnaître, aurait pour effet de multiplier témérairement ces sortes de demandes. Il serait dans ce cas trop facile pour les parties intéressées de les faire attester par des témoins, d'autant plus portés à une coupable complaisance qu'ils ne seraient pas tenus de s'expliquer sur des faits précis et circonstanciels. (C. Limoges, 2 juill. 1810; S. a., 11, 2, 236; S. c. n., 3, 2, 301.)

2. — Demande en divorce. — Faits articulés. — Rejet. — Demande nouvelle. — Faits anciens et faits nouveaux articulés. — Chose jugée. — Recevabilité. — Lorsque une demande en divorce a été rejetée par un jugement passé en force de chose jugée, le demandeur peut faire une nouvelle demande basée sur les faits précédemment articulés et sur des faits nouveaux sans que son action puisse être déclarée irrecevable par application de l'article 1351.

Les faits postérieurs peuvent en effet donner aux faits antérieurs une gravité qu'ils n'avaient pas lors de la première demande en divorce, et c'est par l'ensemble de ces faits que le magistrat peut apprécier s'il sont de nature à rendre la vie commune des époux impossible. (C. Bruxelles, 10 août 1874;

Pas., 1874, 2, 362. — C. Limoges, 2 juill. 1810; S. a., 11, 2,
236; S. c. n., 3, 2, 301.)

3. — Demande en divorce. — Instance en nomination de conseil judiciaire. — Sursis à l'admission de la demande en divorce. — Il ne peut être sursis à l'admission de la demande en divorce jusqu'au jugement à intervenir sur l'instance, en nomination de conseil judiciaire, intentée par l'époux défendeur à son conjoint. Une décision de cette nature serait dépourvue de base légale ; en effet, les seules surséances pouvant être appliquées en cette matière sont celles qui dérivent des articles 235 et 240 du Code civil relatifs à la poursuite criminelle des faits motivant l'action en divorce et au refus ou à la permission de citer. D'ailleurs, jusqu'à ce que le jugement de nomination de conseil judiciaire ait été obtenu, la personne à laquelle pourrait s'appliquer cette mesure demeure *integri status* et ne peut, à aucune époque de la procédure, être frappée d'incapacité. (Trib. de Liège, 30 mars 1871; Pas., 1871, 2, 453.)

4. — Demande en divorce. — Assistance du conseil judiciaire. — Intervention. — Mise en cause. — Fin de non-recevoir. — Opposition. — Appel. — Pourvoi en cassation. — La femme qui intente une action en divorce contre son mari pourvu d'un conseil judiciaire sans l'assistance duquel il ne peut plaider, aux termes de l'article 513 du Code civil, doit être déclarée non recevable dans sa demande, si elle a omis de mettre en cause ce dernier. La défense de plaider contenue audit article est générale et absolue. Elle n'admet aucune distinction entre les procès qui n'ont que les biens pour objet et ceux qui tiennent à la personne. En outre, l'action en divorce peut entraîner des conséquences sérieuses quant aux biens du défendeur. Aucune prescription légale n'autorise le juge à suppléer à l'assistance du conseil judiciaire exigée par la loi ; en sorte que, par suite de l'absence de celui-ci dans l'instance, l'action se trouve avoir été irrégulièrement engagée, et cette omission, qui ne peut être couverte par une intervention, a pour effet d'entacher de nullité l'assignation introductive d'instance. (Trib. Charleroi, 7 janv. 1879; Pas., 1879, 3, 165.)

La nécessité de l'assistance du conseil judiciaire s'étend à la défense aussi bien qu'à la demande en divorce ainsi qu'à l'exercice des voies de recours, telles que l'opposition, l'appel ou le pourvoi en cassation. Mais, contrairement à ce qui vient d'être dit, il a été décidé que si, en principe, l'appel introduit sans l'assistance du conseil judiciaire est nul, il faut bien reconnaître que cette nullité se trouve couverte par l'assistance que ce conseil prête, après que l'appel est formé. Le vœu de la loi, dans ce cas, se trouve alors rempli, et ce serait aller au delà de son but que de déclarer cet appel nul; une pareille rigueur ne pourrait se justifier. (C. Gand, 7 juin 1877; Pas., 1847, 2,279.)

5. — Demande en divorce formée par la femme. — Autorisation maritale. — Demandes accessoires. — Fin de non-recevoir. — La femme n'a pas besoin d'autorisation maritale pour intenter une demande en divorce. Cette autorisation n'est pas, en conséquence, requise davantage dans les procédures accessoires ou incidentelles que pareille demande fait surgir. — V. aussi art. 236, n° 5. — (Trib. Anvers, 2 août 1879 ; Pas., 1880, 3, 33.)

6. — Jugement d'admission de la demande. — Défaut du défendeur. — Faits articulés par le défendeur après le jugement. — Recevabilité. — L'époux, défendeur en divorce, qui n'a pas comparu lors du jugement admettant la demande de son conjoint, peut, immédiatement après ce jugement, articuler, avec offre de preuve, des faits tendant à justifier sa conduite et à enlever aux actes incriminés par le demandeur, le caractère injurieux qu'il leur attribuait. Si ces faits sont pertinents, la preuve doit en être admise. Il en est ainsi lorsque l'articulation en question n'a pas pour objet de faire déclarer la demande en divorce non recevable, mais uniquement d'opposer les torts du demandeur à ceux imputés au défendeur, afin d'établir que ceux-ci n'ont plus assez de gravité pour les admettre comme cause de divorce. Ce n'est pas là le cas prévu par l'article 246 où les fins de non-recevoir doivent être produites avant l'admission de la demande. (C. Liège, 9 mai 1878; Pas., 1878, 2, 100.)

**7. — Renonciation générale à l'action en divorce.
— Fin de non-recevoir. — Appel. — Recevabilité. —**
Si la renonciation générale à l'action en divorce, pour toute
cause ultérieure, est nulle comme contraire à l'ordre public, il en est autrement de la renonciation à une action
déjà intentée pour faits passés et déterminés, laquelle peut
être accueillie comme fin de non-recevoir, si elle est suffisamment justifiée. Dès lors, la preuve proposée pour établir,
au moyen de faits postérieurs, que l'action en divorce se
trouve éteinte sinon par la réconciliation au moins par la
renonciation, est recevable même en appel, comme constituant un moyen nouveau et non une demande nouvelle;
mais il faut qu'elle soit formellement limitée à la réconciliation ou à la renonciation. (C. Liège, 8 août 1871.; Pas.
1871, 2,453.)

**8. — Jugement d'admission de la demande. —
Exécution provisoire nonobstant appel.** — Le Code
civil, qui a réglé la procédure à suivre pour obtenir le divorce,
n'autorise pas les juges à déclarer le jugement exécutoire
par provision nonobstant appel. S'il en a été ainsi fait, l'appelant peut obtenir, conformément à l'article 459 du Code de procédure civile, des défenses à l'exécution provisoire, parce que
celle-ci a été ordonnée hors les cas prévus par la loi.

Les motifs qui ont porté le législateur à empêcher le juge
de s'occuper du fond avant d'avoir statué sur les fins de non-
recevoir s'opposent à ce que le jugement sur l'admissibilité
de la demande soit déclaré exécutoire nonobstant appel. L'économie de la procédure tracée pour parvenir au divorce est
exclusive de la faculté d'ordonner l'exécution provisoire des
jugements, à l'égard desquels le droit d'appel est consacré en
termes formels. Or, ce droit deviendrait illusoire, s'il pouvait
être statué au fond, malgré l'appel sur la question d'admissibilité de la demande en divorce, laquelle forme un préalable
sans lequel le débat au fond manque de base.

D'après les règles de procédure en vigueur à l'époque de la
confection du Code, les juges ne pouvaient ordonner l'exécution provisoire de leurs sentences, sinon dans les cas portés
par les ordonnances; et l'arrêt de règlement rendu le 7 dé-

cembre 1689 est formel à cet égard. Il suit de là que, sous l'empire du Code civil et avant la publication du Code de procédure, le juge ne pouvait déclarer exécutoire nonobstant appel le jugement statuant sur l'admissibilité de la demande en divorce, aucune disposition légale ne lui donnant ce pouvoir.

Le décret du 4 floréal an II, qui défendait d'attaquer le divorce par la voie de l'appel, avait été suspendu par celui du 15 thermidor an III et abrogé par la promulgation du Code civil. Or celui-ci accorde le droit d'appeler non seulement du jugement définitif, mais aussi du jugement d'admission de la demande en divorce ; il met ces appels sur la même ligne, règle ce qui la concerne et ne déroge pas aux principes alors en vigueur en matière d'exécution provisoire des jugements, nonobstant appel.

Il édicte même que le pourvoi est suspensif, ce qui prouve qu'en dérogeant au principe général d'après lequel le pourvoi n'est pas suspensif en matière civile, principe consacré par la loi du 1er décembre 1790, le législateur manifeste clairement que le juge ne peut ordonner l'exécution provisoire des deux jugements à l'égard desquels il consacre le droit d'appel.

En effet, les arrêts qui, de par la loi, sont exécutoires malgré le pourvoi, ne peuvent, en matière de divorce, être mis à exécution lorsqu'il y a pourvoi. Les Cours d'appel ne pourraient donc ordonner l'exécution provisoire nonobstant pourvoi d'un arrêt statuant sur l'admissibilité de la demande en divorce : dès lors, il faut admettre, à plus forte raison, que les tribunaux ne peuvent ordonner l'exécution provisoire de semblable décision malgré l'appel.

Le Code de procédure civile n'a pas dérogé à ces principes; son article 884, qui statue qu'à l'égard du divorce il sera procédé comme il est prescrit au Code civil, suffit pour le prouver ; son article 135 ne peut donc recevoir d'application aux jugements pour lesquels l'article 262 du Code civil réserve le droit d'appel, les articles 262 et 263 étant incompatibles avec les deux articles précités. (C. Bruxelles, 16 juill. 1877; Pas., 1877, 2, 330.)

A tous ces motifs on peut ajouter les suivants :

Les formes spéciales prescrites par le Code civil pour le divorce sont combinées de façon à donner aux époux, par des lenteurs calculées et des tentatives réitérées de conciliation, le temps et l'occasion de réfléchir et d'arriver à un rappro-chement. La volonté du législateur de ralentir l'instruction de la demande se manifeste dans le droit qu'il donne au tribunal de suspendre pendant vingt jours la permission de citer, et dans le devoir qu'il lui impose de statuer d'abord sur les fins de non-recevoir, et, si elles ne sont pas concluantes, de cons-tater, par un premier jugement, que la demande en divorce est admise, avant de rendre celui qui prononce sur le fond. En outre, l'article 262 du Code civil consacre expressément le droit d'appel du jugement d'admission, aussi bien que du ju-gement définitif et en règle l'exercice par des dispositions communes. Or l'appel est suspensif de sa nature, et loin de déroger à ce principe, le législateur lui a reconnu ce carac-tère en ne permettant, par l'article 264, l'exécution du juge-ment qui autorise le divorce que s'il est passé en force de chose jugée, et il a exceptionnellement étendu au pourvoi le même effet suspensif. Il faut ajouter qu'aux termes de l'ar-ticle 262, en cas d'appel du jugement d'admission ou du juge-ment définitif, la cause devant être jugée comme affaire ur-gente, ce recours serait illusoire et la célérité acquise de la Cour inutile, si le jugement pouvait être exécuté provisoire-ment nonobstant l'appel. (C. de Bruxelles, 8 août 1882; Pas., 1883, 2, 58.)

ART. 247.

Immédiatement après l'admission de la demande en divorce, sur le rapport du juge commis, le ministère public entendu, le tribunal statuera au fond. Il fera droit à la demande, si elle lui paraît en état d'être jugée ; sinon il admettra le demandeur à la preuve des faits pertinents par lui allégués, et le défen-deur à la preuve contraire.

1. — **Pouvoir du juge.**— Du texte des articles 246 et 247, il résulte que le tribunal peut faire de trois choses l'une : « ou admettre la demande, ou la rejeter, ou, enfin, ordonner

la preuve des faits, et, dans ce cas, il ne peut être question que de faits pertinents (1). »

2. — Jugement d'admission de la demande. — Renvoi à une autre audience pour statuer sur le fond. — Le tribunal, après l'admission de la demande en divorce et l'autorisation de fournir la preuve des faits articulés, peut, sans contrevenir aux dispositions des articles 249, 250 et 252 du Code civil, pour remplir les formalités prescrites par ces articles, renvoyer à une audience ultérieure qui, dans ce cas, doit être considérée comme la continuation de la première. Autrement, quelle que soit la longueur de la séance, les juges ne pourraient désemparer et devraient terminer une affaire commencée, ce qui leur serait souvent matériellement impossible de faire. (C. Liège, 29 juill. 1812; S. a., 14, 2, 267.)

3. — Admission de la demande et décision sur fond par le même jugement. — Violation de la loi. — Les premiers juges ne peuvent par un même jugement, à peine de nullité, admettre la demande en divorce et ordonner la preuve des faits avancés; car, d'après l'article 247, ce n'est qu'après l'admission de la demande en divorce que le tribunal doit statuer au fond et faire droit à la demande si elle est fondée, ou admettre le demandeur à la preuve des faits pertinents par lui allégués. (C. Pau, 27 mars 1813; S. a., 14, 2, 109; S. c. n., 4, 2, 284.; Cass., 18 frim. an XIV; S. a., 6, 1, 177; S. c. n., 2, 1, 190.)

4. — Désistement. — Réserve du droit de former une demande nouvelle. — Aucune disposition du Code civil n'interdisant au demandeur en divorce le droit de se désister de sa procédure pour en intenter une nouvelle dans les formes prescrites, les juges peuvent, sans violer la loi, lui réserver cette faculté. (Cass., 10 mai 1809; S. a., 9, 1, 264; S. c. n., 3, 1, 55.)

5. — Jugement statuant sur le fond.— Justification suffisante de la demande.— Inutilité d'une enquête. — Il résulte des termes de l'article 247 du Code civil que la de-

____

(1) *Observations* du Tribunat; Fenet, IX. 436.

mande en divorce pour cause déterminée peut, sans qu'il soit besoin de recourir à des enquêtes ou à d'autres actes judiciaires, trouver sa justification dans des faits constants au moment où elle se produit et spécialement dans des lettres, adressées au demandeur en divorce par sa femme, et dans lesquelles celle-ci, après avoir abandonné le domicile conjugal, avoue ouvertement à son mari l'aversion invincible qu'elle éprouve pour lui. La nature et la persistance de ces outrages, aussi bien que les autres faits constatés au procès écartent, en ce cas, tout soupçon de collusion entre les époux ; la justification de la demande est suffisamment établie par les pièces et, dès lors une enquête, devenant superflue, n'a pas besoin d'être ordonnée. (C. Bruxelles, 25 juin 1867 ; Pas., 1867, 2, 350.)

6. — Faits articulés postérieurement à la demande au cours de la procédure. — Admissibilité. — L'article 248 du Code civil autorise les parties, en matière de divorce, à proposer, à chaque acte de la cause, après le rapport du juge et avant que l'organe du ministère public se soit fait entendre, leurs moyens respectifs aussi bien sur le fond que sur les fins de non-recevoir qu'elles croiraient pouvoir présenter. D'autre part, la disposition finale de l'article 247 autorise, en termes exprès, le demandeur en divorce à alléguer des faits pertinents et le juge à en autoriser la preuve après le jugement admettant la demande en divorce... La généralité des expressions dont la loi se sert ne permet pas de restreindre le droit du juge à la seule admission de la preuve des faits compris dans la requête remise au président du tribunal en exécution de l'article 236.

Une semblable restriction mettrait, d'un côté, le demandeur en divorce dans l'alternative inadmissible ou d'avoir, avant d'intenter son action, la connaissance, irréalisable pour la plupart des cas, de tous les faits de nature à en établir le fondement, ou d'introduire cette action avec des éléments insuffisants, sans la possibilité de les compléter ni même de les préciser postérieurement ; elle imposerait, d'un autre côté, au juge la nécessité, contraire à l'intérêt d'une bonne justice, de refuser les moyens de vérification qui lui seraient offerts et les éclaircissements dont sa conscience aurait besoin.

Par ces divers motifs il a été décidé que l'époux demandeur en divorce, après le rapport du juge, qui suit l'admission de sa demande, c'est-à-dire après un acte nouveau de la procédure et avant l'audition du ministère public, peut obtenir de faire la preuve de faits pertinents et admissibles, constituant un moyen de justifier le fondement de son action bien qu'ils n'aient pas été compris dans sa première requête. Toutefois cette preuve n'est admissible qu'à la condition qu'en même temps la preuve contraire soit autorisée, conformément à la prescription de l'article 247 du Code civil. (C. Bruxelles, 4 août 1868; Pas., 1871, 2, 26. — Cass., 26 mai 1807; S. a., 7, 1, 484; S. c. n., 2, 1, 393.)

Des faits, autres que ceux compris et détaillés dans sa requête en divorce, pourront aussi être présentés par l'époux demandeur, à l'audience à huis clos mentionnée à l'article 241. (Bruxelles, 14 thermidor an XII. — *Contra :* C. Turin, 20 juin 1807; S. a., 7, 2, 688; S. c. n., 2, 2. 266.)

Même après l'instruction secrète en divorce, l'époux demandeur sera recevable à présenter de nouveaux faits et à donner de nouveaux détails sur ceux énoncés dans sa demande. *Contra :* (Trib. Seine, 1er prair. an XIII, confirmé par C. Paris, 14 mars 1806; c. 2, 528; C. n., 2, 1, 122.), sans qu'il soit nécessaire qu'il se désiste de la première procédure. (Cpr. C. Paris, 18 mars 1811; S, a., 11, 2, 243; S. c. n., 3, 2, 418.)

7. — Faits articulés. — Absence de date. — Admissibilité. — Doit être admise la preuve de faits articulés, alors même que le demandeur ne peut en préciser la date, si la plupart d'entre eux ont été fréquemment répétés ou se sont produits dans des lieux et dans des circonstances qui leur assignent une date suffisante pour permettre au défendeur de les reconnaître et de les combattre par la preuve contraire. (C. Bruxelles, 18 juill. 1882; Pas., 1883, 2, 183.)

8.— Faits articulés.— Preuve. — Preuve contraire. — En matière de divorce les parties ne peuvent être admises qu'à la preuve des faits reconnus pertinents par le tribunal ; et la preuve contraire ne peut porter que sur les faits corrélatifs à ceux de la preuve directe.

Spécialement, si la provocation des sévices ou des injures graves péut avoir de l'influence sur les faits articulés contre l'époux défendeur à une action en divorce, la preuve de cette provocation ne peut être admise, comme preuve contraire, qu'autant que la partie défenderesse a articulé, à cet égard, des faits dont le jugement a admis et ordonné la preuve.

Admettre un système contraire, ce serait exposer la partie demanderesse à rester sans défense contre des imputations de son adversaire, et la mettre dans l'impossibilité de combattre, par la preuve contraire, les faits desquels on veut faire résulter la provocation. (C. Bruxelles, 24 juill. 1867 ; Pas., 1868, 2, 27.)

9. — Faits articulés. — Reproche de témoins. — Admissibilité. — Sont pertinents et admissibles à être prouvés, les faits qui ont pour objet direct, non de faire reprocher les témoins auxquels ils se rapportent, mais d'établir la réalité des causes qui pourraient déterminer le juge à avoir tel égard que de raison à leurs dépositions. (C. Bruxelles, 18 juill. 1882 ; Pas., 1883, 2, 188.)

10. — Faits articulés. — Preuve. — Admission. — Jugement. — Exécution par provision. — Le jugement qui admet la preuve des faits articulés par le demandeur en divorce, n'est pas exécutoire par provision nonobstant appel. Ce principe se justifie par les mêmes motifs qu'au cas où il s'agit du jugement qui admet la demande en divorce. (C. Bruxelles, 8 août 1882 ; Pas., 1883, 2, 58. — C. Bruxelles, 16 juillet 1877 ; Pas., 1877, 2, 330 ; — V. art. 246 n° 8.)

ART. 248.

A chaque acte de la cause, les parties pourront, après le rapport du juge et avant que le ministère public ait pris la parole, proposer ou faire proposer leurs moyens respectifs, d'abord sur les fins de non-recevoir, et ensuite sur le fond ;

mais, en aucun cas, le conseil du demandeur ne sera admis, si le demandeur n'est pas comparant en personne.

1. — Nomination d'un nouveau rapporteur. — Jugement. — Intervention des parties. — Un jugement peut, sans que les parties aient conclu à plaider, ordonner, par suite de l'empêchement de l'un des juges du siège, qu'un nouveau rapport sera fait par le juge rapporteur commis et qu'il sera donné lecture des enquêtes. Ce jugement n'est qu'une mesure réglementaire dans l'exécution de laquelle les parties n'ont pas à intervenir. (Cass. B., 6 janvier 1881 ; Pas., 1881, 1, 49.)

2. — Comparution du demandeur. — Demande provisionnelle. — Aux termes de l'article 248 du Code civil, le conseil du demandeur en divorce n'est admis en aucun cas si le demandeur n'est pas comparant en personne. Cet article, qui ne fait aucune distinction, est la règle générale que l'on doit suivre pendant tout le cours de l'instance. Il doit donc s'appliquer à la demande provisionnelle comme au débat sur le fond. Cette interprétation, d'ailleurs conforme à l'esprit de la loi, veut que le débat en cette matière soit essentiellement personnel. La présence du demandeur est une formalité substantielle. (Trib. Charleroi, 17 janvier 1883; Pas., 1883, 3, 193.)

3. — Requête. — Faits articulés postérieurement. — Admissibilité. — Les dispositions de l'article 248 du Code civil et la généralité des expressions finales de l'article qui précède, ne permettent pas de restreindre aux seuls faits de la requête, les moyens que l'époux demandeur est en droit de proposer pendant la procédure. (C. Bruxelles, 9 mars 1874; Pas., 1874, 2, 200. — V. art. 247, n° 5.)

ART. 249.

Aussitôt après la prononciation du jugement qui ordonnera les enquêtes, le greffier du tribunal donnera lecture de la partie du procès-verbal qui contient la nomination déjà faite des témoins que les parties se proposent de faire entendre. Elles seront averties par le président qu'elles peuvent encore en désigner d'autres, mais qu'après ce moment elles n'y seront plus reçues.

1. — Témoins. — Désignation. — Jugement. — Désignation nouvelle de témoins. — Les parties peuvent désigner des témoins jusqu'après la prononciation du jugement ordonnant les enquêtes, alors même qu'elles n'en auraient pas désigné à l'audience à huis clos conformément à l'article 242.

On a prétendu cependant que l'article 249, en parlant du droit des parties de désigner encore d'autres témoins, implique l'idée qu'un commencement de désignation a dû être fait à l'audience à huis clos ; on en conclut que le demandeur, qui n'a pas fait ce commencement de désignation et s'est borné à faire des réserves lors de la première audience à huis clos, est déchu du bénéfice de l'article 249 et forclos par conséquent du droit de prouver par témoins les faits par lui cotés à l'appui de sa demande.

Mais il convient de faire remarquer que le législateur n'a point prescrit à peine de nullité la désignation de témoins à la première audience à huis clos et qu'il ne s'agit point là d'une formalité substantielle dont l'inobservation serait préjudiciable soit à l'ordre public, soit à l'intérêt de la partie défenderesse. L'article 242 est muet en effet sur les conséquences de l'inobservation de ses prescriptions ; cela est d'autant plus significatif que dans l'article 249 également relatif à l'obligation pour les parties de désigner leurs témoins, il y a une forclusion expresse édictée contre la partie qui n'aurait pas fait cette désignation immédiatement après la prononciation du jugement ordonnant l'enquête. D'autre part, on ne peut voir une formalité substantielle dans l'obligation qui serait imposée au demandeur en divorce de désigner au moins un des témoins à la première audience à huis clos, l'inaccomplissement de cette formalité ne pouvant causer aucun préjudice à la partie défenderesse. Car cette dernière, au cas où l'article 242 recevrait son exécution, n'en serait pas moins exposée à ne connaître les noms des seuls témoins sérieux et importants de son adversaire, qu'après le jugement ordonnant l'enquête : elle conserve au surplus son droit de reprocher les témoins jusqu'au moment où ils seront entendus, si elle ne les a connus qu'au moment de la prononciation du jugement ordonnant l'enquête. (Trib. Bruxelles, 29 mars 1883; Pas., 1883, 3, 297.)

2. — Enquête. — Jugement. — Faits nouveaux. — Supplément. d'enquête. — Renvoi à l'audience. — Application de l'article 245. — L'article 249 en décidant que postérieurement au jugement qui ordonne les enquêtes, les parties ne seront plus reçues à désigner de nouveaux témoins, n'a entendu parler que du passé : il n'a pas voulu étendre cette interdiction à des faits postérieurs. La preuve de ces faits est admissible.

Au cas où cette demande de supplément d'enquête est ainsi déclarée recevable, la cause doit être renvoyée à l'audience, par application de l'article 245, pour permettre au défendeur de proposer des fins de non-recevoir, de discuter la pertinence des faits, de désigner ses témoins et de proposer ses reproches contre les témoins produits par le demandeur. (Trib. d'Anvers, 1er avril 1880; Pas., 1880, 3, 265.)

3. — Comparution. — Défaut du défendeur. — Désignation des témoins. — Déchéance de ce droit en première instance et en appel. — L'époux défendeur en divorce qui n'a comparu à aucune des audiences fixées par le tribunal et a fait notamment défaut à la dernière audience dans laquelle il avait la faculté de faire la désignation de ses témoins, aux termes de l'article 249 du Code civil, n'est plus recevable à les faire entendre. Et, comme les termes de cet article sont impératifs et prononcent une déchéance absolue, les juges d'appel ne peuvent l'en relever, quel que soit d'ailleurs le motif qui l'ait empêché de se conformer aux prescriptions de la loi. (C. Bruxelles, 3 déc. 1878; Pas., 1879, 2, 82.)

ART. 250.

Les parties proposeront de suite leurs reproches respectifs contre les témoins qu'elles voudront écarter. Le tribunal statuera sur ces reproches, après avoir entendu le ministère public.

1. — Témoins. — Reproches. — Délais. — Les témoins ne peuvent être reprochés qu'aussitôt après la prononciation du jugement ordonnant l'enquête et la lecture du procès-verbal désignant lesdits témoins. Dès que le tribunal a statué à ce sujet, conformément à l'article 250, il n'est plus possible d'y revenir, quelles que soient les causes de reproche qui se seraient ultérieurement produites (Paris, 16 mars 1812). Un jugement du tribunal de Bruxelles du 29 mars 1883 a jugé au contraire que les parties conservent le droit de reprocher les témoins jusqu'au moment où ils seront entendus. (Trib. Bruxelles, 29 mars 1883; Pas., 1883, 3, 29.)

2. — Témoins. — Reproches. — Article 270 du Code de procédure. — Aux termes de l'article 270 du Code de procédure, les reproches contre les témoins doivent être circonstanciés et pertinents, et non pas formulés en termes vagues et généraux. Cette disposition est applicable en matière de divorce. (C. Bruxelles, 20 avr. 1874.; Pas., 1874, 2, 227.)

ART. 251.

Les parents des parties, à l'exception de leurs enfants et descendants, ne sont pas reprochables du chef de la parenté, non plus que les domestiques des époux, en raison de cette qualité ; mais le tribunal aura tel égard que de raison aux dépositions des parents et des domestiques.

1. — Témoins. — Reproches. — Donataires. — Les principes généraux sur les témoins qui peuvent être reprochés ne sont point applicables aux demandes en divorce et en séparation de corps. D'après l'article 251 du Code civil, les enfants et les descendants des parties sont seuls reprochables, et tous les témoins peuvent être entendus, notamment le donataire du demandeur en divorce, sauf à avoir tels égards que de raison à leurs dépositions. (Cass., req., 8 juill. 1813; S. a., 15, 1, 128; S. c. n., 4, 1, 389; Dalloz, v° *Sép. de corps*, 220 et 247.)

ART. 252.

Tout jugement qui admettra une preuve testimoniale dénommera les témoins qui seront entendus, et déterminera le jour et l'heure auxquels les parties devront les présenter.

1.—Preuve testimoniale.—Désignation des témoins à entendre. — Délai. — Quoique la loi ordonne, en matière de divorce, que le jugement qui admet une preuve testimoniale, dénomme les témoins qui seront entendus et détermine le jour et l'heure auxquels les parties devront les produire, elle ne prononce pas la déchéance de la faculté d'en faire entendre après ce jour; cette déchéance, étant une peine qui peut avoir les suites les plus préjudiciables, elle ne peut pas être suppléée par les juges; il doit en être surtout ainsi lorsque les parties se sont trouvées en cas d'empêchement par suite de certaines circonstances impossibles à prévoir. (C. Bordeaux, 27 juill. 1814; S. c. n., 4, 2, 400.)

2. — Jugement interlocutoire. — Exécution. — Chose jugée. — Lorsqu'un interlocutoire, conforme aux dispositions de la loi, a été respectivement exécuté par toutes parties, il n'est plus possible, sans porter atteinte à la chose jugée, de revenir sur la pertinence des faits, admise par cet interlocutoire. (C. Trèves, 28 mai 1813; S. a., 14, 2, 20; S. c. n., 4, 2, 320.)

ART. 253.

Les dépositions des témoins seront reçues par le tribunal séant à huis clos, en présence du ministère public, des parties et de leurs conseils ou amis, jusqu'au nombre de trois chaque côté.

1.—Enquête. — Application du Code de procédure. — Témoins. — Dépositions.— Article 262 du Code de procédure. — Lorsqu'en matière de divorce le Code civil est muet sur la marche de la procédure de l'enquête, c'est au Code de procédure civile qu'il faut recourir si les dispositions de ce dernier ne sont pas en opposition avec celles du Code civil. Il en doit être ainsi notamment pour décider, en vertu de l'article 262 du Code de procédure et en l'absence de toute indication à cet égard dans l'article 253 du Code civil, que les témoins, à peine de nullité, doivent être entendus séparément et nullement en présence les uns des autres (C. Nancy, 15 avril 1813; S. a., 14, 2, 43; S. c. n., 4, 2, 293 . —Cpr. C. Metz, 7 mai 1807; S. a., 7, 2, 906; S. c. n., 2, 2, 240). —V. n° 6 ci-dessous.

2. — Enquête. — Témoins. — Déposition. — Domestiques. — Parents ou alliés. — Déclaration préalable. — Le Code civil, en matière de divorce, a établi un droit nouveau et une forme particulière et spéciale de procédure, principalement à l'égard des enquêtes; il n'a prescrit aucune désignation des témoins qui sont ou doivent être entendus en présence des parties; par suite, lorsqu'il n'a été commis aucune contravention à cette loi, qui fait la règle de la matière, il y a lieu de rejeter la demande en nullité d'enquête fondée notamment sur ce que le juge n'avait pas fait aux témoins l'interpellation de déclarer s'ils étaient serviteurs ou domestiques, parents ou alliés des parties et à quel degré. (Cass., 3 mai 1809; S., a., 9, 1, 254; S., c. n., 3, 1, 53; Dalloz, v° *Séparation de corps*, 475.)

3. — Enquête. — Juges suppléants. — Un juge-commissaire qui a commencé à entendre les témoins peut être remplacé pour cause de maladie ou pour tout autre empêchement. Il doit en être de même pour les juges qui assistent à l'audience, d'autant que ce n'est pas immédiatement après les enquêtes et sans désemparer que les juges ont à prononcer; dans ce cas, il faudrait sans doute que ce fussent les mêmes juges qui entendissent tous les témoins, pour se décider à l'instant. Il faut au contraire, lorsque les enquêtes sont finies, que les juges donnent le temps aux parties et à leurs conseils d'en prendre une connaissance exacte, de poser des conclusions et de plaider. (C. Metz, 7 mai 1807; S. a., 7, 2, 906; S. c. n., 2, 2, 240.)

4. — Enquête. — Comparution personnelle du défendeur. — Témoins. — Reproche. — Avoué. — Conseil. — Fondé de pouvoir. — Il n'est pas nécessaire que le défendeur comparaisse personnellement aux enquêtes; par suite, les reproches contre les témoins peuvent être proposés par l'avoué du défendeur. Le texte même de l'article 253 du Code civil n'ordonne pas que les parties soient présentes en personne lors des enquêtes. En outre, il résulte de l'ensemble des dispositions relatives au divorce que quand le législateur entend imposer la comparution personnelle, il ne manque pas de s'en expliquer en termes formels; c'est ce que démontre notamment l'article 248 où l'on voit qu'après avoir reconnu aux parties le droit de faire valoir leurs moyens soit sur la forme soit sur le fond, la loi ne réclame seulement du demandeur en divorce, et de lui seul, la comparution en personne à tous les actes de la cause. Il suit de là qu'aux articles où il est parlé des parties purement et simplement, comme aux articles 250 et 253, ces mots doivent être pris dans leur sens ordinaire et que le défendeur est autorisé à produire ses moyens de défense soit par lui-même, soit par un fondé de pouvoirs. (C. de Bruxelles, 20 avr. 1874; Pas., 1874, 2, 223.)

5. — Demande en séparation de corps. — Enquête. — Contre-enquête. — Témoins. — Demande en divorce. — Déposition des mêmes témoins. — Des témoins qui ont été entendus dans une contre-enquête provoquée par le mari à l'occasion d'une demande en séparation de corps formée par la femme pour sévices et injures graves, ne peuvent plus être entendus dans l'enquête sur la demande en divorce pour cause d'adultère formée par le mari (Paris, 18 févr. 1806; S. a. 6, 2, 572; S. c. n., 6, 2, 2, 117; Dalloz, v° *Sép. de corps*, 478). Il ne peut en être ainsi qu'au cas où les témoins ont fait dans la contre-enquête [des dépositions relatives à l'adultère de la femme.

6. — Enquête. — Témoins. — Déposition. — Tribunal saisi de la demande. — Délégation à un autre tribunal. — Le tribunal saisi de la demande en divorce peut seul recevoir, dans une enquête, la déposition d'un témoin. Il ne peut déléguer ce pouvoir à un autre tribunal, et cela pour les motifs suivants.

Le Code civil contient un mode particulier de procéder pour les demandes en divorce et spécialement pour les enquêtes : les règles ordinaires de la procédure ne pourraient donc être applicables à cette matière qu'à défaut de dispositions du Code civil et pourvu qu'elles ne soient en opposition ni avec le texte ni avec l'esprit de ce Code. Or, les prescriptions essentielles résultant des articles 252, 253, 255 et 256 du Code, sont contraires à l'idée de la délégation d'un autre tribunal pour recevoir les enquêtes. Il ne peut exister aucun doute sur l'intention qu'a eue le législateur de charger du soin d'entendre les témoins le seul tribunal dont il détermine la compétence en cette matière par l'article 234.

Si la délégation était admissible, le tribunal déléguant ne saurait déterminer le jour et l'heure auxquels les parties devront présenter leurs témoins, ni le tribunal délégué renvoyer après enquêtes les parties à jour et heure fixes devant le tribunal du domicile des époux, sans outrepasser les droits que deux juridictions peuvent avoir l'une vis-à-vis de l'autre.

D'autre part, la présence en personne de la partie demanderesse est exigée à tous les actes de divorce. Le législateur attache à cette présence effective une importance si grande que de l'inobservation de cette règle, il présume une renonciation à l'action intentée ; « le divorce n'est accessible, disait Gillet, orateur du Tribunat, à la séance du Corps législatif du 30 ventôse an X, qu'autant que la partie demanderesse elle-même assiste à tout ce qui se passe et garantit au juge par sa présence la sincérité de ses plaintes et la persévérance de sa résolution » (Locré, t. II, p. 601). La délégation d'un autre tribunal que celui du domicile des époux irait à l'encontre de cette volonté du législateur.

En exigeant, à peine de nullité, que le procès-verbal des enquêtes soit, immédiatement après la clôture de celles-ci, signé par les parties, l'article 256 du Code civil vient démontrer plus encore cette nécessité de la présence des parties aux enquêtes et l'impossibilité d'une délégation. Il serait, en effet, difficile de concevoir que les parties se rendissent devant le tribunal délégué pour assister à l'audition des témoins, alors surtout que ce tribunal peut être situé au loin et que la demande de délégation a généralement pour but d'éviter des frais et des retards.

Au surplus, les articles 255, 412 et 1035 du Code de procédure civile ne sont pas applicables à la matière du divorce. Le Code de procédure civile ayant été promulgué et décrété postérieurement au Code civil, les rédacteurs de ce dernier n'ont pu se référer pour les détails de la procédure du divorce au Code de procédure qui n'existait pas encore, et l'on ne saurait induire de ce que les articles 247 et 252 du Code civil n'interdisent pas les délégations, que le législateur a entendu les autoriser en cette matière. (V. plus haut, n° 1 du présent art. 253.)

On ne peut enfin prétendre davantage que le Code de procédure civile, comme loi générale, règle les formalités des enquêtes et permet les délégations en matière de divorce comme en toutes autres, puisque le législateur a eu le soin d'indiquer en termes exprès, par l'article 881 du Code de procédure, sa volonté de régler tout spécialement les formes de procéder pour la demande de divorce et de soumettre cette procédure particulière aux prescriptions du Code civil (Trib. de la Seine, 26 brum. an XIII ; S. a., 5, 2. 39. — Trib. Bruxelles, 9 avril 1874; Pas., 1874, 3, 200). — V. n° 1 ci-dessus.

ART. 254.

Les parties, par elles ou par leurs conseils, pourront faire aux témoins telles observations et interpellations qu'elles jugeront à propos, sans pouvoir néanmoins les interrompre dans le cours de leurs dépositions.

1. — Témoins. — Dépositions. — Observations. — Interpellations. — L'époux, qui n'a fait aucune réclamation sur les dépositions *faites en sa présence*, de témoins produits aussi bien par lui que par son conjoint, est non recevable à les critiquer et à s'en faire un moyen de pourvoi en cassation. (Cass., 26 mai 1807; S. a., 7, 1, 484; S. c. n., 2, 1, 392.)

2. — Audition des témoins. — Droit des parties d'y renoncer. — Il est de principe général en matière d'enquête qu'il est libre aux parties de renoncer à faire entendre les témoins qu'elles ont proposés. Il n'existe aucune exception à cette règle dans la loi. L'ordre public n'est nullement intéressé à ce qu'il soit fait défense à l'époux qui a produit des témoins de renoncer ensuite à leur audition, soit pour éviter des frais frustatoires soit pour éviter un scandale inutile. Si l'autre époux estime qu'il a lui-même intérêt à l'audition de ces témoins, il peut, sur l'avertissement donné par le président conformément à l'article 249, désigner ces mêmes témoins au nombre de ceux qu'il se propose de faire entendre. (C. Liège, 25 novembre 1863; Pas., 1864, 2, 47.)

ART. 255.

Chaque déposition sera rédigée par écrit, ainsi que les dires et observations auxquels elle aura donné lieu. Le procès-verbal d'enquête sera lu tant aux témoins qu'aux parties : les uns et les autres seront requis de le signer, et il sera fait mention de leur signature, ou de leur déclaration qu'ils ne peuvent ou ne veulent signer.

1. — Procès-verbal. — Lecture. — Nullité. — L'article 255 du Code civil veut impérieusement que le procès-verbal d'enquête soit lu aux témoins. Cette formalité est de rigueur; elle est impérative, et il est de principe que les dispositions prohibitives ne peuvent être violées sans nullité lorsqu'elles tiennent à l'ordre public. Par suite, l'absence de cette formalité entraîne la nullité de l'enquête en divorce. De plus, comme l'article 271 du Code de procédure civile ordonne que les témoins déposent sans pouvoir lire aucuns projets par écrit, et que l'article 275 veut que les juges fassent mention de l'observation de cette formalité, à peine de nullité, il en résulte que, lorsque cela n'a pas eu lieu, l'enquête précitée, à laquelle ces deux articles sont applicables, est frappée d'une nouvelle nullité. (C. Nancy, 15 avr. 1813; S. a., 14, 2, 43; S. c. n., 4, 2, 293.)

2. — Comparutions et défauts des témoins. — Mention du procès-verbal. — Les dispositions des articles 269 et 275 du Code de procédure civile exigent à peine de nullité que les comparutions ou défauts des témoins soient mentionnés sur le procès-verbal d'enquête; mais elles sont inapplicables à l'audition des témoins en matière de divorce, qui a lieu en l'audience tenante devant tous les juges et non devant un juge-commissaire comme en matière ordinaire. D'autre part, si l'article 249 du Code civil défend d'entendre d'autres témoins que ceux qui ont été désignés dans le principe, il n'exige point qu'ils soient tous entendus; à défaut de citation et de comparution, l'époux qui y a intérêt a la faculté de requérir qu'ils soient cités à sa propre requête; s'il ne le fait pas, il doit s'imputer à lui-même l'inaudition de ces témoins et la non-confection de la contre-enquête. (Cass., 22 nov. 1815; S. a., 16, 1, 164; S. c. n., 5, 1, 115.)

3. — Procès-verbal. — Déposition. — Signature du greffier et du président. — La loi ne fait pas un devoir au tribunal et au greffier de signer chaque déposition de témoins. L'article 255 du Code civil, qui se réfère précisément à ce cas, n'en impose pas l'obligation, mais il veut seulement que les procès-verbaux d'enquête soient signés de tous les témoins et des parties, et on ne peut, dans ce cas, exiger plus que la loi désire. (C. Nancy, 15 avr. 1813; S. a., 14, 2, 43; S. c. n., 4, 2, 293.)

4. — Nullité de l'enquête. — Faute de l'avoué. — Faute de l'huissier. — Application de l'article 293 du Code de procédure. — Le juge doit appliquer en matière de divorce les dispositions du Code de procédure civile, pourvu qu'elles ne soient pas incompatibles avec le texte exprès du Code civil. Ce dernier ne prévoyant pas le cas où l'enquête est nulle par la faute de l'avoué ou de l'huissier, il y a lieu de recourir à l'article 293 du Code de procédure. (C. Nancy, 15 avr. 1813 ; S. a., 14, 2, 43 ; S. c. n., 5, 2, 293. — Trib. Bruxelles, 13 déc. 1872 ; Pas., 1874, 3, 197.)

ART. 256.

Après la clôture des deux enquêtes, ou de celle du demandeur, si le défendeur n'a pas produit de témoins, le tribunal renverra les parties à l'audience publique, dont il indiquera le jour et l'heure ; il ordonnera la communication de la procédure au ministère public, et commettra un rapporteur. Cette ordonnance sera signifiée au défendeur, à la requête du demandeur, dans le délai qu'elle aura déterminé.

1. — Prorogation d'enquête. — Application de l'article 280 du Code de procédure civile. — Le titre VI du Code civil ne renfermant aucune disposition relative aux demandes de prorogation d'enquête, il y a lieu de faire application de l'article 280 du Code de procédure civile, sans oublier que cet article défend à peine de nullité une deuxième prorogation. (C. Bruxelles, 8 juill. 1868 ; Pas., 1868, 2, 347.)

2. — Demande reconventionnelle en divorce. — L'époux défendeur en divorce ne peut pas, par incident et par un simple acte du palais, après les formalités préliminaires remplies et la cause mise au rôle, prendre des conclusions reconventionnelles dans le but de demander de son côté le divorce contre son conjoint. Il lui faut procéder, dans cette circonstance, absolument comme s'il s'agissait d'une première demande en divorce, en suivant les formalités exigées en pareil cas.

Ces formalités spéciales sont, en effet, d'ordre public puisqu'elles tendent, d'après l'intention même du législateur, à empêcher le divorce en multipliant les occasions de réconcilier les époux.

D'autre part, la demande du défendeur peut, dans certains cas, n'être pas une simple demande incidente et être basée sur d'autres faits que la demande primitive ; elle peut tendre à d'autres fins et pourrait même, le cas échéant, être accueillie en même temps. Ce n'est donc ni une défense ni une compensation de la demande principale, mais une véritable demande principale et introductive d'instance qui doit suivre les formalités tracées par la loi.

Vainement opposerait-on qu'une nouvelle tentative de conciliation serait superflue et que la poursuite même de la demande principale exclut une conciliation qui ne pourrait avoir lieu sans l'abandon de cette dernière. La demande du défendeur est un fait nouveau qui modifie la situation des parties en renversant leurs rôles; dans ces circonstances, une nouvelle tentative de conciliation peut réussir; elle est conforme au vœu de la loi. (Trib. Bruges, 20 déc. 1876; Pas., 1877, 3, 166.)

3. — Procédure. — Communication du ministère public. — Jugement. — Signification. — Dans les cas de divorce, il n'y a pas lieu, à peine de nullité, de signifier le jugement qui ordonne la communication de la procédure au ministère public et commet un rapporteur lorsqu'il a été prononcé en présence des parties, et qu'il porte que sa prononciation, dans cette condition, vaudra signification. (C. Bruxelles, 12 mess. an XII; S. a., 5, 2, 19; S. c. n., 1, 2, 202.)

ART. 2 57.

Au jour fixé pour le jugement définitif, le rapport sera fait par le juge commis; les parties pourront ensuite faire, par elles-mêmes ou par l'organe de leurs conseils, telles observations qu'elles jugeront utiles à leur cause ; après quoi le ministère public donnera ses conclusions.

1. — Publicité des débats. — Application de l'article 87 du Code de procédure.— L'article 87 du Code de procédure, qui excepte de la nécessité de la discussion publique les affaires de nature à entraîner du scandale ou des inconvénients graves, est applicable à celles qui ont pour objet les demandes en divorce, comme à celles qui pourraient blesser la décence et l'honnêteté publique; d'où il suit qu'elles doivent être, par cette considération majeure, comprises dans l'exception portée par cet article, qui déroge, par

un juste motif, aux règles ordinaires de l'ordre judiciaire ;
cette exception n'est pas contraire à l'article 881 du Code de
procédure, qui déclare qu'à l'égard du divorce, il sera procédé comme il est prescrit par le Code civil. D'autre part,
l'article 262 décide qu'en cas d'appel du jugement d'admission ou de jugement définitif, la cause sera instruite et jugée
par le tribunal d'appel, comme affaire urgente, ce qui indique que ces sortes d'affaires étant assimilées à toutes les autres, pour la forme de leur instruction, surtout en cas d'appel,
l'article 87 du Code de procédure civile leur est également
applicable. (Cass., req., 13 décembre 1808 ; S. a., 9, 1, 123 ; S.
c. n., 2, 1, 613.)

ART. 258.

*Le jugement définitif sera prononcé publiquement; lorsqu'il
admettra le divorce, le demandeur sera autorisé à se retirer
devant l'officier de l'état civil pour le faire prononcer.*

**1. — Énonciation du jugement. — Article 141 du
Code de procédure civile.** — L'article 141 du Code de
procédure civile, qui exige à peine de nullité que tout jugement contienne les noms des juges, du procureur de la République, s'il a été entendu, ainsi que des avoués, etc..., etc...,
est applicable au jugement qui prononce le divorce. (C. Paris,
19 frim. an XIV ; S. a., 6, 2, 516 ; S. c. n., 2, 2, 97.)

2. — Énonciations du jugement. — Faits articulés. —
Bien que tout jugement en général doive contenir les faits
dont la preuve est admise, il est satisfait au vœu de la loi,
lorsque, en matière de divorce, les faits sont consignés dans
une pièce déjà existante au procès, telle que le procès-verbal
dressé lors de l'audience à huis clos. (C. Bruxelles, 12 frim.
an XIV ; S. a., 6, 2, 69 ; S. c. n., 2, 2, 95. — C. Bruxelles,
12 mess. an XII ; S. a., 5, 2, 19 ; S. c. n., 1, 2, 202.)

3. — Dépositions des témoins. — Pouvoir du juge.
— L'appréciation des dépositions des témoins rentre dans les
éléments de la conviction des juges du fond qui peuvent se
contenter, pour la former, du témoignage d'un seul témoin ; la

maxime du droit romain *testis unus testis nullus* n'a pas, en effet, été érigée en loi dans notre législation; par suite, le concours de deux témoins sur chaque fait d'adultère n'est pas nécessaire. (Cass., req., 22 nov. 1815; S. a., 1, 16, 164; S. c. n., 5, 1, 115.)

4. — Jugement par défaut. — Opposition. — Le Code civil n'admet pas la voie de l'opposition aux jugements par défaut, rendus en première instance sur la demande en divorce, soit qu'ils accueillent la demande ou qu'ils prononcent définitivement sur le fond. La volonté du législateur à cet égard résulte des articles 263 et 265 : le premier veut en effet que l'appel de ces jugements ne soit recevable qu'autant qu'il aura été interjeté dans le délai de trois mois (aujourd'hui deux mois) à compter de la signification du jugement; le second dit qu'à l'égard des *arrêts rendus par défaut* en cause d'appel, ce délai ne sera compté que de l'expiration *de celui de l'opposition*. On voit d'après ces deux articles : que les jugements par défaut des tribunaux de première instance sont absolument assimilés aux jugements contradictoires; et, que d'après la règle *inclusio unius est exclusio alterius*, en ne permettant de ne s'opposer qu'aux arrêts rendus par défaut sur la même matière, la loi interdit ce recours contre les jugements soumis à l'appel.

Par suite ont pu être déclarées non recevables dans leurs oppositions aux jugements, par défaut, prononçant le divorce : 1° la femme qui avait été citée en divorce par son mari au domicile de celui-ci et qui, par conséquent, n'avait pas été touchée personnellement puisqu'elle habitait dans une autre ville, au su et gré de son mari (C. Aix, 7 mars 1809, S. a., 9, 2, 233 et S. c. n., 3, 2, 38); 2° et la femme qui, ayant fait défaut et n'ayant par conséquent désigné ni pu désigner aucun témoin, n'a pu obtenir de faire procéder à l'audition de témoins autres que ceux indiqués par son mari. (C. Paris, 21 juillet 1809; S. a., 10, 2, 59.)

5. — Jugement définitif. — Acquiescement. — Est non recevable à attaquer le divorce prononcé contre lui, le mari qui en a approuvé la régularité et qui, dans des actes publics, a reconnu la qualité de *femme divorcée* à celle qui a obtenu ce divorce. (Cass., rej. 23 pluv. an XIII; S. a., 5, 1, 111; S. c. n., 2, 1, 71.)

4. — Demande en divorce intentée par la femme.— Rejet. — Payement des frais. — Le mari, comme chef de la communauté, peut être tenu au payement des frais de l'action en divorce qui lui a été intentée par la femme, alors même que la demande de celle-ci a été rejetée. (Paris, 15 mai 1815.)

Un arrêt de la Cour de Besançon, en date du 9 frimaire an XIV (S. c. n., 2, 2, 94) a résolu cette question en distinguant le cas où la femme est autorisée par son mari à intenter l'action en divorce et celui où elle ne l'est pas. Ce jugement ne met les frais à la charge du mari que dans le premier cas. Cette distinction n'est pas fondée et n'a pas sa raison d'être, la femme n'ayant pas besoin de l'autorisation maritale pour former sa demande en divorce. (V. art. 236 et 246, n° 5.)

5. — Loi étrangère. — Confirmation du divorce par arrêt de Cour d'appel. — Lorsque, suivant la loi de certains États, le divorce a besoin, pour être définitif, d'être confirmé en appel, il s'ensuit que le nouveau mariage, contracté par l'un des époux divorcés, avant l'arrêt confirmatif du jugement prononçant le divorce, est nul parce que cet arrêt n'a pas d'effet rétroactif. (C. Lyon, 22 juill. 1846; S. 1874, 2, 49; *J. P.*, 1847, 1, 292, et Cass., rej. 15 nov. 1848; S. 1848, 1, 673; *J. P.*, 1848, 2, 587; D. 1848, 1, 247.)

ART. 259.

Lorsque la demande en divorce aura été formée pour cause d'excès, de sévices ou d'injures graves, encore qu'elle soit bien établie, les juges pourront ne pas admettre immédiatement le divorce. Dans ce cas, avant de faire droit, ils autoriseront la femme à quitter la compagnie de son mari, sans être tenue de le recevoir, si elle ne le juge à propos ; et ils condamneront le mari à lui payer une pension alimentaire proportionnée à ses facultés, si la femme n'a pas elle-même des revenus suffisants pour fournir à ses besoins.

1. — Demande justifiée. — Renvoi pour prononcer le jugement définitif. — Pouvoir du juge. — En autorisant les juges à ne pas admettre immédiatement le divorce pour cause d'injures graves, l'article 259 ne leur a pas défendu de déclarer qu'ils trouvent la demande justifiée. Ils peuvent renvoyer, malgré cette déclaration, pour prononcer le jugement définitif. La loi leur en laisse la faculté et s'en rapporte sur ce point à leur sagesse. (Cass., 26 mai 1807; S. 7, 1, 484; S. c. n., 2, 1, 393.)

2. — Jugement. — Renvoi. — Appel. — Le jugement prononcé par *avant faire droit* sur le divorce par application de l'article 259 ne peut être considéré, sous le rapport du divorce, comme susceptible d'appel (C. Trèves, 11 juin 1806; S. a., 7, 2, 907; S. c. n., 2, 2, 151). — V. cependant *contra* art. 262, n° 1.

3. — Appel. — Application de l'article 259. — Les juges d'appel peuvent-ils faire application des dispositions de l'article 259? (V. art. 259, n° 12.)

ART. 260.

Après une année d'épreuve, si les parties ne se sont pas réunies, l'époux demandeur pourra faire citer l'autre époux à comparaître au tribunal, dans les délais de la loi, pour y entendre prononcer le jugement définitif qui, alors, admettra le divorce.

1. — Citation. — Résidence de la femme. — La citation devra être faite à la résidence assignée à la femme et non pas au domicile du mari. (Cpr. art. 241, n° 2.)

ART. 261.

Lorsque le divorce sera demandé par la raison qu'un des époux est condamné à une peine afflictive et infamante, les seules formalités à observer consisteront à présenter au tribunal de première instance une expédition en bonne forme de la décision portant condamnation, avec un certificat du gref-

fier constatant que cette décision n'est plus susceptible d'être réformée par les voies légales ordinaires. Le certificat du greffier devra être visé par le procureur général ou par le procureur de la République (1).

1. — Historique. — Rédaction nouvelle. — En dehors de certaines modifications de rédaction rendues nécessaires par le nouvel article 232, notre article ne diffère de l'ancien article 261 que dans sa dernière partie : le certificat constatant que le jugement n'était plus susceptible d'être réformé par aucune « voie légale » était délivré par la our d'assises.

La modification a été introduite par le Sénat (2) sur la proposition de M. Ronjat, qui en a expliqué les motifs dans les termes suivants :

« Il est difficile de concevoir que la Cour d'assises donne un certificat pareil. La Cour d'assises n'existe plus, une fois la session terminée, et la Cour d'assises n'a pas pour fonction de donner des certificats. Dans le Code de procédure civile, on prévoit le cas où un jugement doit être exécuté contre un tiers, et l'on décide alors que le jugement ne sera exécuté que sur un certificat du greffier constatant que le jugement est définitif.

« Je propose une modification semblable qui consiste en ce que le certificat sera délivré, non plus par la Cour d'assises, mais par le greffier; j'ajoute que ce certificat portera seulement que la décision n'est plus susceptible d'être réformée par les voies légales « ordinaires ». Le mot « ordinaires » est indispensable parce que, en effet, un arrêt de la Cour d'assises, un jugement d'un tribunal militaire ou d'un tribunal maritime, un jugement portant condamnation peut toujours, à toute époque, être réformé par les voies

(1) L'ancien article 261 était ainsi conçu :
« Lorsque le divorce sera demandé par la raison que l'un des époux est condamné à une peine infamante, les seules formalités consisteront à présenter au tribunal de première instance une expédition en bonne forme du jugement de condamnation, avec un certificat de la Cour d'assises, portant que ce même jugement n'est plus susceptible d'être réformé par aucune voie légale. »
(2) *Sénat,* séance du 23 juin 1884.

légales dans deux hypothèses : lorsqu'il y a lieu à revision de la décision portant condamnation, ou lorsque le garde des sceaux, usant de la faculté que lui accorde la loi, défère la décision à la Cour de cassation, tant dans l'intérêt de la loi que dans l'intérêt du condamné. Ces deux revisions s'opèrent à une époque quelconque et, par conséquent, on ne peut jamais dire qu'un jugement, qu'une décision de la juridiction répressive n'est plus susceptible d'être réformée par les voies légales. C'est pourquoi j'introduis dans l'amendement les mots suivants : « ... susceptible d'être réformée par les voies légales ordinaires... »

2. — Voies légales ordinaires. — La nouvelle rédaction exclut donc, d'une façon absolue, la revision du procès criminel des causes empêchant de considérer le jugement comme définitif.

Mais il ne s'agit ici que de la revision prévue aux articles 443 et suivants du Code d'instruction criminelle; malgré l'identité du mot, cette disposition ne semble pas devoir s'appliquer aux recours formés devant les conseils de revision de l'armée de terre ou de mer, conformément aux règles des Codes de justice militaire de 1857 et 1858, ces recours ne constituant pas une revision proprement dite, mais une voie de recours ordinaire, un appel ou mieux encore un pourvoi en cassation, soumis à des délais déterminés et ne rentrant pas par conséquent dans l'espèce prévue par l'auteur de l'amendement.

3. — Certificat du greffier. — Le certificat du greffier doit être visé par le procureur général, ou par le procureur de la République du lieu où a siégé la Cour d'assises; que se passera-t-il lorsque la décision aura été rendue par un tribunal maritime ou militaire? Il eût été naturel de donner le visa au commissaire du gouvernement près ces juridictions; mais la loi est muette sur ce point.

4.— Jugement ou arrêt par contumace. — L'application de l'article 261 ne souffre aucune difficulté lorsqu'il s'agit d'une décision rendue contradictoirement. Mais *quid* d'un arrêt ou jugement par contumace? Le Tribunat avait demandé (1) l'addition d'un article stipulant formellement que la demande en divorce ne pourrait être formée qu'à l'expiration du délai de grâce de cinq années qui rend le jugement définitif quant à ses effets dans le passé (Code d'instr. crim., art. 476, et Code civil, art. 29); le Tribunat voulait encore que lorsque le condamné se représenterait après ce délai et avant la prescription de la peine qui empêche toute rétractation du jugement, il fût sursis au jugement sur la demande en divorce, dans le cas où il n'aurait pas encore été rendu, jusqu'après le jugement contradictoire et définitif sur le crime ou délit.

Le Conseil d'État n'a pas accueilli sur ce point les propositions du Tribunat, les jugeant sans doute superflues.

V. art. 232, n° 3.

ART. 262.

En cas d'appel du jugement d'admission ou du jugement définitif, rendu par le tribunal de première instance en matière de divorce, la cause sera instruite et jugée par la Cour d'appel comme affaire urgente.

1. — Jugements préparatoires ou interlocutoires. — Appel. — Recevabilité. — L'appel d'un jugement préparatoire ou interlocutoire est recevable.

L'article 262, dans sa forme énonciative, ne suffit pas pour limiter la faculté d'appeler aux deux seuls jugements qui s'y trouvent cités. Pour soutenir que l'intention du législateur lui a attribué cette portée restrictive, on argumente de ce que le Conseil d'État, dans la deuxième rédaction dudit article, admettait expressément l'appel à l'égard de tous les jugements soit *préparatoires* soit *définitifs*, et que cette rédaction absolue a, sans discussion ni explication, fait place à la formule plus restreinte qui forme actuellement l'article 262 du Code civil. Mais cet argument perd toute sa force lorsqu'on se rend bien compte des phases successives qu'a traversées la pensée du législateur. En effet, le projet de l'an VII portait :

(1) Fenet, IX, 438.

« *Art. 21.* — *Si le défendeur interjette appel* du jugement, la cause est pareillement jugée à huis clos par le tribunal d'appel sur le rôle des affaires urgentes..... sur la simple signification de la partie la plus diligente de la mise au rôle. »

« *Art. 22.* — *Si le demandeur a interjeté appel* du jugement qui lui a refusé la permission de suivre sa demande, il le dénonce au commissaire du gouvernement près le tribunal d'appel..... lequel..... doit donner ses conclusions par écrit, sur le vu desquelles le tribunal..... doit prononcer sur le bien ou le mal jugé..... Le jugement est signifié au demandeur, à la diligence du commissaire du gouvernement. »

Le tribunal de cassation avait proposé de rédiger ainsi ces deux articles :

« *En cas d'appel*, soit du jugement qui a refusé de citer, soit du jugement définitif, la cause est jugée à huis clos par le tribunal d'appel sur le rôle des affaires urgentes, etc. »

Cette rédaction avait clairement pour but, tout en prescrivant le huis clos et l'urgence, de ramener les articles 21 et 22 au droit commun, et de conserver ainsi, en matière de divorce, le principe du double degré de juridiction sous les restrictions générales de la loi du 3 brumaire an II, qui n'admettait pas l'appel des jugements préparatoires pendant le cours de l'instruction.

La première rédaction adoptée par le Conseil d'État reproduit la formule proposée par le tribunal de cassation, mais en y ajoutant la mention *de l'appel du jugement qui aurait ordonné ou refusé la preuve.* Ensuite, à une deuxième rédaction adoptée sans discussion à la séance du Conseil d'État du 14 nivôse an X (4 janvier 1802), la portée de cette disposition a été encore élargie et généralisée de la manière suivante : « En cas d'appel d'aucun jugement soit préparatoire, soit définitif, etc. »

Si, plus tard, le 20 brumaire an XI (11 novembre 1802), à la séance où le Conseil d'Etat a adopté également sans discussion la rédaction définitive du titre du divorce, la deuxième rédaction de l'article 262 a été remplacée par la proposition du tribunal de cassation, modifiée par suite de la suppression de la faculté de refuser la permission de citer, l'induction la plus naturelle à tirer de ce changement, c'est que le Conseil d'État, après certaines hésitations, s'est borné à apporter aux règles générales de la procédure les innovations strictement nécessaires, et s'est référé pour le reste au droit commun et au futur Code de procédure dont la rédaction venait, dans l'intervalle, d'être confiée, le 3 germinal an X (24 mars 1802), à une commission comprenant dans son sein le même conseiller d'État Treilhard, qui avait été chargé d'exposer au Corps législatif les motifs du titre du divorce.

Ainsi, tandis que le législateur, à part le jugement d'admission, a laissé l'exercice de l'appel en matière de divorce sur la même ligne que dans les autres matières, le système contraire irait directement contre cette pensée d'assimilation et d'uniformité de procédure.

Il suit de ce qui précède que l'esprit de l'article 262, pas plus que son texte, ne s'oppose à ce que tout jugement interlocutoire, notamment celui qui autorise l'époux défendeur à faire la preuve d'une réconciliation, soit soumis à l'appel. (C. Bruxelles, 5 juin 1862; Pas., 1863, 2, 359.)

Contrairement à cette doctrine, outre l'argument signalé plus haut, on a fait remarquer qu'admettre l'appel du jugement préparatoire rendu pour parvenir à l'un des deux jugements principaux, ce serait introduire une nouvelle procédure dont on ne trouve aucune trace dans le Code, et qui, par cela seul, y porterait atteinte. Au surplus, le législateur ayant voulu que, dans les deux cas d'appel réservés, la cause fût instruite et jugée comme affaire urgente, il n'eût pas manqué de ranger dans la même classe l'appel d'un simple jugement interlocutoire, puisqu'il est évident que le jugement sur l'instruction requiert autant de célérité que le jugement sur le fond. (C. Angers, 5 mai 1808; S. 12, 2, 377; S. c. n., 2, 2, 384.)

2. — Jugement d'admission. — Appel. — Pouvoir du juge.—Si, aux termes de l'article 262, la faculté d'appeler du jugement d'admission de la demande en divorce est ouverte dans le cas où elle a été exercée avant le jugement du fond de la demande, les juges saisis de cet appel doivent se borner à statuer sur la régularité ou l'irrégularité du jugement d'admission de la demande. (Cass., 30 juillet 1806; S. a., 7, 1, 525; S. c. n., 2, 1, 272.)

3. — Jugement d'admission de la demande. — Jugement statuant sur le fond. — Appel. — Procédure. Pouvoir du juge. — Les articles 246 et 247 du Code civil soumettent la procédure sur la demande en divorce, devant le tribunal de première instance, à des formalités exceptionnelles; elles ne doivent pas être appliquées à la procédure au degré d'appel. Aucun article n'autorise à le faire. Ce serait, du reste, contraire à l'esprit même de la loi, car tandis que le législateur veut qu'au tribunal de première instance la procédure sur la demande en divorce se fasse avec une sage lenteur, pour mettre à l'épreuve la résolution de l'époux demandeur, il prescrit, au contraire, par l'article 262 du Code civil, une fois l'épreuve faite, que cette demande sera instruite par la Cour d'appel comme affaire urgente, pour ne plus prolonger le spectacle démoralisant de la discorde entre époux. Une Cour d'appel peut, par suite, après avoir annulé le jugement qui admettait la demande en divorce et le jugement qui, statuant sur le fond, admettait le divorce, prononcer au fond et admettre le divorce sans statuer sur l'admissibilité préalable de la demande. (Cass. B., 29 décembre 1881; Pas., 1882, 1, 21.)

4. — Appel. – Procédure. — Conclusions. — Présence du demandeur par les mêmes motifs que dans le cas précédent. — L'absence du demandeur, lors des conclusions prises devant la Cour, ne peut empêcher l'instance d'être contradictoirement liée. (C. Liège, 31 mai 1865; Pas., 1865, 2, 231.)

5. — Appel. — Procédure. — Comparution du demandeur. — L'article 248 du Code civil, placé dans la série des dispositions qui règle la procédure en matière de divorce, n'exige la comparution du demandeur en personne que devant le tribunal de première instance; cette disposition exceptionnelle ne peut être étendue au delà de ses termes; le législateur, arrivant dans les articles 262 et 263 à régler la procédure en degré d'appel, se borne à énoncer que la cause sera instruite et jugée comme affaire urgente, renvoyant ainsi aux règles générales d'instruction et s'abstenant de dire que la cause portée devant la Cour sera instruite et jugée comme devant le tribunal; il n'y a donc pas lieu d'exiger en appel la comparution en personne du demandeur en divorce. (C. Liège, 25 novembre 1863; Pas., 1864., 2, 47.)

6. — Enquête. — Appel. — Procédure. — Formalités prescrites par les articles 249 et 252. — Les formalités rigoureuses prescrites par les articles 249 et 252 ne sont applicables qu'en première instance.

En l'absence d'une disposition spéciale, ces formalités devraient être suivies en appel, aux termes de l'article 470 du Code de procédure civile. Mais l'article 262 du Code civil disposant que la cause sera instruite et jugée par la Cour comme affaire urgente, il y a lieu de suivre les règles tracées au titre XXIV du Code de procédure. (C. Liège, 11 juillet 1872; Pas., 1872, 2, 331.)

7. — Appel. — Instruction complémentaire. — Les juges d'appel ont essentiellement le droit d'ordonner et de retenir le *complément* d'instruction qu'ils estiment nécessaire pour arriver à la décision des demandes en divorce, dont la connaissance leur a été dévolue par des appels légalement interjetés. (Cass., 26 mai 1807; S. a., 7, 1, 484; S. c. n., 2, 1, 393. — *Contra*, Riom, 18 nivôse an XII; S. c. n., 1, 2, 171.)

8. — Appel. — Délai. — Remise. — Aux termes de l'article 262 du Code civil, en cas d'appel du jugement d'admission ou du jugement définitif, en matière de divorce, les juges ne sont point obligés, à peine de nullité, de statuer, sans délai ni remise, sur l'appel du jugement définitif, immédiatement après avoir fait droit sur celui du jugement d'admission, mais seulement de l'instruire, et juger comme affaire urgente. (Cass., 10 mai 1809; S. a., 9, 1, 264; S. c. n., 3, 1, 55.)

9. — Appel. — Faits nouveaux articulés. — On ne peut articuler en appel des faits nouveaux. Conformément en effet aux articles 249 et 250 du Code civil relatifs à la procédure *en matière de divorce*, le débat entre parties doit être nettement circonscrit devant le premier juge. C'est devant lui qu'elles doivent indiquer les noms des témoins qu'elles se proposent de faire entendre, sous peine de n'être plus reçues à en désigner d'autres ultérieurement. (C. Bruxelles, 18 juillet 1882; Pas., 1883, 2, 182. — V. aussi Liège, 11 août 1851; Pas., 1852, 2, 51. — Gand, 3 décembre 1874; Pas., 1875, 2, 60. — *Contra* : Laurent, t. III, n° 227 et 247. — Gand, 31 juillet 1873; Pas., 1874, 2, 33 et Bruxelles, 3 mars 1881; (Pas., 1882, 2, 416.)

10. — Appel. — Pertinence des faits. — Pouvoir du juge. — Les juges d'appel, saisis d'un jugement admettant la demande en divorce et ordonnant qu'il soit procédé conformément à la loi, ne peuvent, sans excéder leur pouvoir et usurper celui que l'article 247 attribue au tribunal de première instance, statuer sur la pertinence des faits allégués, c'est-à-dire sur le fond dont ils ne sont pas saisis. (Cass., 30 juillet 1806; S. a., 6, 1, 525; S. c. n., 2, 1, 272.)

11. — Jugement définitif. — Appel.— Actes de procédure antérieurs au jugement d'admission. — Les actes de procédure antérieurs au jugement d'admission de la demande en divorce, ayant acquis force de chose jugée, ne peuvent être critiqués et annulés pour irrégularité dans aucune juridiction et notamment en appel. (Cass., 29 juin 1812; S. a., 13, 1, 134; S. c. n., 4, 1, 139.)

12. — Appel. — Application de l'article 259. — La femme dont la demande en divorce a été repoussée *de plano*, à défaut de preuves suffisamment établies, ne peut être autorisée en appel à quitter la compagnie de son mari pour qu'il soit statué définitivement après une année d'épreuve. La raison en est que l'article 259 ne peut être suivi que lorsque la demande en divorce est bien établie, et plutôt pour la tempérer que pour la faciliter, ce qui ne peut avoir lieu quand les preuves ne sont pas concluantes, et cela est d'autant plus vrai que l'article 260 fait un devoir aux juges d'admettre un divorce dans le cas où, après une année d'épreuve, les parties ne se sont pas réunies. (C. Nîmes, 8 juillet 1807; S. a., 7, 2, 311; S. c. n., 2, 2, 274.)

13. — Demande en divorce. — Admission. — Appel. — Année d'épreuve. — Pouvoir du juge. — Lorsque la demande en divorce pour cause d'excès, de sévices et d'injures graves, a été immédiatement admise par le tribunal de première instance, la Cour d'appel n'est pas investie de la faculté d'accorder un sursis d'une année d'épreuve. (C. Besançon, 16 germinal an XIII; S. a., 5, 2, 142; S. c. n., 2, 2, 40.)

Art. 263.

L'appel ne sera recevable qu'autant qu'il aura été interjeté dans les deux mois à compter du jour de la signification du jugement rendu contradictoirement ou par défaut. Le délai pour se pourvoir à la Cour de cassation contre un jugement en dernier ressort sera aussi de deux mois, à compter de la signification. Le pourvoi sera suspensif (1).

1. — Historique. — L'ancien texte du Code civil donnait trois mois pour les délais d'appel et de pourvoi en cassation. Le Sénat (2) a réduit ces délais à deux mois pour rentrer dans le droit commun.

2. — Appel. — Signification. — Domicile du mari.— Nullité. — La femme ne peut invoquer, en matière de divorce, la nullité de la signification de l'appel du jugement prononçant le divorce à son profit, à raison de l'omission, dans cet acte, du domicile légal de son mari. Il en est spécialement ainsi lorsque ce domicile, qui est celui des deux époux, mais dans lequel aucun d'eux ne réside plus, est parfaitement connu de la femme et a été indiqué par elle dans les actes de la procédure antérieure, notamment dans l'exploit

---

(1) L'ancien article 263 était ainsi conçu : « L'appel ne sera recevable qu'autant qu'il aura été interjeté dans les trois mois à compter du jour de la signification du jugement rendu contradictoirement ou par défaut. Le délai pour se pourvoir à la Cour de cassation contre un jugement en dernier ressort sera aussi de trois mois, à compter de la signification. Le pourvoi sera suspensif. »

(2) Séance du 7 juin 1884.

par lequel elle a fait signifier à son mari un jugement par défaut. (C. de Liège, 8 août 1879; Pas., 1871, 2, 157.)

3. — Appel. — Faits articulés. — Pouvoir du juge.
— Les juges d'appel sont souverains pour apprécier les faits et les causes formant les motifs de la demande en divorce et pour en déterminer la gravité sans que leur décision à ce sujet puisse donner lieu à cassation (Cass., rej., 12 février 1806; S. a., 6, 2, 769; S. c. n., 2, 1, 215). Par suite, l'arrêt, statuant sur une demande en divorce basée sur des faits présentés comme ayant tous les caractères de l'adultère ou au moins de l'injure grave, ne donne pas lieu à cassation lorsque, sans apprécier la question d'adultère, il ne retient, pour prononcer le divorce, que la cause d'injure grave. Il appartient en effet au juge du fond de constater et d'apprécier le résultat des preuves qui lui sont fournies; et il use de son pouvoir d'appréciation en décidant que les faits établis au procès caractérisent seulement des injures graves.(Cass. B., 25 juillet 1867; Pas. 1868, 1, 101.)

4. — Arrêt statuant sur un incident. — Pourvoi. — Effet non suspensif.
— L'effet suspensif du pourvoi en cassation ne s'applique pas indistinctement aux pourvois formés contre tous jugements rendus en dernier ressort, en matière de divorce. Il ne s'applique pas notamment au pourvoi formé contre un arrêt statuant sur un incident.

Si l'on consultait uniquement le texte de l'article 263 du Code civil, conçu en termes généraux, on pourrait arriver à une décision contraire. Mais, pour interpréter sainement la disposition de cet article, il importe de tenir largement compte de l'esprit qui l'a dicté et de ne pas donner à ses termes, quelque généraux qu'ils paraissent, un sens contraire aux intentions bien certaines du législateur, une interprétation qui dérange en outre toute l'économie de la procédure spéciale de l'instance en divorce, en même temps qu'elle méconnaît le principe fondamental du recours en cassation.

La rédaction définitive du titre du divorce ne contenait aucune disposition sur les pourvois en cassation lorsqu'elle fut soumise au Tribunat; la section de législation crut nécessaire de consacrer ou plutôt de rappeler la faculté du recours

en cassation, afin « d'éviter à ce sujet une incertitude qui
« pourrait se former dans une matière sur laquelle on sort en
« plusieurs points des règles ordinaires. »

Après avoir fait remarquer qu'il convenait de maintenir le
pourvoi en cassation « contre les jugements rendus sur les
« demandes en divorce comme sur les autres », sans introduire en semblable matière « une faveur contraire à l'esprit
« du projet et aux principes », la section proposa d'ajouter à
l'article 35 du projet une disposition complémentaire, reproduite plus tard dans la partie finale de l'article 263 du Code
civil, et déterminant le délai aussi bien que l'effet suspensif
du pourvoi; s'expliquant ensuite d'une façon plus précise, le
Tribunat a clairement donné à entendre qu'il fallait restreindre la disposition complémentaire aux seuls jugements définitifs, à ceux en exécution desquels le divorce est prononcé par
l'officier de l'état civil : « On a cru, dit-il, que le pourvoi devait
« être suspensif, parce qu'il s'agit d'une chose irréparable
« par la nature. Il est plus convenable de suspendre, dans ce
« cas, *la prononciation du divorce*, dont les traces pourraient
« devenir des motifs de mécontentement et d'aigreur entre
« les époux. »

Il résulte donc des travaux préliminaires du Code civil, et
notamment des observations du Tribunat, que la partie finale
de l'article 263 et des articles 264 à 266 forment un ensemble
de dispositions qui se complètent les unes les autres et qui se
rapportent à la même catégorie de jugements. En d'autres
termes, dans la pensée du Tribunat, l'effet suspensif du
pourvoi en cassation, simplement indiqué à l'article 263 du
Code civil se trouve développé dans l'article 265 et ne s'applique, dès lors, qu'aux seuls jugements que prévoit cet article,
combiné avec l'article 264.

Comme rien n'indique que l'on ait entendu modifier ultérieurement le sens donné par le Tribunat aux articles com-
plémentaires qu'il avait proposés et qui ont été reproduits
presque textuellement dans le Code civil; il faut donc en conclure que le recours en cassation n'a aucun effet suspensif,
alors qu'il est, comme dans l'espèce, dirigé contre un arrêt
purement incidentel.

Cette interprétation est, d'ailleurs, la seule qui soit conforme à l'esprit de nos lois quant à la marche de la procédure en matière de divorce. En effet, en première instance, on a voulu « une sage lenteur » pour « donner aux passions le temps de se refroidir ». Mais après s'être ingénié à ralentir la marche du procès, pour permettre au juge de bien constater la volonté persévérante de l'époux demandeur, le législateur a institué une procédure rapide en degré d'appel, estimant à juste titre que lorsqu'il n'est plus permis d'espérer une réconciliation, on ne peut trop accélérer l'instant qui doit terminer pour toujours une affaire de cette nature. Cette instruction rapide d'une cause considérée désormais comme urgente, serait constamment entravée et ralentie s'il fallait ajouter à l'effet suspensif de l'appel celui des pourvois en cassation, qui pourraient être dirigés contre tous les arrêts à rendre sur les incidents divers auxquels peut donner lieu une procédure aussi compliquée que celle du divorce.

C'est, d'ailleurs, un principe ancien dans notre législation que celui qui n'accorde aucun effet suspensif aux pourvois en cassation et renferme, dans les plus étroites limites, les dispositions légales qui consacrent quelques exceptions bien rares. C'est là un motif de plus de restreindre l'application de l'article 263 aux seuls jugements définitifs mentionnés à l'article suivant et de dénier tout caractère suspensif au pourvoi dirigé contre un arrêt purement incidentel. (C. Bruxelles, 29 décembre 1881 ; Pas., 1882, 2, 90.)

On peut soutenir cependant que les termes de l'article 263 sont généraux, qu'ils ne font aucune distinction, et que par suite le pourvoi en cassation, formé contre tout arrêt rendu en matière de divorce, est suspensif sans qu'il y ait lieu de se demander si cet arrêt a statué ou non sur un incident. On a fait remarquer que si, dans ce cas, le pourvoi 'était pas suspensif, il pourrait arriver que le divorce fût admis définitivement et qu'il eût pour cause l'incident sur lequel la Cour d'appel aurait statué. Or, qu'arriverait-il si la Cour de cassation admettait le pourvoi et cassait l'arrêt? Il faudrait former un pourvoi nouveau contre l'arrêt définitif prononçant le divorce. N'est-il pas plus simple de reconnaître un effet suspensif au premier pourvoi et d'obliger ainsi la Cour d'appel à attendre la décision de la Cour de cassation, avant de pro-

noncer son arrêt définitif? (Trib. de Bruxelles, 6 août 1881;
Pas., 1881, 3, 295.)

5. — Requête civile. — La voie de la requête civile en
matière de divorce, n'étant pas interdite par la loi, est admissible en cette matière comme en toute autre. (C. Paris,
9 juillet 1814; S., a., 15, 2, 52.)

ART. 264.

*En vertu de tout jugement rendu en dernier ressort ou passé
en force de chose jugée, qui autorisera le divorce, l'époux qui
l'aura obtenu sera obligé de se présenter, dans le délai de deux
mois, devant l'officier de l'état civil, l'autre partie dûment appelée, pour faire prononcer le divorce.*

1. — Historique. — « Si dans le cours de l'instruction, dit
Treilhard (1), on n'a pu trop ralentir la marche de la procédure, lorsque toutes les épreuves sont faites, les démons-
trations acquises et le jugement prononcé, on ne saurait trop
accélérer l'instant qui doit terminer pour toujours une affaire
de cette nature. »

**2. — Mort du demandeur avant la prononciation
du divorce.** — La mort du demandeur en divorce, avant la
prononciation du divorce par l'officier de l'état civil, rend
cette prononciation inexécutable. (Cass., req., 17 juin 1813;
S. a. 16, 1, 4; S. c. n., 4, 1, 372.)

**3.— Officier de l'état civil. — Compétence. — Refus
de prononcer le divorce. — Référé.** — Il n'y a pas lieu
à référé pour ordonner à l'officier de l'état civil, requis à cet
effet, de procéder à la prononciation du divorce lorsqu'il a
des motifs sérieux de se croire incompétent. C'est ce qui peut
arriver si le jugement prononçant le divorce n'était pas, d'une
manière certaine, passé en force de chose jugée ou s'il s'était
borné à dire que le divorce serait prononcé par l'officier de

(1) Exposé des motifs au Corps législatif, Fenet, IX, 485.

l'état civil compétent. (C. Bruxelles, 3 octobre 1879; Pas., 1879, 2, 347.)

4. — Prononciation. — Domicile et résidence inconnus du mari. — Désignation par le jugement de l'officier de l'état civil. — Exécution du jugement. — Lorsque le mari n'a ni domicile ni résidence connus et que le divorce a été prononcé contre lui, le jugement peut commettre l'officier de l'état civil qui devra prononcer le divorce. Ce jugement est exécutoire en ce qui concerne cet officier de l'état civil, quoique celui-ci n'y soit point partie, par la raison que la loi n'exige point que les officiers de l'état civil soient mis en cause dans les questions qui intéressent l'état des citoyens. (C. Bruxelles, 28 décembre 1874; Pas., 1875, 2, 177.)

5. — Procédure. — Irrégularités. — Action en nullité. — L'action en nullité du divorce ne peut être intentée, pour cause d'irrégularité dans les actes et la procédure qui en ont précédé la prononciation, si ce divorce a été réellement exécuté soit par une séparation de fait soit par la liquidation et le partage de la communauté. (Paris, 25 ventose an XIII.)

Art. 265.

Ces deux mois ne commenceront à courir, à l'égard des jugements de première instance, qu'après l'expiration du délai d'appel ; à l'égard des arrêts rendus par défaut en cause d'appel, qu'après l'expiration du délai d'opposition ; et, à l'égard des jugements contradictoires en dernier ressort, qu'après l'expiration du délai du pourvoi en cassation.

Art. 266.

L'époux demandeur qui aura laissé passer le délai de deux mois, ci-dessus déterminé, sans appeler l'autre époux devant l'officier de l'état civil, sera déchu du bénéfice du jugement qu'il avait obtenu, et ne pourra reprendre son action en divorce, sinon pour cause nouvelle, auquel cas il pourra néanmoins faire valoir les anciennes causes.

1. — Délai de deux mois. — Mort de l'époux demandeur. — La mort de l'époux demandeur, survenue avant l'expiration du délai imposé pour la prononciation du divorce par l'officier de l'état civil, n'emporte pas déchéance du bénéfice du jugement, et le cas prévu par l'artiele 266 reste sans application. Cette circonstance peut bien empêcher la prononciation du divorce (1), mais elle ne saurait entraîner pour l'époux défendeur la perte de ses avantages matrimoniaux. (C. Bruxelles, 26 avril 1806 ; S. a., 6, 2, 430 ; S. c. n., 2, 2, 139.)

SECTION II.

Des mesures provisoires auxquelles peut donner lieu la demande en divorce.

ART. 267.

L'administration provisoire des enfants restera au mari demandeur ou défendeur en divorce, à moins qu'il n'en soit autrement ordonné par le tribunal, sur la demande soit de la mère, soit de la famille, ou du ministère public, pour le plus grand avantage des enfants.

1. — Administration provisoire des enfants. — Principe général. — Dérogation. — Famille. — Conseil de famille. — Aux termes de l'article 267, l'administration provisoire des enfants doit rester au mari, demandeur ou défendeur en divorce, à moins qu'il n'en soit autrement ordonné par le tribunal sur la demande soit de la mère, soit de la famille, soit du ministère public pour le plus grand avantage des enfants.

L'expression *famille*, dont se sert cet article, interprété d'après le paragraphe 4, article 2, de la loi du 20 septembre 1792, indique qu'il ne suffit pas qu'un ou deux parents interviennent, pour faire enlever au père l'administration des enfants, mais qu'il faut une délibération prise à cette fin par le conseil de famille. (Trib. Louvain, 25 juillet 1874 ; Pas., 1875,

____

(1) V. art. 264, n° 1.

3, 205. — Cpr. sur l'art. 302, n° 2.) Dans tous les cas, l'administration provisoire ne peut être retirée 'au père que par un jugement du tribunal. (Trib. Louvain, 25 juillet 1874, *loc. cit.*)

2. — Administration provisoire des enfants confiée à la mère. — Pouvoir du juge. — Le tribunal, pendant les poursuites en divorce, peut confier les enfants à la mère, s'il en a de justes motifs, par exemple, quand l'enfant est au sein. Il peut ordonner que le mari sera obligé de remettre à sa femme les habillements et le linge à l'usage de celle-ci et des enfants qui lui sont confiés ; il n'a aucun intérêt à retenir ces objets, et il y aurait inhumanité de sa part à les garder. (C. Bruxelles, 27 germinal an XIII ; S. c. n., 2, 2, 42.)

3. — Puissance paternelle. — Dans le cas d'instance en divorce, le père, que la fille a abandonné pour aller vivre avec la mère, ne peut, pour ressaisir toute l'autorité paternelle que la loi lui accorde et pour veiller par lui-même à son éducation et à son instruction, employer vis-à-vis d'elle le moyen extraordinaire de correction autorisé par les articles 376 et 377 du Code civil. (C. Bruxelles, 2 pluviôse an XII; S. c. n., 1, 2, 174.)

4. — Puissance maritale. — La demande en divorce n'a pas pour effet de suspendre la puissance maritale. (Cass., 11 juillet 1809 ; S. a., 10, 1, 45 ; S. c. n., 3, 1, 82.)

ART. 268.

La femme demanderesse ou défenderesse en divorce pourra quitter le domicile du mari pendant la poursuite, et demander une pension alimentaire proportionnée aux facultés du mari. Le tribunal indiquera la maison dans laquelle la femme sera tenue de résider, et fixera, s'il y a lieu, la provision alimentaire que le mari sera obligé de lui payer.

1. — Historique. — Travaux préparatoires. — Le cas visé par l'article 268 ne doit pas être confondu avec celui de l'article 259. L'article 259 ne s'applique qu'aux demandes de divorce fondées sur des excès, sévices ou injures graves, et suppose que le tribunal a forcé les époux à subir un temps d'épreuve avant de se prononcer définitivement. L'article 268 au contraire s'applique à une demande en divorce fondée sur un motif quelconque, et suppose une mesure provisoire prise par le tribunal au début même de l'instance.

La rédaction primitivement soumise au Conseil d'État disait que la femme ne pouvait réclamer de pension alimentaire que si elle n'avait pas de revenus suffisants. Le membre de phrase fut supprimé sur l'avis de Régnier et de Tronchet (1).

« Si, disait ce dernier, s'il y a communauté, une pension doit être payée à la femme, parce que la communauté subsiste jusqu'au divorce; ce n'est que dans le cas où il n'y a pas de communauté qu'il convient d'examiner si la femme a un revenu suffisant. »

A une précédente séance du Conseil d'État, Regnaud (de Saint-Jean d'Angély) ayant demandé si, dans le cas de communauté, la pension serait prise sur la communauté ou sur les biens personnels du mari, Tronchet répondit (2) :

« L'esprit de l'article étant d'assurer à la femme une pension alimentaire, cette pension sera prise indistinctement sur les revenus de la femme ou sur les revenus du mari, en un mot sur tous les biens qui pourront la fournir. »

2. — Domicile provisoirement assigné à la femme. — Domicile provisoire conventionnel. — Signification à la requête du mari. — Si la femme mariée n'a d'autre domicile légal, aux termes des articles 108 et 214 du Code civil, que celui de son mari, même pendant l'instance en divorce, il faut néanmoins admettre que la femme, régulièrement autorisée à se retirer du domicile commun, acquiert par cela même un domicile de fait nouveau, vis-à-vis de son mari, et que les actes notifiés à la requête de ce dernier doivent nécessairement être posés au domicile réel de la femme.

Il est en effet dans l'esprit de la loi qu'en matière de signification d'exploit, il faut s'attacher bien plutôt au domicile

(1) Fenet, IX, 424.
(2) Id., IX. 348.

effectif qu'au domicile légal proprement dit. Cela est vrai, en matière de dívorce surtout, où la loi veut presque toujours la comparution en personne des parties.

L'article 68 du Code de procédure civile, qui permet d'assigner à personne aussi bien qu'à domicile, démontre clairement que le but du législateur a été, avant tout, que la connaissance de l'acte notifié parvînt à la partie. Si le mari pouvait signifier à son propre domicile les actes d'une procédure dirigée à sa requête contre sa femme, il serait possible que celle-ci, par le mauvais vouloir de son mari, restât dans l'ignorance des poursuites dont elle est l'objet.

Il n'est pas admissible qu'en autorisant la séparation momentanée des deux époux et fixant à la femme une résidence qu'il est interdit au mari d'aborder, le législateur eût permis au mari de faire poser les actes à son propre domicile et de ne point les porter à la connaissance de sa femme.

Cela est vrai, même pour le cas où le domicile de la femme a été conventionnellement fixé par les époux, car les mesures provisionnelles ne sont pas nécessairement déterminées pour le tribunal, mais peuvent être prises de commun accord par les parties. L'article 878 du Code de procédure civile, à propos de la séparation de corps, parle en effet expressément de domicile provisoire convenu, et les motifs de permettre à la femme de quitter le domicile conjugal pendant l'instance sont les mêmes en cas de divorce qu'en cas de séparation de corps. (Trib. Bruxelles, 13 décembre 1873; Pas., 1874, 3, 197.)

C'est donc à bon droit que la jurisprudence, d'accord avec la doctrine, décide que la résidence provisoire, dans laquelle la femme a été autorisée à se retirer pendant l'instance en divorce, et qu'elle ne peut quitter, doit lui tenir lieu de domicile pour tout ce qui concerne cette instance.

Il serait, du reste, aussi contraire à la raison qu'à l'équité d'admettre que, pendant l'état d'hostilité qu'un tel procès amène entre les époux, les notifications adressées à la femme par le mari dussent être faites au domicile de ce dernier dont la femme est absente, ce qui, ainsi qu'il a été dit plus haut, donnerait au mari qui recevrait ces notifications, la faculté de les soustraire à la connaissance de sa femme et d'entraver son action. (C. Liège, 8 août 1870; Pas., 1871, 2, 157.)

3. — Domicile provisoire assigné au mari. — Pouvoir du juge. — Pension alimentaire accordée au mari. — Pouvoir *ad litem.*— L'article 268 n'est que l'application d'un principe général et il appartient au tribunal de prendre telle mesure qu'il juge convenable pour assurer aux époux des résidences distinctes pendant toute la durée du procès. Le tribunal jouit à cet égard d'un pouvoir absolu et il ne doit avoir d'autres guides que l'intérêt des époux, de la famille et de l'ordre public. Il peut, par suite, si les circonstances l'exigent, décider que la femme restera au domicile conjugal et désigner un domicile provisoire au mari. Dans ce cas, s'il est nécessaire, la femme peut aussi être obligée à payer un provision *ad litem* et une pension alimentaire au mari. (Trib. Bruxelles, 16 décembre 1871; Pas., 1872, 3, 40.)

4. — Autorisation accordée à la femme de rester au domicile conjugal. — Pension alimentaire. — Pouvoir du juge. — Le tribunal peut autoriser la femme à rester au domicile du mari pendant l'instance en divorce. Mais les juges ne peuvent, sans s'écarter de la disposition formelle de l'article 268, autoriser la femme à vivre séparément d'avec son mari, *dans le propre domicile de ce dernier,* en le condamnant à lui payer une pension alimentaire. La femme, dans ce cas, n'a que deux partis à prendre, c'est, ou de continuer à vivre avec son mari au domicile commun, ou à se faire indiquer une maison tierce à l'effet de s'y retirer; sauf, en ce cas, à demander la provision alimentaire. Le tempérament qu'elle a pu prendre de *demander* et *d'obtenir* sa retraite séparée *au domicile de son mari* n'est point autorisé par la loi, et même est contraire à son esprit puisqu'il peut avoir des inconvénients graves soit en gênant son mari dans la surveillance des effets de la communauté confiés à sa garde en vertu de l'article 270, soit en donnant l'occasion de fomenter de nouveau la zizanie entre les époux. Toutefois, en cas d'infirmation de la décision des premiers juges à ce sujet, la femme peut toujours se faire indiquer une maison tierce pour s'y retirer pendant la litispendance et, par suite, s'y faire régler sa pension alimentaire, même pour le passé, puisque si elle a résidé mal à propos séparément dans le domicile de son mari, du moins elle y avait été autorisée par le juge. (C. Colmar, 26 février 1808 ; S. a., 10, 2, 551 ; S. c., n., 2, 2, 357. — Trèves, 30 août 1813; Dalloz, v° *Sép. de corps*, n° 459.)

5. — Domicile provisoire assigné au mari. — L'article 268 du Code civil, qui autorise la femme, demanderesse ou défenderesse en divorce, à abandonner le domicile conjugal pendant la poursuite, n'est que démonstratif et n'a prévu que le cas le plus général. Il ne fait donc aucun obstacle à ce que les tribunaux, lorsque l'intérêt des époux ou celui des enfants le commande, prescrivent au contraire au mari de quitter lui-même le domicile commun.

C'est ce qui peut être fait si la femme et ses enfants issus d'un premier mariage étaient propriétaires de la maison qu'ils habitaient avec le second mari et y exerçaient le commerce sans la participation de ce dernier. Dans ces circonstances l'éloignement de la femme du domicile commun pouvant être une cause de ruine pour elle et ses enfants, il est préférable d'en éloigner le mari et de lui assigner, durant l'instance en divorce, un domicile provisoire. (C. Liège, 17 juin 1880; Pas., 1881, 2, 116.)

6. — Provision *ad litem*. **— Demande. — Caractère de cette demande. —** La demande de provision *ad litem* est purement incidente et non pas préjudicielle. Elle n'est pas de nature à arrêter l'instruction de la demande en divorce, car le Code civil, qui consacre toute une section d'un de ses chapitres à organiser les formes de celle-ci et y règle toutes les phases de cette procédure spéciale, n'y comprend pas les mesures provisoires. Ces dernières font l'objet d'une section séparée et restent donc soumises au droit commun et, par suite, si la cause est en état sur le provisoire et le fond, le juge est tenu de prononcer sur le sort par un seul jugement. (C. Bruxelles, 8 août 1882 ; Pas., 1883, 2, 58.)

7. — Pension alimentaire. — Demande. — Autorisation maritale. — La femme mariée, n'ayant pas besoin de l'autorisation de son mari pour former sa demande en divorce, qui est l'action principale, n'est pas obligée d'en être munie pour suivre la défense de ses intérêts nés de la même cause et notamment pour faire sa demande en aliments laquelle est une suite et un accessoire de l'action principale ; on ne pourrait accorder pour l'accessoire ce qui est refusé pour le principal. (Bruxelles, 20 pluviôse an XIII; S. c. n., 2, 2, 26.)

8. — Pension *ad litem.* **— Demande accessoire. — Rejet de la demande en divorce. — Dettes contractées par la femme pendant l'instance.** — La demande de provision de la part de la femme, étant accessoire à l'action en divorce, devient sans objet lorsque la demande principale est rejetée. Par ce rejet, en effet, les époux en cause se trouvent dès lors replacés dans les conditions où ils étaient avant l'instance ; il n'y a donc plus lieu, désormais, de recourir à des mesures provisoires qui ne sont accordées qu'en vue d'une situation exceptionnelle.

Par suite, si avant la fin du procès, la femme, demanderesse en divorce, a contracté des dettes pour subvenir à ses besoins et aux frais de justice, le sort de ces dettes se trouve réglé par les principes généraux du droit commun. (C. Bruxelles, 15 février 1875; Pas., 1875, 2, 312.)

9. — Pension alimentaire. — Ressources personnelles de la femme. — Le mari demandeur en divorce peut être condamné à fournir, pendant le cours de l'instance, une provision à sa femme, bien que l'état de celle-ci puisse lui procurer des moyens d'existence. (C. Paris, 13 frimaire an XIV; S. a., 6, 2, 110.)

10. — Résidence provisoire de la femme. — Désignation par le tribunal. — Fixation ultérieure de la pension alimentaire. — Le jugement interlocutoire qui autorise la femme à quitter le domicile de son mari et indique la maison dans laquelle elle sera tenue de résider, peut ne pas statuer *de plano* relativement à la demande de pension alimentaire faite par la femme, et ordonner que les parties proposeront respectivement leurs moyens et défenses à cet égard; il n'existe de ce chef aucun déni de justice, puisque les juges, en décidant ainsi, n'ont voulu que s'éclairer davantage sur les facultés respectives et les besoins de la demanderesse en divorce. (G. Trèves, 4 février 1807; S. a., 7, 2, 251; S. c. n., 2, 2, 195.)

11. — Pension alimentaire. — Saisie-exécution. — Saisie-arrêt. — La provision accordée à l'époux demandeur en divorce contre son conjoint ne peut être exigée que sur les revenus de celui-ci et ses capitaux; par suite, il y a lieu de déclarer nulle la saisie-exécution faite par le demandeur en divorce sur le mobilier de son conjoint, et au contraire de donner suite aux saisies-arrêts formées entre les mains des fermiers et autres débiteurs de ce dernier. (Paris, 30 novembre 1812; S. c. n., 4, 2, 207.)

12. — Provision *ad litem.* **— Appel. — Demande nouvelle.** — Lorsqu'il n'est pas établi que la somme allouée par le premier juge est épuisée et qu'il n'est pas fourni des états, taxés et acquittés, de frais d'avoué dépassant le chiffre accordé, il n'y a pas lieu d'accueillir, en appel, la demande d'une provision nouvelle. Il en doit être de même quand, par suite de l'état de la procédure et de l'arrêt qui rejette ses conclusions, il est certain que la partie appelante n'a plus de frais à faire et à payer. (C. Gand, 26 décembre 1872; Pas., 1873, 2, 95.)

13. — Pension alimentaire. — Pourvoi. — Effet. — La pension alimentaire est due alors même qu'un pourvoi a été formé. Le pourvoi en matière de divorce étant suspensif, contrairement à la règle générale, il en résulte que l'instance n'est terminée qu'au moment de la prononciation du divorce par l'officier de l'état civil, et que la pension alimentaire est due jusque-là, car c'est seulement alors que le divorce reçoit une solution définitive. (Trib. Verviers, 13 août 1867; Pas., 1872, 3, 163.)

14. — Provision *ad litem.* **— Demande du mari.** — Le mari n'est pas recevable à réclamer à sa femme une provision pour défendre à l'action en divorce qu'elle lui intente; il doit surtout en être ainsi quand le mari est dans la force

de l'âge et exerce une profession qui lui permet de subvenir
à ses besoins. Au surplus, en matière de divorce, la loi ne
s'occupe, nulle part, de mesures provisionnelles relatives
au mari. (Trib. Bruxelles, 24 juillet 1876; Pas., 1877, 3, 250.)

ART. 269.

*La femme sera tenue de justifier de sa résidence dans la maison
indiquée, toutes les fois qu'elle en sera requise; à défaut de
cette justification, le mari pourra refuser la provision alimentaire et, si la femme est demanderesse en divorce, la faire
déclarer non recevable à continuer ses poursuites.*

**1. — Résidence provisoire assignée à la femme. —
Abandon.— Absence de justification. — Fin de non-
recevoir. — Pouvoir du juge.** — La femme, demanderesse en divorce, qui ne justifie pas de sa résidence dans la
maison indiquée par son mari, ne peut être déchue, pour ce
motif, du bénéfice de sa demande; mais, sur la réquisition
de son mari, elle peut, seulement, être déclarée non recevable
à continuer ses poursuites avant d'avoir réintégré la résidence qui lui avait été assignée, si les juges, qui ont tout
pouvoir d'appréciation à cet égard, ne trouvent pas suffisants et justifiés les causes et motifs de l'absence.

L'article 269 ne dit pas en effet que le tribunal saisi ne puisse
se refuser à faire droit à la fin de non-recevoir, invoquée
par le mari, et qu'il lui soit interdit d'apprécier le mérite
et les causes de l'absence de la femme.

Le même article 269 ne porte pas non plus que dans le cas
où la fin de non-recevoir se trouve fondée, la femme doive être
déclarée non recevable dans sa demande, mais seulement
dans la continuation de ses poursuites, ce qui est exclusif de
la déchéance de l'action. S'il pouvait s'élever quelques doutes
à ce sujet, ils devraient être levés en considérant la place
que ledit article occupe dans le Code; il se trouve placé dans
la section des mesures provisoires, tandis qu'il aurait dû
être mis sous celle des fins de non-recevoir contre l'action,
s'il avait eu pour objet d'établir une fin de non-recevoir à la
demande. (Cass. civ., 16 janvier 1815; S. a., 16, 1, 321; S. c.

n., 5, 1, 138; Dalloz, v° *Sép. de corps*, 235. — C. Bruxelles, 10 août 1874; Pas., 1874, 2, 364.)

2. — Domicile conjugal. — Abandon. — Fin de non-recevoir. — Si l'article 269 du Code civil autorise le mari à faire déclarer sa femme, demanderesse en divorce, non recevable à continuer ses poursuites, c'est seulement pour le cas où elle ne justifie pas de sa résidence dans la maison indiquée par le tribunal. Mais on ne saurait étendre cette disposition au cas où la femme aurait abandonné le domicile conjugal avant qu'une résidence ne lui eût été fixée par le tribunal, car une fin de non-recevoir ne peut être étendue au cas prévu par la loi et doit être au contraire interprétée restrictivement. (Riom, 18 nivôse an XII; S. c. n., 1, 2, 171. — Trib. Mons, 27 avril 1871; Pas., 1872, 3,312.)

3. — Résidence provisoire assignée à la femme. — Domicile du père. — Résidence assignée par le père. — Le mari ne peut invoquer contre sa femme une fin de non-recevoir lorsque celle-ci a quitté la maison de son père qui lui avait été assignée comme résidence provisoire, pour habiter une autre maison où son père l'avait placée et où elle était comme chez lui. (Paris, 10 ventôse an XII; S. a. 4, 2, 95; Dalloz, v° *Sép. de corps*, 469 2°.)

4. — Fixation de la résidence provisoire. — Omission du jugement. — Si le tribunal n'a pas indiqué la maison dans laquelle la femme demanderesse en divorce doit se retirer, c'est une omission qui ne peut préjudicier à celle-ci, comme n'étant pas de son fait. (Bruxelles, 27 germinal an XIII; S. c. n., 2, 2, 42.)

ART. 270.

La femme commune en biens, demanderesse ou défenderesse en divorce, pourra, en tout état de cause, à partir de la date de l'ordonnance dont il est fait mention en l'article 238, requérir, pour la conservation de ses droits, l'apposition des scellés sur les effets mobiliers de la communauté. Ces scellés ne seront levés qu'en faisant inventaire avec prisée, et à la charge par le mari de représenter les choses inventoriées. ou de répondre de leur valeur comme gardien judicaire.

1. — Motifs. — Cette disposition a pour objet d'empêcher le mari chef de la communauté, de chercher à la diminuer à son profit (1). Mais en même temps, le législateur n'a pas voulu que le mari fût de prime abord empêché de continuer la gestion de ses affaires ou de son commerce.[De là, la règle qui décide que l'apposition des scellés ne peut être requise avant l'épuisement des tentatives de conciliation entre les époux.

2. — Apposition des scellés. — Caution. — Le mari n'est point astreint à fournir caution lorsque l'apposition des scellés est ordonnée. Le Tribunat a pensé que cette condition serait excessive, souvent irréalisable, et qu'au surplus la responsabilité du mari était suffisamment établie par sa qualité de gardien judiciaire. (V. n° 5 ci-dessous.)

3. — Apposition des scellés. — Contestation. — Compétence. — Les contestations sur l'apposition ou la mainlevée des scellés sont portées devant le tribunal.

4. — Apposition des scellés. — Femme séparée de biens· — La femme demanderesse en divorce, a le droit, quoique séparée de biens d'avec son mari, de faire apposer les scellés au domicile de celui-ci pour conserver ses droits, et notamment obtenir la remise des effets d'habillement, objets mobiliers et papiers lui appartenant en propre et particulièrement. (Paris, 4 nivôse an XII; S. a., 7, 2, 908; S. c. n., 1, 2, 169.)

5. — Levée des scellés. — Caution. — Lorsque les scellés apposés sur les effets de la communauté, à la requête de la femme, demanderesse ou défenderesse en divorce, ont été levés avec inventaire et prisée, le vœu de la loi est rempli, et le mari ne peut être obligé à fournir bonne et suffisante caution. En effet, la loi n'exige, en ce cas, autre chose, si ce n'est que le mari réponde de la valeur des effets inventoriés, comme gardien judiciaire; et, par suite, en l'astreignant en-

(1) *Observations* du Tribunat, Fenet, IX, 442.

core à fournir caution, c'est créer une disposition législative et dès lors commettre un excès de pouvoir. (Colmar, 26 février 1808; S. a., 10, 2, 551; S. c. n., 2, 2, 357. Dalloz, v° *Sép. de corps*, 460.)

6. — Créanciers de la communauté. — Demande de levée des scellés. — L'article 270 n'est pas applicable aux créanciers d'une communauté poursuivant ses droits : il regarde seulement le mari. (C. Rennes, 8 août 1810.)

7. — Instance en divorce. — Communauté. — Pouvoirs du mari. — Pendant les poursuites en divorce le mari continue à rester maître des droits et actions de sa femme. Il peut notamment, et sans le concours de celle-ci, demander le partage des successions qui peuvent lui échoir, mais qui tombent dans la communauté. (Paris, 7 pluviôse an XIII.)

Le mari, comme chef de la communauté, a le droit de toucher les revenus de celle-ci, et la femme, même en instance en divorce, ne peut arrêter l'exercice de ce droit par des oppositions. Dans le cas où elle en formerait, le juge tenant les référés est compétent pour en connaître provisoirement.

Lorsque l'opposition frappe sur les capitaux provenant des deniers dotaux, ou qu'elle a été formée pour sûreté de ceux-ci, le même juge est incompétent pour statuer, et il doit renvoyer les parties à se pourvoir. Par suite, si l'opposition a été faite à la fois sur les capitaux et sur les revenus, le juge, dans son ordonnance, ne doit donner mainlevée qu'en ce qui touche les revenus. (C. Paris, 29 nivôse an XI; S. c. n., 1, 2, 108.)

ART. 271.

Toute obligation contractée par le mari à la charge de la communauté, toute aliénation par lui faite des immeubles qui en dépendent, postérieurement à la date de l'ordonnance dont il est fait mention en l'article 238, sera déclarée nulle, s'il est prouvé, d'ailleurs, qu'elle ait été faite ou contractée en fraude des droits de la femme.

1. — Historique. — Discussion. — Le mari peut agir sans consentement de la femme comme sans autorisation de justice. Une disposition contraire réclamée par le Tribunat (1) a disparu de la rédaction définitive.

Le Tribunat avait demandé que la femme fût astreinte à prendre au bureau des hypothèques une inscription conservatoire de ses droits, pour que la nullité fût opposable aux tiers. Cette disposition n'a pas été maintenue. La nullité résultant de l'article 271 est donc opposable aux tiers, dès que la femme a prouvé la fraude de ses droits.

2. — Mesures conservatoires. — Biens propres de la femme. — Vente. — Saisie-arrêt. — Validité de la saisie-arrêt. — La libre administration des biens personnels de la femme et de ceux de la communauté, conférée au mari par la loi, durant le mariage, est restreinte par les articles 270 et 271 lorsque l'existence de la communauté est mise en péril par une action en divorce. Il a été reconnu, lors de la discussion de ces articles, que la femme doit être garantie non seulement contre l'insolvabilité, mais surtout contre le ressentiment de l'époux défendeur au divorce. Le tribunal peut donc ordonner telle mesure qui lui semble nécessaire pour sauvegarder les intérêts de la femme. Spécialement il peut déclarer valable la saisie-arrêt faite entre les mains d'un tiers du prix d'un propre de la femme. Cette saisie-arrêt, en tant que destinée à ne produire effet qu'aussi longtemps que dure l'instance en divorce, est à la fois provisoire et conservatoire : elle n'est donc point défendue par les articles 270 et 271.

SECTION III

Des fins de non-recevoir contre l'action en divorce.

ART. 272.

L'action en divorce sera éteinte par la réconciliation des époux, survenue soit depuis les faits qui auraient pu autoriser cette action, soit depuis la demande en divorce.

1. — Réconciliation. — Preuve. — En admettant même l'existence des faits articulés pour chercher à justifier la ré-

____

(1) Fenet, IX, 443.

conciliation, cette exception ne peut être admise de la part du défendeur que s'il est démontré que son conjoint connaissait, au moment où ces faits se seraient produits, les circonstances principales qu'il invoque à l'appui de son action en divorce. (C. Liège, 4 janvier 1865; Pas., 1865, 2, 233.)

La preuve de la réconciliation entre les époux peut résulter notamment de ce que la femme, après avoir quitté son mari, est revenue ensuite cohabiter avec lui pendant environ un an. (C. Riom, 18 nivôse an XII; S. c. n., 1, 2, 171.)

2. — Cohabitation. — Réconciliation. — Preuve. — La seule cohabitation des deux époux après la connaissance des faits d'adultère, sans être accompagnée d'autres circonstances qui annoncent le pardon, ne suffit pas pour établir la preuve d'une réconciliation survenue telle que l'exige la loi, et pour éteindre l'action en divorce. Pour en induire cette preuve, il faut de plus que cette cohabitation ait été paisible et marquée par des signes extérieurs de paix, d'union et d'accord qui puissent faire présumer l'oubli du passé et le rapprochement des époux. (Bordeaux, 9 fructidor an XII; S. a., 4, 2, 189; S. c. n., 1, 2, 219. — Cass., 4 avril 1808; S. a., 8, 1, 237; S. c. n., 2, 1, 508.)

3. — Action en divorce. — Renonciation. — Fin de non-recevoir. — Les époux peuvent renoncer à l'action en divorce qu'ils ont intentée.

Il n'existe aucune disposition légale dérogeant à cette règle. On ne saurait induire le contraire de l'article 272. Son texte n'est pas limitatif et la réconciliation dont il traite n'éteint l'action en divorce que parce que le rapprochement des époux implique une renonciation à leur demande. L'époux outragé, quels que soient les torts de son conjoint, est libre de ne pas provoquer le divorce ; il est donc rationnel qu'après avoir fait la demande, il puisse en arrêter les effets.

Si la renonciation, dégagée de la pensée d'un rapprochement, n'éteignait pas l'action en divorce, la loi se serait abstenue de procurer aux époux, le moyen d'obtenir indirectement le même résultat. Telle est cependant la portée des articles 266 et 269 du Code civil, aux termes desquels il est au pouvoir du demandeur de créer au profit de son conjoint

des fins de non-recevoir péremptoires, soit en restant inactif
pendant deux mois, soit, si la demande émane de la femme,
en refusant d'habiter la maison indiquée pour sa résidence.

La renonciation à l'action en divorce peut donc par suite
donner naissance à une fin de non-recevoir à une nouvelle
action basée sur des faits antérieurs à la renonciation. (Cass.
B., 23 mai 1872; Pas., 1872, 1, 349.)

4. — Séparation amiable. — Renonciation à l'action en divorce. — Le fait, de la part des époux, de régler
par une convention les conditions d'une séparation amiable,
n'implique pas nécessairement la volonté de renoncer défini-
nitivement au droit d'intenter une action en divorce; il est
surtout équitable de décider ainsi quand, dans cette convention, le demandeur en divorce n'a renoncé, ni expressément
ni tacitement, au droit d'intenter son action, et quand la renonciation ne résulte pas non plus des faits invoqués par le défendeur. (C. Bruxelles, 20 décembre 1864; Pas., 1865, 2,
394.)

ART. 273.

*Dans l'un et l'autre cas, le demandeur sera déclaré non-re-
cevable dans son action; il pourra néanmoins en intenter une
nouvelle pour cause survenue depuis la réconciliation, et alors
faire usage des anciennes causes pour appuyer sa nouvelle
demande.*

1. — Injures. — Pardon. — Demande nouvelle. —
L'époux qui forme une demande nouvelle peut invoquer
des faits antérieurs à la réconciliation et au pardon qu'il a
accordé; il serait déraisonnable d'admettre que, parce qu'un
époux a pardonné des injures ou des excès, sans se plaindre,
il dût être dans une position plus défavorable que celui dont
la demande judiciaire a été produite. (Cass., req., 8 juillet
1813; S. a., 15, 1, 128; S. c. n., 4, 1, 389.)

2. — Demande nouvelle. — Faits nouveaux. —
Après la réconciliation des époux, les faits nouveaux qui se
produisent n'ont pas besoin d'être d'une gravité exception-

nelle pour faire admettre la demande en divorce formée par suite de la nouvelle instance intentée en vertu de l'article 273; il suffit que, joints à ceux antérieurs à la réconciliation, ils présentent les caractères des excès, sévices et injures graves pour lesquels le divorce peut être demandé. (Trèves, 28 mai 1813, S. a., 14, 2, 20; S. c. n. 4, 2, 320.)

ART. 274.

Si le demandeur en divorce nie qu'il y ait eu réconciliation, le défendeur en fera la preuve, soit par écrit soit par témoins, dans la forme prescrite en la première section du présent cha-pitre.

1. — Réconciliation. — Serment. — Preuve. — L'époux qui a intérêt, au cours d'une instance en divorce, à faire constater que la réconciliation avec son conjoint a eu lieu, peut, à cet effet, déférer à celui-ci le serment décisoire. C. Trèves, 28 mai 1813; S. a. 2, 20; S. c. n. 4, 2, 320.)

2. — Réconciliation. — Preuve littérale ou testimo-niale. — Interrogatoire sur faits et articles. — Aux termes de l'article 274 du Code civil, si le demandeur en di-vorce nie qu'il y ait eu réconciliation, le défendeur en fera preuve, soit par écrit soit par témoins, dans la forme pres-crite aux articles 249 à 256. Mais il ne peut demander que son conjoint soit interrogé sur faits et articles relativement aux circonstances de la réconciliation, parce que ce mode de preuve n'est pas admis par le Code civil pour l'instruction des demandes en divorce.

En effet, le titre du divorce a été décrété dès le 30 ventôse et promulgué le 10 germinal an XI. Or le livre II de la pre-mière partie du Code de procédure civile, contenant le titre relatif à l'interrogatoire sur faits et articles, a été décrété le 14 et promulgué le 24 avril 1806, et au même moment (22 avril-2 mai 1806) était décrété et promulgué le livre Ier de la deuxième partie du même Code, où se lit à l'article 881 : « A l'égard du divorce. il sera procédé comme il est prescrit au Code civil. » Si donc le législateur avait voulu que ce mode de preuve fût compris dans ceux qu'il autorisait en matière de divorce, il s'en serait évidemment expliqué; on ne saurait admettre à cet égard ni oubli ni erreur.

D'ailleurs, les formes de la procédure du divorce excluent la possibilité même de l'interrogatoire sur faits et articles. En effet, cet interrogatoire, ordonné sur simple requête non signifiée à la partie adverse au moment de sa présentation, se fait en la chambre du conseil par le président du tribunal ou un juge commis et en l'absence du ministère public. Au contraire, la procédure du divorce se poursuit devant le tribunal entier, en audience publique ou à huis clos, et toute délégation d'un autre tribunal ou d'un juge pour procéder à une formalité quelconque n'est pas permise.

Les parties ont toujours, et à chaque acte de la cause, le droit de faire leurs observations sur les incidents de forme, les faits avancés, les pièces ou les témoins produits. De plus, cette procédure spéciale intéresse à un si haut degré l'ordre public, que la présence du ministère public est requise à peine de nullité à chacun de ses actes, et qu'il y devient même parfois partie principale. Pour que ces règles essentielles fussent observées, le juge devrait donc ordonner un interrogatoire sur faits et articles avec des formes autres que celles réglées par le Code de procédure civile, ce qui serait évidemment sortir du domaine qui lui est propre pour empiéter sur celui du législateur. Cette conséquence est inadmissible. (Trib. Bruxelles, 15 mai 1879, 3, 275.)

CHAPITRE III

DU DIVORCE PAR CONSENTEMENT MUTUEL.

ART. 275 à 294.

Abrogés.

CHAPITRE IV

DES EFFETS DU DIVORCE.

1. — Divorce. — Puissance paternelle. — Émancipation. — Dans le cas de divorce, le père a le pouvoir d'émanciper seul son enfant et l'opposition de la mère ne peut être reçue que dans l'intérêt du mineur. (C. Paris, 1ᵉʳ mai 1813; S. a., 13, 2, 230; S. c. n., 4, 2, 301.)

ART. 295.

Les époux divorcés ne pourront plus se réunir, si l'un ou l'autre a, postérieurement au divorce, contracté un nouveau mariage suivi d'un second divorce. Au cas de réunion des époux, une nouvelle célébration du mariage sera nécessaire.

Les époux ne pourront adopter un régime matrimonial autre que celui qui réglait originairement leur union.

Après la réunion des époux, il ne sera reçu de leur part aucune nouvelle demande de divorce, pour quelque cause que ce soit, autre que celle d'une condamnation à une peine afflictive et infamante prononcée contre l'un d'eux depuis leur réunion (1).

1. — Historique. — Discussion. — L'ancien article 295 portait simplement interdiction absolue aux époux divorcés, pour quelque cause que ce fût, de se réunir à nouveau.

La question avait été vivement discutée en 1802; le Tribunat (2) admettait l'interdiction en cas de divorce par consentement mutuel; mais, dans les autres cas, il voulait autoriser la réunion des anciens conjoints lorsqu'il y avait des enfants et lorsqu'aucun des conjoints n'avait contracté de nouvelle union après le divorce prononcé. Le Conseil d'État repoussa cette modification de son projet (3), alléguant que le Tribunat

(1) Ancien article 295 : « Les époux qui divorceront pour quelque cause que ce soit ne pourront plus se réunir. »

(2) Fenet, IX, 447.

(3) *Ibid.*, 453.

se faisait une idée fausse du mariage en le considérant comme un contrat où les enfants sont des tiers intéressés. En présentant le projet au Corps législatif, Treilhard ajouta (1) que le divorce n'est prononcé par les tribunaux que devant une nécessité absolue de rompre la vie commune, et qu'il faut pénétrer, les époux comme les juges, de la gravité et de l'incommutabilité du divorce. Autrement, disait-il, des époux adroits et avides envisageraient le divorce comme un moyen de modifier les conventions matrimoniales.

La question a été reprise en 1882 à la Chambre qui la résolut dans le sens du nouvel article 295, sauf deux modifications : l'une interdisait une nouvelle réunion en cas de second mariage survenu depuis le divorce prononcé; l'autre mettait, dans le paragraphe 2, l'expression de « conventions matrimoniales » au lieu de « régime matrimonial ».

C'est le Sénat qui a établi le texte actuel de l'article (2). La pensée du législateur a été de permettre aux catholiques qui, oublieux de leur foi, auraient une première fois recouru au divorce, de se réunir à nouveau à leur ancien conjoint, alors même que dans l'intervalle ils auraient contracté une nouvelle union, criminelle aux yeux de l'Église mais légitime au regard de la loi civile. Pour éviter cependant que l'on ne se fasse un jeu du divorce, courant d'un conjoint à l'autre, pour reprendre ensuite le premier, le législateur a décidé que les époux divorcés ne pourraient se réunir à nouveau si le second mariage contracté par l'un d'eux avait été lui-même rompu par un divorce. Le second conjoint doit donc être décédé pour que l'on puisse reprendre le premier.

2. — Célébration du mariage. — Une nouvelle célébration du mariage est nécessaire, ajoute l'article. Elle doit évidemment se faire suivant les formes et sous les conditions habituelles du mariage.

3. — Régime matrimonial. — Quant au paragraphe 2, dont l'objet est d'empêcher l'abus jadis signalé par Treilhard, l'expression de « régime matrimonial » a été substituée au

(1) Fenet, IX, 488.
(2) *Sénat*, séances des 23 et 24 juin 1884.

texte précédemment voté par la Chambre, sur les observations suivantes du rapporteur, M. Émile Labiche :

« On a fait remarquer, avec raison, qu'il pourrait être impossible de faire revivre les mêmes conventions matrimoniales, parce que les conditions dans lesquelles la nouvelle union était contractée pouvaient être entièrement différentes. La dot pouvait avoir disparu ; l'existence d'enfants pouvait mettre obstacle à certaines dispositions. Ayant égard à ces observations, nous avons substitué à cette première disposition la suivante :

« Les époux ne pourront adopter un régime matrimonial « autre que celui qui réglait originairement leur union ».

4. — Nom de la femme divorcée. — Une question fort importante a été soulevée à la Chambre (1) : Il s'agit de savoir si la femme divorcée peut continuer à porter le nom de son ancien mari.

Saisie de la question par un amendement de M. de la Rochefoucauld-Bisaccia, qui interdisait à la femme divorcée l'usage du nom du mari, la Commission avait ainsi motivé sa proposition de rejet (2) :

« La femme ne perd jamais son nom de famille, même en état de mariage. L'usage et l'idée que nous attachons au lien conjugal s'accordent pour que la femme mariée porte le nom du mari ; mais, lorsque le mariage est dissous, il va de soi que la femme reprend le sien propre, et cette conséquence est telle que le mari divorcé pourrait par autorité de justice s'opposer à ce que la personne à qui il avait été uni, continuât à porter et à prendre son nom après que le mariage a été dissous. »

A cette argumentation, M. Léon Renault ajouta que le divorce rompant tous les liens conjugaux, le lien de fait créé entre les époux par la coutume qui existe de donner à la femme le nom de son mari disparaissait comme tous les autres.

Ce système ayant été contesté par un orateur, la Commission, pour éviter par la suite toute erreur d'interprétation, se

(1) *Chambre*, séances des 15 et 17 juin 1882.
(2) De Marcère, *Rapports supplémentaires* à la Chambre.

départit de sa première résolution et accepta l'amendement, pour affirmer plus clairement « les principes de droit en cette matière ».

Le débat changea dès lors de tournure, et ce ne fut plus l'opportunité de l'amendement, mais son utilité et sa portée qui furent attaquées. « Comment ! s'écria M. Lepère, voici une femme au profit de laquelle le tribunal a prononcé le divorce en lui donnant la garde des enfants, et vous la contraignez à porter un autre nom que ses enfants ; bien plus, elle administrait jusqu'à ce jour un fonds de commerce sous le nom du mari, et vous lui imposez de changer sa raison sociale, ce qui sera toujours une perte, souvent la ruine. Décidez au moins que la femme seule, *contre* laquelle aura été prononcé le divorce, ne sera pas admise à user du nom de son ancien mari ; sinon, c'est une véritable injustice que vous consacrez dans la loi. » Et M. Lepère déposa un nouvel amendement dans ce sens.

M. Gatineau monta aussitôt à la tribune pour demander le rejet et de la rédaction adoptée par la Commission et de l'amendement Lepère. Ses importantes observations déterminèrent le vote de la Chambre contre la première et le retrait du second par son auteur ; aussi est-il utile de reproduire ces observations en entier, car elles indiquent nettement le sentiment du législateur :

M. Gatineau. « Je viens demander à la Chambre le rejet des deux amendements. Ma pensée est que le divorce doit entrainer la suppression complète de tout ce qu'il y a eu de commun entre les époux, même du nom. J'ajoute cependant qu'il faut pour l'instant se reporter à la pratique, c'est-à-dire aux conséquences du divorce en ce qui touche le nom du mari. Il est très certain qu'en réalité la femme dans le monde, dans la société, ne pourra pas s'en séparer ; cela est l'évidence. Mais il n'est pas moins certain qu'elle ne pourra pas en faire usage, autrement que pour indiquer sa qualité d'épouse divorcée, dans les actes authentiques.

« Si vous votiez les deux amendements qui vous sont proposés, vous créeriez dans l'espèce qui vous a été indiquée tout à l'heure, par l'honorable orateur qui m'a précédé à la tribune,

une véritable difficulté, j'allais dire, dans de nombreux cas, une véritable injustice.

« Il existe un grand nombre de fonds de commerce qui portent le nom du mari et qui, en fait, ont été créés par l'intelligence et le travail de la femme ; je n'ai pas besoin de les. indiquer, vous en trouverez un grand nombre dans le commerce parisien : les modes, par exemple. »

M. LE DUC DE FELTRE. « On devrait ajouter alors le nom de la femme à celui du mari. »

M. GATINEAU. « Supposez que la liquidation qui suivra le divorce attribue le fonds de commerce dont le nom commercial, partie intégrante de ce fonds de commerce, est le nom du mari, supposez que ce fonds de commerce soit attribué à la femme pour la couvrir de ses reprises ; il faudra donc qu'elle supprime ce nom ?

« Mais avec votre loi, qui n'a fait aucune distinction, qui, je le reconnais, ne pouvait en faire aucune, le nom sera supprimé et le fonds de commerce, dont la valeur pouvait être considérable, et qui aura été attribué à la femme, le jour où il n'aura plus le nom du mari pour enseigne, perdra une grande partie de sa valeur.

« Supposez que vous ne votiez pas l'amendement, vous resterez dans ce que j'appellerai la nature même des choses. La femme garde son nom dans la société, que toutes vos lois ne l'empêcheront pas de garder ; elle ne pourra pas s'en servir dans les actes authentiques, qu'elle le veuille ou qu'elle ne le veuille pas ; parce que si elle se servait de ce nom dans des actes authentiques, cela pourrait être considéré comme une manœuvre frauduleuse, et engagerait gravement sa responsabilité ; les notaires d'ailleurs y veilleront. En ce qui touche la raison commerciale des fonds de commerce, le nom subsistera, quand le juge, déterminé par les circonstances, n'aura pas décidé le contraire. Par les amendements, vous lui ôtez cette discrétion qui est dans ses attributions ; par ces amendements, introduits trop incidemment dans la loi sur le divorce, vous créez la matière des noms propres qui n'a été réglée par aucune loi complète. Si vous faites une loi sur cette matière des noms propres, je crois qu'il faudra s'en occuper tout aussi bien au point de vue civil qu'au point de vue commercial, et vous aurez alors à traiter la question qui nous occupe aujourd'hui, vous aurez à vous préoccuper des intérêts en présence, et la loi future veillera à ne produire aucun des effets fâcheux qui seraient à redouter aujourd'hui dans la situation particulière que j'ai eu l'honneur de vous indiquer. »

M. Lepère. « Je me rallie aux observations que vient de présenter M. Gatineau, et j'ajoute que nous n'avons présenté notre amendement que parce que M. de La Rochefoucauld avait présenté le sien. Si l'amendement de M. de La Rochefoucauld est repoussé, nous ne maintiendrons pas le nôtre. »

M. le Président. « Je mets aux voix la rédaction de l'amendement de M. de La Rochefoucauld, qui est ainsi conçu :

« La femme divorcée ne pourra, à dater de la prononcia-
« tion du divorce dans les formes prescrites par l'article 294,
« porter le nom de son ancien mari. »

(Une première épreuve par main levée est déclarée douteuse par les membres du bureau. — Une seconde épreuve par assis et levé a lieu.)

M. le Président. « L'amendement de M. de La Rochefoucauld n'est pas adopté. »

En conséquence, celui de MM. de Douville-Maillefeu et Lepère est retiré.

M. de Douville-Maillefeu. « Parfaitement. »

Ainsi, quant aux usages de la société, la loi n'y fait rien et n'y peut rien; quant aux actes authentiques, la femme ne pourra évidemment usurper une qualité qu'elle n'a plus; quant aux fonds de commerce enfin, le nom subsistera si le juge n'a pas décidé le contraire : telle est la doctrine qui se dégage de ce débat.

Cette doctrine est trop absolue, au moins dans sa première partie. Si la loi ne peut directement agir sur les usages sociaux, il faut du moins admettre que, sur la réclamation du mari divorcé, les tribunaux pourraient du moins, sous peine de dommages-intérêts, interdire à la femme de déshonorer ce nom.

ART. 296.

La femme divorcée ne pourra se remarier que dix mois après que le divorce sera devenu définitif (1).

1. — **Historique.** — L'ancien texte débutait par : « Dans les cas de divorce prononcé pour cause déterminée... » La disparition de ces mots est due à la suppression du divorce par consentement mutuel.

2. — **Causes et effets du divorce. — Statut personnel. — Étrangers divorcés à l'étranger. — Second mariage en France.** — Un étranger légalement divorcé dans son pays peut contracter en France un second mariage, alors même que la loi française n'admet pas la cause de divorce pour laquelle le divorce a été obtenu.

Cela résulte *a fortiori* des deux arrêts de Cassation français (28 février 1860, Dalloz, 1860, 1, p. 57 *seq.*, conclusions Dupin, et 15 juillet 1878, Dalloz, 1878, 1, 340), décidant, à une époque où le divorce n'existait pas en France, que des Belges légalement divorcés en Belgique, pouvaient contracter en France un second mariage ; dans la seconde espèce, l'époux divorcé, de nationalité belge, était cependant né en France et le premier mariage y avait même été célébré.

3. — **Effets du divorce. — Femme étrangère divorcée à l'étranger. — Second mariage en France. — Délai.** — Le délai de dix mois avant lequel la femme divorcée ne peut se remarier (art. 228 et 296) est d'ordre public et obligatoire pour la femme divorcée à l'étranger, alors même que sa loi nationale n'impose pas ce délai. (Paris, 13 février 1872; Dalloz, 1873, 11, 160.)

Cette doctrine est vivement contestée par Laurent (2); selon lui, les articles 228 et 296, qui ont pour objet d'em-

(1) Ancien article 296 : « Dans le cas de divorce prononcé pour cause déterminée, la femme divorcée ne pourra se remarier que dix mois après le divorce prononcé.

(2) *Droit civil international*, 1881, V. 272.

pêcher les filiations équivoques, sont d'ordre privé ; d'autre part, la question est une question de capacité pour la femme à contracter une nouvelle union, et comme telle, relève strictement du statut personnel.

ART. 297.

Abrogé (consentement mutuel).

ART. 298.

Dans le cas de divorce admis en justice pour cause d'adultère, l'époux coupable ne pourra jamais se marier avec son complice (1).

1. — Historique. — Cette disposition est absolue dans ses termes et applicable par conséquent même après décès de l'époux outragé. L'abrogation en avait été votée par la Chambre dans sa séance du 8 mai 1882 ; mais le Sénat n'a pas ratifié.

L'ancien article 298 comprend en outre une disposition permettant au tribunal civil de condamner la femme adultère, par le même jugement qui prononçait le divorce, à une réclusion de trois mois à deux années. L'article tout entier avait été supprimé par la Chambre ; le Sénat a rétabli la première partie mais sacrifié la seconde. L'adultère de la femme ne peut donner lieu désormais, de la part du mari, qu'à une poursuite correctionnelle distincte de l'instance civile ; le mari demeure seul juge de l'opportunité d'ouvrir cette poursuite ; le tribunal n'est plus maître de condamner d'office la femme adultère comme il l'était sous le régime de l'ancien article 298 (2).

(1) Ancien article 298 : — « Dans le cas de divorce admis en justice pour cause d'adultère, l'épouse coupable ne pourra jamais se marier avec son complice. La femme adultère sera condamnée par le même jugement, et sur la réquisition du ministère public, à la réclusion dans une maison de correction pour un temps déterminé, qui ne pourra être moindre de trois mois ni excéder deux années. »

(2) Séance du 23 juin 1884.

2. Application de l'article 298. — Comment connaît-on le complice? — L'application de l'article 298 ne sera pas sans soulever de nombreuses difficultés : jusqu'ici, en effet, en prononçant la séparation pour cause d'adultère, les tribunaux s'abstenaient avec raison de prononcer le nom du complice, et ils avaient pour cela l'excellente raison que le complice n'est pas partie à l'instance civile.

Devrons-nous dire que le jugement civil prononçant le divorce pour adultère et indiquant le nom du complice, sera opposable à ce dernier pour empêcher son mariage avec l'époux divorcé? Ce serait violer les principes généraux du droit; car, encore une fois, le complice n'a pas été à même de se défendre et le tribunal n'a aucun bon motif pour livrer son nom à la publicité.

Il semble plutôt que l'article 298 ne peut recevoir d'application que lorsqu'il y a eu procès correctionnel et condamnation contre l'adultère et son complice.

3. — Violation de l'article 298. — Mariage de l'époux divorcé pour cause d'adultère avec son complice. — Nullité. — Ministère public. — Le mariage contracté en violation de l'article 298 du Code civil peut-il être attaqué du chef de nullité par le ministère public?

Nous empruntons à la Pasicrisie belge un arrêt de la Cour de Bruxelles du 14 mars 1865 qui répond à cette question. En voici les motifs :

La Cour;—« Attendu que l'action du ministère public appelant tend à faire déclarer nul et de nul effet le mariage des intimés devant l'officier de l'état civil de Lillo, le 7 décembre 1863;

« Attendu que la question à décider est celle de savoir si le mariage dont il s'agit, contracté en violation de l'article 298 du Code civil, peut être attaqué du chef de nullité par le ministère public;

« Attendu qu'après avoir posé, dans les chapitres I et II du livre Ier du Code civil, les principes, les conditions et les formalités à suivre en matière de mariage, le législateur a fait des demandes en nullité de mariage la matière d'un chapitre tout spécial, le IVe du titre du mariage même, et qu'en agiss ant ainsi, il a manifesté clairement l'intention de rassembler, dans ce chapitre, tout ce qui se rapporte aux nullités par lesquelles un mariage peut être attaqué, et aux parties qui ont qualité pour les faire valoir;

« Attendu que les seules nullités qui donnent au ministère public le droit d'attaquer un mariage par action directe, sont les nullités appartenant au droit public, comme le dit Portalis, dans l'exposé des motifs au Corps législatif, lesquelles sont énoncées dans les articles 184 et 191 du Code civil;

« Attendu que parmi ces nullités ne figure pas le mariage contracté en contravention à l'article 298 du Code civil; que, par suite, « la législateur a mis tous ceux qui voudraient se prévaloir de l'empêchement établi par l'article précité ainsi que par les articles 295, 297 et 298, — pour faire annuler les mariages contractés au mépris de l'obstacle qu'il y apportait dans l'impuissance de le faire ». (Merlin, *Questions de droit*, v° *Nullité*, § 1, n° 7);

« Attendu que quelque déplorable que puisse être au point de vue de la morale publique l'existence d'un mariage comme celui dont il s'agit, le législateur n'a donné à personne le droit d'en poursuivre la nullité et ce serait, comme le dit encore Merlin (v° *Mariage*, sect. vi, § 2), « une doctrine bien alarmante que celle qui permettrait d'aller puiser des moyens de nullité contre le mariage hors du titre du mariage; une pareille excursion est impossible, elle est en contradiction avec les principes les plus élémentaires »;

« Attendu qu'en n'attachant la peine de nullité qu'aux empêchements dirimants signalés dans les articles 184 et 191 du Code civil, et en ne donnant action au ministère public que dans les cas spécialement déterminés, le législateur a pensé qu'il suffisait, pour faire respecter les empêchements prohibitifs, de s'en rapporter aux lumières et au zèle des officiers de l'état civil, et surtout à la vigilance et à la surveillance active des magistrats exerçant le ministère public; et que, s'il arrivait que cette surveillance fût quelquefois trompée, il y avait moins d'inconvénient à laisser exister un semblable mariage qu'à en faire prononcer la nullité; que, dans ce cas, il y avait lieu à l'application du principe : *Multa fieri in jure prohibentur, quæ si facta fuerint, tenent;*

« Attendu que cette intention du législateur résulte clairement des paroles de Portalis, qui, après avoir rappelé « que le ministère public peut s'élever d'office contre un mariage infecté de quelqu'une des nullités qu'on a énoncées comme appartenant au droit public, disait : « Mais gardons-nous de donner à cette censure, confiée au ministère public pour l'intérêt des mœurs et de la société, une étendue qui la rendrait oppressive et qui la ferait dégénérer en inquisition. Le ministère public ne doit se montrer que quand le vice du mariage est notoire; quand il est subsistant, ou quand une longue possession n'a pas mis les époux à l'abri des recherches directes du magistrat. Il y a souvent plus de scandale dans les poursuites indiscrètes d'un délit obscur, ancien ou ignoré, qu'il n'y en a dans le délit même;

« Qu'elle résulte encore tout aussi clairement du rapport fait au Tribunat par Gillet, le 17 ventôse an XI, et ainsi conçu : « C'est un désordre social sans doute que des noces ourdies en fraude des lois; mais lorsqu'une fois elles sont subsistantes, souvent c'est un plus grand désordre encore que de les rompre. Une telle union, quelque imperfection qu'on lui suppose, a toujours pour les associés des suites ineffaçables, et souvent la naissance des enfants y ajoute des effets plus importants encore, etc., » et plus loin, résumant l'esprit et l'économie des dispositions spéciales en matière de nullités de mariage, il ajoute : « Les pensées qui dominent sont : 1° qu'il n'y a pas de nullité irréparable absolument, hormis celles où le mariage devient un crime comme dans les cas d'inceste ou de bigamie; 2° que l'attaque en nullité ne puisse pas être également dirigée, ni en tout état de choses ni par tous; mais qu'elle soit proportionnée, sous les restrictions les les plus exactes, à l'importance des droits qui ont été violés, à la nature de l'infraction, au temps et aux circonstances qui ont pu la couvrir, à la protection due aux intérêts qui réclament; »

« Que cette interprétation de l'intention du législateur est confirmée par les travaux préparatoires du Code civil; qu'on lisait en effet dans le projet primitif du Code civil présenté par le gouvernement un article, le neuvième du livre préliminaire mis en tête du Code civil, ainsi conçu : « Les lois prohibitives emporteront nullité quoique cette peine n'y soit pas formellement exprimée. » Mais que cet article fût rejeté au Conseil d'Etat, sur la simple observation du tribunal de cassation que cet article était inutile et dangereux (Fenet, t. II, p. 419);

« Attendu qu'il suit des considérations qui précèdent, que ce serait méconnaître la volonté expresse du législateur et proclamer qu'il a laissé son œuvre incomplète et inachevée, que d'admettre qu'un mariage puisse être attaqué pour d'autres nullités que celles qui sont énumérées dans le chapitre IV prémentionné ;

« Que vainement on objecte que ce chapitre ne prévoit pas tous les cas de nullité, puisqu'il ne range pas parmi ceux-ci : 1° le mariage contracté entre personnes du même sexe; 2° le mariage contracté par une personne en démence; 3° le mariage contracté par une personne atteinte de mort civile, et 4° le mariage contracté entre l'adoptant et l'adopté;

Qu'en effet, pour écarter ces exemples, il suffit de faire remarquer, qu'à la différence des cas prévus par les articles 184 et 191 du Code civil, dans lesquels il s'agit d'actes annulables qui ont une existence véritable, mais qui se trouvent entachés d'un vice pour lequel la loi permet de les faire casser, il s'agit dans les trois premiers exemples cités d'actes radicalement nuls, qui n'ont qu'une apparence sans réalité, qui n'existent pas légalement et qu'aucune cause postérieure quelle qu'elle soit ne peut valider ou confirmer, *quod nullum est confirmari nequit*, qu'en un mot, il est impossible de faire annuler, parce qu'on ne peut anéantir le néant. (*Discussion du Conseil d'Etat*, Fenet , t. IX, p. 15 et suiv., 50 et 99)); qu'on objecte, à la vérité, que pour empêcher les résultats qu'on voudrait faire produire à ces actes nuls, il faut encore s'adresser à la justice; que cela est vrai; mais, dans ce cas, on ne demandera pas à la justice d'annuler les actes dont il s'agit, il suffira de se borner à lui demander de reconnaître et de proclamer que ces actes n'existent pas et qu'ils n'ont jamais légalement existé; quant au quatrième exemple, le mariage contracté entre l'adoptant et l'adopté, l'article 348 ne crée pas une nullité qui n'est pas prévue par le titre du mariage, puisqu'il ne fait qu'appliquer au cas de la parenté adoptive les prohibitions établies par les articles 161, 162 et

163 pour la parenté naturelle, et la nullité écrite dans l'article 348 se réfère nécessairement et se rattache par voie de conséquence aux articles 161 et 184 précités;

« Attendu que si la loi générale du 20 avril 1818 a élargi le cercle des attributions du ministère public, en lui donnant le droit d'agir par voie d'action pour l'exécution des lois, dans les dispositions qui intéressent l'ordre public, elle ne contient aucune dérogation aux lois spéciales du Code civil relatives aux demandes en nullité de mariage; que c'est donc aux lois spéciales seules qu'il y a lieu de recourir en cette matière, suivant la règle exprimée par Pothier : *Cum quæ leges contrariæ videntur quarum altera specialiter de casu de quod judicandum aut respondendum est, disponit, altera generaliter duntaxat disponit, prævalere debet illa quæ specialiter disponit* (Pothier, *Pandect.*, Inst. lib. I, t. III, n° 25);

« Attendu que l'on comprend d'autant mieux que le législateur de 1810 n'ait pas entendu déroger aux dispositions limitatives des lois spéciales concernant les demandes en nullité de mariage, qu'il s'agit d'une matière qui touche à la fois aux intérêts les plus sacrés de l'ordre social, et aux intérêts privés les plus graves et les plus légitimes; que c'est en vue de concilier ce double intérêt, que le législateur n'a pas voulu abandonner à l'appréciation et à la discrétion sans limite du ministère public, la question si délicate et si périlleuse de décider dans quel cas il y a lieu de poursuivre d'office la nullité d'un mariage contracté malgré les prohibitions formelles de la loi.

« Par ces motifs et ceux des premiers juges, met l'appel au néant, etc. » (C. Bruxelles; 14 mars 1865; Pas., 1865, 2, 103.)

4. — Adultère. — Demande en divorce. — Mise en cause du complice. — L'époux contre lequel le divorce est demandé pour cause d'adultère ne peut obliger son conjoint demandeur à mettre en cause le complice supposé. (C. Bruxelles, 12 frimaire an XIV; S. a., 6, 2, 70; S. c. n., 2, 2, 95.)

ART. 299.

L'époux contre lequel le divorce aura été prononcé perdra tous les avantages que l'autre époux lui avait faits, soit par contrat de mariage, soit depuis le mariage (1).

1. — Historique. — « L'époux s'est placé au rang des ingrats; il sera traité comme eux, » dit Treilhard (2).

Le Tribunat avait tenté (3) de faire admettre que la dissolution du mariage par le divorce opérait, à l'égard des deux époux, l'extinction des avantages faits en vue de ce même mariage, sauf au juge à accorder au demandeur tout ou partie des avantages matrimoniaux, à titre d'indemnité. Ce système n'a point prévalu.

2. — Ce qu'il faut entendre par le mot avantages. — Libéralités et dons. — Gains et bénéfices. — Distinction. — Communauté universelle. — Les avantages dont il s'agit dans les articles 299 et 300 ne peuvent s'entendre que de libéralités, de dons purement gratuits faits par l'un des époux au profit de son conjoint. Ce principe a été formulé par la Cour de cassation belge dans un arrêt du 29 octobre 1874 et conformément à de remarquables conclusions de M. le premier avocat général Cloquette. Ces conclusions sont rapportées dans la 1ʳᵉ partie de l'année 1875, page 11 de la Pasicrisie belge, à laquelle nous les empruntons. En voici la teneur :

« Quelle est la portée de l'article 299 du Code civil, lorsqu'il dispose que l'époux contre lequel le divorce aura été admis perdra les avantages que l'autre époux lui a faits, soit par

(1) L'ancien article 299 était ainsi conçu :
« Pour quelque cause que le divorce ait lieu, hors le cas de consentement mutuel, l'époux contre lequel le divorce aura été admis perdra tous les avantages que l'autre époux lui avait faits, soit par le contrat de mariage, soit depuis le mariage contracté. »
La modification provient de la suppression du divorce par consentement mutuel.

(2) *Exposé des motifs* au Corps législatif, Fenet, IX, 488.

(3) Fenet, IX, 448.

leur contrat de mariage, soit depuis le mariage contracté ; et que peut-il entendre, dans cette disposition, par tous les avantages *faits par contrat de mariage*, expression reproduite dans l'article 300? Telle est la principale question que cette affaire présente à résoudre.

« Les époux Vandevoorde-Steyaert avaient stipulé qu'il y aurait entre eux communauté universelle de tous les biens présents et à venir.

« Leur mariage ayant été dissous par le divorce prononcé contre le mari pour cause déterminée, les droits de chacun des deux époux sur la communauté devaient être réglés.

« Lors de ce règlement, la femme a soutenu que le régime de la communauté universelle, adopté par leur contrat de mariage, avait conféré à son mari des avantages auxquels la disposition de l'article 299 précité était applicable. C'est moi, disait-elle, qui ai apporté dans la communauté universelle tous les immeubles qui s'y sont trouvés lors de sa dissolution, ces biens ayant été acquis par moi avant le mariage, ou m'étant échus pendant le mariage. Si mon mari, qui n'a rien apporté dans la communauté, obtenait une partie de ces biens, il conserverait les avantages que je lui ai faits par le contrat de mariage et dont je suis en droit de demander la révocation.

« La Cour d'appel de Gand a jugé qu'il n'y avait lieu à l'application de l'article 299, et que sa disposition devant rester sans influence sur le partage de la communauté des époux Vandevoorde-Steyaert, il devait avoir lieu par moitié.

« Elle s'est fondée sur ce qu'une stipulation de communauté universelle n'est pas, en elle-même, une libéralité, mais une simple convention de mariage, qui doit sortir les effets légaux des conventions même en l'absence de tous apports par un des époux ; sur ce que quand cette stipulation porte, comme dans l'espèce, sur les biens à venir comme sur les biens présents, il est impossible de dire, au moment du contrat, à qui elle profitera définitivement, les éventualités de l'avenir échappant à toutes prévisions et pouvant enrichir celui des époux qui d'abord avait été sans biens, ce qui ôte à une pareille stipulation tout caractère de libéralité ; sur ce que, d'ailleurs, on ne pouvait, dans le cas spécial de cette cause, envisager la clause de communauté universelle comme ayant été consentie par l'un des époux, dans le but d'exercer un acte de libéralité envers l'autre ; cette clause ayant, dans ce cas spécial, le caractère d'un contrat commutatif aléatoire.

« Selon le pourvoi, la Cour de Gand a méconnu par son arrêt le sens de l'article 299, cet article étant conçu, d'après lui, dans des termes qui, par leur généralité, doivent faire perdre à l'époux coupable tous les avantages qu'il pouvait prétendre par suite de la stipulation d'une communauté universelle. Mais, contrairement à cette assertion, il est bien à remarquer que cet article ne parle que des avantages que l'autre *époux lui a faits par leur contrat de mariage*, ce qui ne peut s'entendre que des avantages qui lui ont été assurés par le contrat de mariage et qui en sont directement résultés, et non de ceux qui ne sont résultés plus tard que de circonstances tout à fait indépendantes de cet acte, et qui ne s'y rattachent qu'indirectement.

« Lorsque des époux se marient sous le régime de la communauté universelle, on ne peut préciser, au moment du contrat, dans quel rapport seront, lors de la dissolution du mariage, les biens de l'avoir commun provenus de l'un des époux avec ceux qui sont provenus de l'autre.

« Celui des époux qui était sans patrimoine lors de la célébration du mariage peut, par suite de successions ou de donations, verser plus tard dans la communauté, pendant le mariage, plus de biens que l'autre époux n'y avait apportés d'abord.

« L'arrêt attaqué constate que Vandevoorde n'était pas orphelin lors de son mariage, qu'il avait encore ses parents, qu'il avait des héritances à faire. Or, si les successions dont il avait l'expectative se fussent ouvertes avant cette époque, qui peut répondre que l'inégalité, dont la demanderesse se prévaut, eût encore existé dans les apports des deux époux dans la communauté universelle, et que même elle ne se fût pas déplacée ?

« Cette inégalité ne provient pas du contrat : elle tient à ues événements de vie ou de mort arrivés depuis le mariage ; et les avantages qui en sont résultés en faveur du défendeur, pour le partage de la communauté universelle, ne sont pas des avantages que la demanderesse lui avait faits par son contrat de mariage, mais des avantages provenus de chances favorables à la suite d'une convention dont les effets devaient être aléatoires.

« C'est donc forcer les termes de l'article 299 que de prétendre qu'ils sont d'une généralité qui les rend applicables dans la cause.

« Notre opinion trouve sa confirmation dans l'exposé des motifs et dans le rapport au Tribunat du chapitre du Code civil sur les effets du divorce.—Dans l'exposé des motifs, Treilhard disait que l'époux contre qui le divorce a été prononcé ne doit pas conserver les avantages *qui lui avaient été assurés par son contrat de mariage,* puisqu'il s'est placé au rang des ingrats, et Savoie-Rollin disait aussi, dans son rapport au Tribunat, que l'époux accusateur doit conserver les avantages que l'époux coupable *lui avait assurés.* L'un et l'autre ont parlé des avantages dont il s'agit dans l'article 299 et dans l'article 300 comme d'avantages certains acquis au jour de la célébration du mariage, ce qui exclut ceux qui ne sont qu'éventuels. On voit aussi, dans les motifs, que Treilhard les qualifiait de libéralités. La disposition de l'article 299 étant de nature pénale, elle doit être strictement interprétée.

« Dans la supposition qu'on puisse admettre que les stipulations de communauté universelle des biens présents et à venir ne sont pas toujours, dans les contrats de mariage, de simples conventions commutatives, mais que parfois elles doivent être considérées comme des avantages d'un des époux envers l'autre, ce ne peut être que quand il est apparent que les inégalités de fortune qui existent présentement entre les époux existeront encore à la dissolution du mariage; l'arrêt attaqué ne constatant pas que les époux Vandevoorde Stevaert appartinssent à des familles de condition différente, et que le mari fût sans l'espoir fondé, à l'époque du mariage, de recueillir un jour des biens à lui propres, provenant de ses père et mère ou d'autres parents, la stipulation de communauté universelle des biens présents et à venir ne pouvait revêtir, dans l'espèce, le caractère d'un avantage fait au mari par la femme. Elle le pouvait d'autant moins que le contrat

de mariage prévoyant dans son article 3 le cas où le futur
époux viendrait à prédécéder, sans laisser d'enfant à sa
femme et sans avoir encore recueilli la succession d'un de ses
parents, disposait qu'en ce cas tous les biens de la communauté universelle seraient dévolus à l'épouse survivante et
n'accordait aux héritiers du défunt que le droit de reprendre
ce qu'ils parviendraient à prouver qu'il avait reçu de ses
parents, et qu'il avait apporté dans la communauté, lors du
mariage ou depuis lors. Pareille clause témoignait d'une
humeur peu libérale et n'annonçait pas l'intention, chez la
future épouse, de faire par son contrat de mariage, ni des
actes de libéralité proprement dits, ni d'autres avantages
dont cette clause atteste qu'elle se prévaudrait.

« En présence des termes restrictifs de l'article 299, il nous
semble superflu de rechercher avec le pourvoi ce qu'en thèse
générale il faut entendre par avantages dans diverses dispositions du Code, au titre de contrat de mariage, et si cette expression y comporte un sens plus étendu que celle de donation
ou même de libéralité : nous croyons que, dans l'espèce, la
stipulation de communauté universelle ne constituait pas un
avantage, et que, dût-elle être considérée comme telle, l'article 299 ne disposant que pour les avantages *assurés* par le
contrat de mariage, n'était pas applicable et n'a pas été violé.

« On ne peut argumenter de ce que c'est accorder une
prime à l'immoralité de laisser recueillir par un mari dont les
excès, sévices ou injures graves contre sa femme ont provoqué le divorce, la moitié de tous les biens de celle-ci tombés
dans la communauté universelle, qu'elle seule a enrichie ; ni
de ce que sous l'empire des lois antérieures au Code, l'époux
coupable ne pouvait rien gagner, et l'époux innocent rien
perdre par le divorce ; ni de ce que l'article 299, ainsi compris, ne serait guère en rapport avec d'autres dispositions du
Code relatives aux droits respectifs des époux ; ces arguments
viennent se heurter contre le texte même de la loi et contre
les paroles des orateurs du gouvernement. Le premier moyen
du pourvoi n'est donc pas fondé. »

3. — **Décès de l'un des époux avant la prononciation du divorce par l'officier de l'état civil. — Déchéance des avantages matrimoniaux.** — La peine

de la privation des avantages matrimoniaux prononcée par l'article 299 du Code civil résulte non de la prononciation du divorce par l'officier de l'état civil, mais bien de la nature et de la gravité des faits dont la preuve juridique a déterminé l'admission du divorce. En ce cas, c'est le jugement en dernier ressort, portant la reconnaissance juridique des faits ayant servi de cause au divorce, qui doit faire la loi des parties. Par suite, l'époux contre lequel le divorce a été valablement admis perd tous ses avantages matrimoniaux, alors même que la prononciation du divorce par l'officier de l'état civil n'a pu avoir lieu par suite du décès de l'autre époux. (C. Bruxelles, 26 avril 1806; S. a., 6, 2, 430; S. c. n., 2, 2,139.)

ART. 300.

L'époux qui aura obtenu le divorce, conservera les avantages à lui faits par l'autre époux, encore qu'ils aient été stipulés réciproques et que la réciprocité n'ait pas lieu.

Historique. — « La déchéance qu'on prononcerait contre lui, dit Treilhard (1), serait doublement injuste en ce qu'elle frapperait l'innocent pour récompenser le coupable; il ne faut pas qu'un époux puisse croire qu'il anéantira des libéralités qu'il regrette peut-être d'avoir faites, en forçant l'autre époux à se sauver de sa fureur par le divorce. »

2. — Préciput conventionnel. — Effet du divorce. — Lorsque le contrat de mariage, établi sous l'empire des lois autorisant le divorce, stipule un droit de préciput dans le cas de dissolution de la future communauté, et que cette dissolution s'opère par l'effet du divorce prononcé et par la renonciation de la femme à cette communauté, que doit-on décider? Le juge peut, sans commettre aucun excès de pouvoir, interpréter les clauses dudit contrat et décider, sans contrevenir à l'article 1518 du Code civil que le préciput appartient à la femme et qu'elle peut l'exiger, son divorce ayant opéré la dissolution du mariage et de la communauté. (Cass., 14 août 1811; S. a., 11, 1, 353.)

(1) *Exposé des motifs* au Corps législatif, Fenet, IX, 488.

ART. 301

Si les époux ne s'étaient fait aucun avantage, ou si ceux stipulés ne paraissaient pas suffisants pour assurer la subsistance de l'époux qui a obtenu le divorce, le tribunal pourra lui accorder, sur les biens de l'autre époux, une pension alimentaire, qui ne pourra excéder le tiers des revenus de cet autre époux. Cette pension sera révocable dans le cas où elle cesserait d'être nécessaire.

Historique. — Au lieu de cette dernière phrase, le Tribunat avait proposé : « Cette pension cessera, si l'époux divorcé qui en jouit contracte un nouveau mariage (1). » La disposition de notre article est beaucoup plus large et laisse aux tribunaux un bien plus grand pouvoir d'appréciation.

2.—**Torts réciproques. — Prononciation du divorce contre chacun des époux. — Pension alimentaire.** —Il y a lieu de prononcer le divorce contre chacun des époux, au cas où les torts sont réciproques. Par suite, la femme ne peut réclamer le bénéfice de l'article 301 et demander une pension alimentaire. Ce n'est en effet qu'à l'époux innocent que le Code a voulu conserver les avantages stipulés au contrat et, en cas d'insuffisance, le droit aux aliments. Lorsque les deux époux sont également coupables, ils n'ont droit à aucun des avantages que la loi accorde ordinairement.

3. — **Prononciation du divorce. — Fixation de la pension alimentaire.** — Ce n'est qu'après la prononciation du divorce que la pension alimentaire mentionnée à l'article 301 peut être déterminée et accordée, sauf aux premiers juges, en prévision de plus longue contestation, à accorder toutes provisions nouvelles. (C. Rouen, 11 fructidor an XIII; S. a, 62, 52.)

4. — **Dette alimentaire. — Divorce. — Effets.** — Le divorce ne peut altérer la dette alimentaire. Dès qu'elle existe avec le divorce, elle continue à exister après le divorce avec

(1) Fenet, IX, 449.

tous les caractères qui lui sont particuliers. Or, ce que veut la loi, c'est que la subsistance soit assurée et qu'on n'excède pas le tiers des revenus. (C. Bruxelles, 24 juin 1883; Pas., 1883, 2, 338.)

5. — Pension alimentaire. — Fixation. — Remise après liquidation. — Lorsque le juge ne possède pas les éléments suffisants pour apprécier la pension alimentaire demandée par l'époux qui a obtenu le divorce, il y a lieu de remettre, pour la mieux fixer en connaissance de cause, après la liquidation des droits des conjoints, c'est-à-dire au moment où l'on saura ce qui revient à chacun d'eux. (C. Gand, 7 juin 1877; Pas., 1877, 2. 279.)

6. — Pension alimentaire.' — Augmentation postérieure au jugement. — Lorsqu'aucune pension alimentaire n'a été fixée lors de l'admission du divorce, il ne peut y avoir lieu postérieurement à une action alimentaire. Mais il n'en est pas de même dans le cas contraire. Vainement donc le débiteur prétendrait-il que la pension ne peut être augmentée. L'article 301 du Code civil déclarant que l'époux débiteur peut demander la révocation de la pension alimentaire, il en résulte que la pension conserve bien sa nature d'aliments. Par suite si la dette peut cesser, elle peut aussi augmenter soit avec les besoins de l'époux qui a droit aux aliments, soit avec la fortune de celui qui les doit. (C. Bruxelles, 25 juin 1883; Pas., 1883, 2, 338.)

ART. 302.

Les enfants seront confiés à l'époux qui a obtenu le divorce, à moins que le tribunal, sur la demande de la famille, ou du ministère public, n'ordonne, pour le plus grand avantage des enfants, que tous ou quelques-uns d'eux seront confiés aux soins soit de l'autre époux, soit d'une tierce personne.

1. — Garde des enfants. — Principe général. – Dérogation. — Pouvoir du juge. — Les termes impératifs de l'article 302 ne permettent pas aux tribunaux de déroger au principe d'après lequel les conjoints doivent être confiés à l'époux qui a obtenu le divorce ; ils ne peuvent le faire qu'à la condition d'être requis par les personnes expressément désignées par la loi. Les travaux préparatoires, tant de la loi du 20 septembre 1792 que du Code civil, prouvent que le législateur, s'inspirant de la loi romaine, a voulu en principe général enlever la garde et le soin des enfants à l'époux qui succombe sans se préoccuper de celui-ci qui disparaît à ses yeux dès que le divorce est admis; il n'a plus eu en vue que le plus grand avantage des enfants, et a choisi uniquement, pour sauvegarder leurs intérêts, la famille et le ministère public représentant de la loi. La pensée du législateur se révèle encore dans la différence de rédaction significative, entre l'article 267 du Code civil, qui autorise la mère, concurremment avec la famille et le ministère public, à demander l'administration provisoire des enfants pendant l'instance en divorce, et l'article 302, qui ne comprend plus la mère parmi les personnes qui peuvent faire cette demande.

2. — Garde des enfants. — Demande de la famille. — Conseil de famille. — Forme de la demande. — L'article 302 donne à la famille le droit de demander à la justice que les enfants issus d'époux divorcés soient confiés à l'époux contre lequel le divorce a été prononcé ou à une personne tierce. Dans le système du Code civil, le conseil de famille est le seul organe et le seul représentant légal de la famille. C'est donc à lui qu'il appartient de former la demande. On ne doit pas considérer comme une demande le simple avis qu'il émet de confier les enfants à leur mère. Ce n'est là que l'expression d'une opinion, d'un désir. Rien dans une semblable délibération du conseil de famille n'indique qu'il ait voulu aller plus loin et porter devant la justice l'expression de ce désir, sous forme d'une demande, afin d'en obtenir la réalisation. (C. Bruxelles, 26 janvier 1882; Pas., 1882, 2. 205.)

Au cas où la délibération du conseil de famille constitue une demande régulière, c'est à un membre de ce conseil, spécialement délégué par lui à cet effet, qu'il appartient de demander en justice l'exécution de la délibération (C. Bruxelles, 26 janvier 1882), *ioc. cit.*), et non pas à un membre quelconque de la famille agissant en son nom personnel.

3. — Garde des enfants. — Education. — Compétence. — Il est dans l'esprit de la loi que ce soit la même juridiction qui prononce sur toutes les questions se rattachant à la première décision et en formant, en quelque sorte, une suite et un complément. La juridiction qui a admis le divorce est donc la seule compétente pour statuer sur la garde et l'éducation des enfants jusqu'à leur majorité. Les circonstances et faits nouveaux, invoqués à l'appui de la demande, doivent, en effet, être mis en corrélation avec les causes qui ont motivé la première décision, et c'est le juge qui a eu ces causes à apprécier qui est le mieux à même de décider, en mettant en rapport les faits anciens et nouveaux, s'il y a lieu d'apporter des changements ou des modifications aux mesures primitivement prises dans l'intérêt des enfants. (C. Bruxelles, 12 août 1880; Pas., 1881, 2, 240.)

4. — Divorce prononcé contre la femme. — Garde provisoire d'un enfant. — Délai. — Expiration du délai. — Arrêt sur avenir. — Remise de l'enfant à la garde du mari. — Si l'enfant d'époux divorcés exige des soins qui ne peuvent lui être donnés convenablement que par sa mère, la Cour, saisie de la cause, peut lui en confier provisoirement la garde pendant un certain délai, alors même que le divorce a été prononcé contre elle. La Cour peut en même temps ordonner qu'à l'expiration du délai fixé par elle et sur simple avenir, elle fera droit à la demande du mari tendant à obtenir la garde de l'enfant. (C. Bruxelles, 11 juillet 1881 ; Pas., 1881, 2, 307.)

5. — Garde des enfants. — Demande en appel. — Demande nouvelle. — Le règlement concernant la garde des enfants est une conséquence nécessaire de l'action en divorce, et l'obligation de pourvoir au sort des enfants reste inhérente au litige. La demande faite à ce sujet par l'appelant devant la Cour ne doit donc pas être considérée comme une demande nouvelle. (C. Bruxelles, 9 mars 1874; Pas., 1874, 2, 200.)

6. — Garde des enfants confiée à la mère. — Déchéance de ce droit. — Pouvoir du juge. — La garde des enfants d'époux divorcés, d'abord confiée à la mère, peut lui être retirée, malgré son opposition, pour être donnée à une autre personne, si son inconduite rend cette mesure nécessaire. (C. Rouen, 21 fructidor an XII; S. c. n., 1, 2, 223.)

ART. 303.

Quelle que soit la personne à laquelle les enfants seront confiés, les père et mère conserveront respectivement le droit de surveiller l'entretien et l'éducation de leurs enfants, et seront tenus d'y contribuer à proportion de leurs facultés.

1. — Entretien, éducation des enfants. — Droit de surveillance des époux. — Il résulte de ce droit de surveilance que l'époux qui n'a pas la garde des enfants peut s'enquérir de la façon dont ils sont élevés, de la direction qui leur est donnée, des principes mêmes qui leur sont inculqués; si son droit d'intervention est méconnu ou ses conseils méprisés, il peut demander à la justice de reviser sa décision première en tout cela, même au cas où l'époux qui a la garde des enfants a contracté un nouveau mariage; par suite alors même que le jugement, en confiant l'enfant des époux divorcés à la mère, a investi celle-ci du droit exclusif de soigner son entretien et de diriger son éducation; néanmoins le père conserve le droit de surveiller cet entretien et cette éducation. Et comme c'est le vœu de la nature que son enfant le connaisse et apprenne à l'aimer, il peut être autorisé à le visiter soit seul et en tête-à-tête, s'il n'y a rien à craindre à ce sujet, soit en présence d'une tierce personne désignée par justice ou par la mère, si son caractère ou ses mœurs rendent cette précaution nécessaire. Dans tous les cas, comme les droits qu'il tient de la puissance paternelle sont essentiellement personnels, il ne pourrait pas les déléguer à une autre personne, même à sa mère, aïeule de l'enfant, laquelle ne saurait profiter de l'autorisation donnée au père pour visiter, à la place de celui-ci, son petit-enfant. (Trib. Bruxelles, 6 février 1879; Pas., 1879, 3, 358.)

2. — Garde de l'enfant. — Entretien. — [Education. — Contribution des époux. — Lorsque l'enfant a été confié à la garde de la mère et que le divorce a été prononcé contre le mari, ce dernier ne peut se soustraire à l'obligation de contribuer à l'entretien et à l'éducation de l'enfant en offrant de le prendre chez lui et de s'en charger. Il faudrait pour cela que la garde de l'enfant fût enlevée à la mère pour être confiée au père, conformément à une demande faite par la famille ou le ministère public. (Trib. Bruxelles, 25 juillet 1877; Pas., 1878, 3,254.)

ART. 304.

La dissolution du mariage par le divorce admis en justice ne privera les enfants nés de ce mariage d'aucun des avantages qui leur étaient assurés par les lois ou par les conventions matrimoniales de leurs père et mère; mais il n'y aura d'ouverture aux droits des enfants que de la même manière et dans les mêmes circonstances où ils se seraient ouverts s'il n'y avait pas eu de divorce.

1. — Droits des enfants. — Les droits des enfants ne s'ouvrent qu'au moment et dans les conditions où s'ouvre la succession des parents.

2. — Pension des enfants. — Historique. — Discussion. — La commission de la Chambre avait proposé d'ajouter à cet article une disposition ainsi conçue : « Le tribunal qui prononcera le divorce déterminera la pension annuelle qui devra être servie aux enfants nés du mariage pour leur nourriture, leur entretien et leur éducation. » Le rapporteur, M. de Marcère, justifiait cette addition en disant (1) que sans doute le divorce laisse subsister pour les parents l'obligation d'entretenir les enfants, obligation inscrite à l'article 203 du Code civil, mais qu'il importait de forcer les tribunaux à régler la pension des enfants au moment même où ils prononcent le divorce, de manière à éviter

____

(1) *Chambre*, séance du 17 juin 1882.

un second procès contre le parent oublieux et négligent de ses devoirs.

M. Gatineau fit observer àvec juste raison que la disposition additionnelle n'atteignait point son but : « Nous sommes tous d'accord, disait-il, que l'obligation résultant de l'article 303 subsiste après le divorce prononcé. La seule question est de savoir si le tribunal peut du même coup prononcer le divorce et régler la situation matérielle des enfants. Or, au début de l'instance, le tribunal a dû, en vertu de l'article 267, prendre à cet égard des mesures provisoires. Ces mesures provisoires doivent demeurer en vigueur jusqu'à ce que le tribunal soit en état de statuer définitivement à cet égard, et ce n'est pas en prononçant définitivement le divorce qu'il peut le faire. A ce moment en effet, le tribunal manque encore d'un élément d'appréciation indispensable : il faut qu'il y ait eu liquidation des intérêts matériels entre les époux pour connaître les facultés de chacun, et cette liquidation n'a lieu qu'après le divorce définitivement prononcé. De toutes façons une nouvelle instance sera donc nécessaire pour régler la pension.

« D'autre part, poursuivait M. Gatineau, la pension ne peut jamais en aucun cas être fixée d'une manière absolument immuable, parce qu'à tout moment il peut survenir dans la situation de fortune du débiteur un changement qui entraîne une modification du chiffre de la pension. A ce point de vue encore, votre paragraphe additionnel est illusoire. »

Le débat se termina par l'échange d'observations suivant entre M. de Marcère et M. Gatineau :

M. LE RAPPORTEUR. « Je me bornerai à répondre de ma place que nous avions prévu l'objection. En effet, au moment où le divorce est prononcé, il peut se faire que le tribunal ne connaisse pas la situation pécuniaire de la famille. Mais tout jugement de divorce est suivi d'une liquidation et toute liquidation est suivie d'un jugement d'homologation. Eh bien, dans le jugement d'homologation, il sera parfaitement possible de régler la situation des enfants et de fixer le chiffre de la pension que nous demandons pour eux. »

M. GATINEAU. « C'est ce qui se fait actuellement. J'ajouterai que la prescription légale est dans la loi. Vous demandez à faire dans la loi un changement qui n'en est pas un. »

La Chambre, se rangeant à l'opinion de M. Gatineau, rejeta la proposition de la Commission.

ART. 304.

Abrogé (consentement mutuel).

CHAPITRE V

DE LA SÉPARATION DE CORPS

ART. 306.

Dans le cas où il y a lieu à demande en divorce, il sera libre aux époux de former une demande en séparation de corps (1).

1. — **Historique.** — Après le mot « divorce », l'ancien texte ajoutait « pour cause déterminée ». La disparition de ces mots s'explique par la suppression du divorce par consentement mutuel.

2. — **Conversion d'une demande en séparation de corps en demande de divorce.** — Il résulte de la législation du Code Napoléon que le divorce et la séparation de corps sont deux voies absolument parallèles, mais différentes laissées au libre choix des époux. Mais, par cela même que le choix est libre, et que les deux actions résultent du même motif, il n'est pas permis de passer au divorce quand c'est la séparation que l'on a d'abord invoquée. La séparation attribue au défendeur un avantage qu'il n'est pas permis au demandeur de lui ravir. D'ailleurs, ainsi que l'observe

---

(1) Texte ancien : « Dans le cas où il y a lieu à la demande en divorce pour cause déterminée, il sera libre aux époux de former demande en séparation de corps. »

M. Locré, dans l'*Esprit du Code Napoléon*, la loi avait assez
fait pour le demandeur en lui laissant le choix : la loi n'autorise pas le caprice et la légèreté (C. Aix, 27 novembre
1809; S. a., 11, 2, 60; S. c. n., 3, 2, 149;—Aix, 19 juin 1810;
S. a., 11, 2, 65; S. c. n., 3, 2, 291; — C. Nîmes, 8 juillet 1807;
S. a., 7, 2, 311; S. c. n., 2, 2, 274. — *Contra.* Cass.. 16 déc.
1811; S. a., 12, 1. 89 ; S. c. n., 3, 1, 434. — Paris, 13 août
1814; S. a., 16, 2, 78; S. c. n., 4, 2, 403). L'article 4 (*Dispositions transitoires*) ne laisse subsister aucun doute sur ce
point. Il résulte de son texte et de son esprit que les instances
en séparation de corps « *pendantes* » au moment de la promulgation de la loi pourront *seules* être converties en instances en divorce. La loi une fois promulguée, les époux auront
le choix. Mais ils ne pourront plus lorsqu'ils auront engagé
une instance en séparation de corps, la transformer en instance en divorce.

**2. — Demande en divorce. — Appel. — Demande
en séparation de corps.** — Malgré les principes qui viennent d'être établis dans le numéro précédent, on doit décider
que la demande en divorce peut, en appel, être restreinte à
une demande en séparation de corps. En règle générale, en
effet, le demandeur, pendant tout le cours d'un litige, a la
faculté de restreindre ou de modifier sa demande primitive;
aucune disposition de la loi ne fait exception à cette règle en
matière de divorce ou de séparation de corps. La rigueur des
formes et de la procédure établies pour la poursuite du divorce, ne peut être un obstacle à ce qu'il soit donné aux
excès, sévices ou injures, s'ils sont prouvés, un effet moins
grave, et partant une moindre atteinte à l'intérêt des enfants
issus du mariage, et aux bonnes mœurs. La sévérité des
épreuves subies par le demandeur en divorce, donne aux
magistrats une plus grande garantie de la réalité des causes
de la séparation de corps. Aussi le consentement du défendeur n'est pas nécessaire pour la restriction de la demande,
celui-ci ne pouvant avoir un intérêt légitime à ce que toute
voie au rapprochement des époux soit fermée. (C. Paris,
13 août 1814; S. a., 16, 2, 78; S. c. n., 4, 2, 403.— *Contra :*
Nîmes, 8 juillet 1807; S. a., 7, 2, 311; S. c. n., 2, 2, 274.)

3. —Demande en divorce.—Demande incidente en séparation de corps. — La femme, sur sa demande incidente au cours d'une instance en divorce dirigée contre elle, peut faire prononcer à son profit la séparation de corps, si les faits d'adultère que lui reproche son mari ne sont pas prouvés, par le motif : que cette demande incidente est fondée sur les faits articulés et rendus publics par la demande en divorce formée contre elle par son mari. (C. Metz, 7 mai 1807; S. a., 7, 2, 649; S. c. n., 2, 2, 240; Dalloz, v° *Sép. de corps.*, 35.)

4. — Instruction des demandes en divorce et des demandes en séparation de corps. — L'instruction des demandes en divorce doit être plus rigoureuse que celle des demandes en séparation de corps, quoique la loi admette l'un et l'autre pour les mêmes causes. (C. Limoges, 2 juillet 1810; S. a., 11, 2, 236; S. c. n., 3, 2, 301.)

5. — Instance en séparation de corps. — Instance en divorce. — Demande de jonction. — Les tribunaux ne doivent pas accorder la jonction de deux instances dont l'une est en séparation de corps et l'autre en divorce, malgré leur évidente connexité. La loi s'oppose à cette jonction parce qu'elle prescrit une procédure différente en matière de divorce et en matière de séparation de corps. (Trib. Courtrai, 9 novembre 1882; Pas., 1883, 3, 52.)

ART. 307.

Elle sera intentée, instruite et jugée de la même manière que toute autre action civile (1).

1. — Historique. — Discussion. — 3. Conséquences. — L'ancien texte ajoutait : « Elle ne pourra avoir lieu par le consentement mutuel des époux. » Cette addition, réclamée par le Tribunat (2) avait pour objet d'indiquer que les sépa-

_____

(1) Ancien texte : « Elle sera intentée, instruite et jugée de la même manière que toute autre action civile : elle ne pourra avoir lieu par le le consentement mutuel des époux. »

(2) Fenet, IX, 449.

rations de corps doivent nécessairement subir une instruction sans égard au consentement des parties.

« Il faudra toujours une preuve solennelle sur les faits allégués, dit le tribun Gillet au Corps législatif (1), et il ne suffira pas de la reconnaissance et de l'aveu des parties ; autrement, la procédure ne ferait que couvrir un consentement mutuel, qu'*au moins* on a voulu repousser dans cette sorte d'action. »

Pourquoi proscrire le consentement mutuel dans la séparation, puisqu'on l'admettait alors pour le divorce ? Le tribun Gillet prit soin de l'expliquer (2). En premier lieu, une séparation de fait est toujours possible entre deux époux qui s'accordent pour vivre séparément ; des formes authentiques n'ajouteraient rien à cette séparation, sinon d'opérer la séparation de biens ; or, celle-ci, résultant d'un consentement mutuel, serait le plus souvent destinée à frauder les créanciers. D'autre part, la séparation est faite en vue des catholiques, et l'Église n'admet point le consentement mutuel, comme légitimant la rupture du lien conjugal. Enfin, une séparation par consentement mutuel, qui laisse subsister le lien conjugal, ne saurait être astreinte aux mêmes formes ni aux mêmes conditions que le divorce par consentement mutuel, notamment à l'abandon d'une partie des biens aux enfants (ancien article 305), et dès lors il n'y aurait plus au consentement mutuel ces sages restrictions que l'on a établies en matière de divorce.

Quelles conséquences convient-il de tirer de la suppression de cette clause dans le nouveau texte de l'article 307 ? La suppression a été prononcée par le Sénat sans discussion ni exposé de motifs. Il ne faut donc y voir qu'une simple mesure d'ordre destinée à mettre l'article 307 d'accord avec le titre tout entier, qui exclut le consentement mutuel des causes de divorce autrefois admises par le Code.

(1) Fenet ; IX, 346.
(2) *Ibid.*, 553.

ART. 308 et 309.

Abrogés. (Condamnation de la femme à la réclusion lorsque la séparation est prononcée pour adultère.)

Voir ce qui est dit à l'article 298, note.

ART. 310.

Lorsque la séparation de corps aura duré trois ans, le jugement pourra être converti en jugement de divorce, sur la demande formée par l'un des époux.

Cette nouvelle demande sera introduite par assignation, à huit jours francs, en vertu d'une ordonnance rendue par le président.

Elle sera débattue en chambre du conseil.

L'ordonnance nommera un juge rapporteur, ordonnera la communication au ministère public et fixera le jour de la comparution.

Le jugement sera rendu en audience publique.

1. — **Historique. — Discussion.** — L'article 310 soulève l'une des plus grosses questions qui se soient présentées à l'occasion soit de l'élaboration du Code civil, soit du rétablissement du divorce en 1884 ; l'on peut même se demander si la solution donnée à cette question par le législateur de 1884 n'a pas altéré, dans une mesure considérable, l'institution du divorce telle qu'elle avait été conçue en 1803.

L'ancien article 310 du Code civil était ainsi rédigé :

« Lorsque la séparation de corps prononcée pour toute autre cause que l'adultère de la femme aura duré trois ans, l'époux qui était originairement défendeur, pourra demander le divorce au tribunal, qui l'admettra, si le demandeur originaire, présent ou dûment appelé, ne consent pas immédiatement à faire cesser la séparation. »

Sans nous arrêter à la restriction portée au début de l'article, restriction qui a d'ailleurs disparu du nouvel article 310, nous voyons que la règle de 1803 est double :

1° Le défendeur seul à l'instance en séparation peut, après trois ans, demander la conversion en divorce ;

2° Le tribunal est forcé de lui donner satisfaction sans nouvel examen des faits, si le demandeur originaire ne consent point à reprendre immédiatement son conjoint.

Cette double règle s'explique par la pensée qui n'a pas cessé de guider le législateur de 1803 dans la rédaction du titre du divorce.

Cette pensée, quelle est-elle ? « La séparation de corps, dit Tronchet (1), n'a été admise que pour ne pas mettre en opposition avec la loi la conscience de ceux qui croient le mariage indissoluble. » Elle a été instituée en vue des catholiques, mais l'idée dominante du Code est que, dans l'intérêt des particuliers, si leur foi ne s'y oppose point, dans l'intérêt général enfin le divorce est préférable à la séparation : il doit être le principe.

A côté du divorce, on organise la séparation, pour satisfaire certains scrupules de conscience : soit. Mais entre la séparation et le divorce, il n'y a point gradation du moins au plus : ce sont deux institutions parallèles et non point deux échelons d'une même institution. On en pourrait trouver des preuves multiples ; et dans l'opinion de Berlier (2), et dans celle de Lacuée (3), et dans celle de Regnaud de Saint-Jean-d'Angély, et dans celle de Portalis (4), et qui mieux est, dans l'insuccès des efforts de Boulay (5), du ministre de la justice (6) et du premier consul lui-même (7), pour faire prévaloir l'idée contraire, à savoir que certains sévices, par exemple, ne donneraient lieu qu'à séparation, au lieu que d'autres, plus graves, fourniraient matière à divorce. Tout récemment encore, le Sénat (8) repoussait un amendement de M. Denormandie qui tendait à permettre au juge de prononcer « seulement la séparation », alors qu'il est saisi d'une

(1) Fenet, IX, 431.
(2) *Ibid.*, 281.
(3) *Ibid.*, 367.
(4) *Ibid.*, 264.
(5) *Ibid.*, 295.
(6) *Ibid.*, 315.
(7) *Ibid.*, 364.
(8) *Sénat*, séance du 5 juin 1884.

demande en divorce, et M. Roger-Marvaise, combattant cette proposition, affirmait une fois de plus que le juge ne saurait substituer d'office une demande en séparation à une demande en divorce, parce que la première n'est point contenue dans la seconde et qu'il y a là deux choses absolument distinctes. « Le système du divorce et celui des séparations marchent ensemble, disait le tribun Gillet au Corps législatif (1); les causes qui motivent l'un sont aussi celles qui motivent l'autre: tous deux exigent une instance juridique ; il n'y a que les formes qui soient différentes. »

Sans doute, à côté de la séparation définitive des articles 306 et suivants, le Code a admis, dans les instances en divorce, une séparation à temps à titre d'épreuve, qu'il est loisible aux tribunaux d'imposer aux parties : c'est le cas visé par les articles 259 et 260. Mais il s'agit là d'une mesure provisoire, dont le Code a strictement limité la durée; quant à la séparation proprement dite, elle est partout considérée comme parallèle au divorce.

Dans ce système, comment s'explique l'ancien article 310? Treilhard a pris soin de l'exposer (2) :

« Il ne serait pas juste, dit-il, que l'époux qui a choisi, comme plus conforme à sa croyance, la voie de la séparation, dût maintenir pour toujours l'autre époux, dont la croyance peut n'être pas la même, dans une interdiction absolue de contracter un second mariage. Cette liberté, que la Constitution garantit à tous, se trouverait alors violée dans la personne de l'un des deux époux; il a donc fallu autoriser celui-ci, après un certain intervalle, à demander que la séparation soit convertie en divorce, si l'époux qui a fait prononcer cette séparation ne consent point à la faire cesser; et c'est ainsi que se trouvent conciliés, autant qu'il est possible, deux intérêts également sacrés, la sûreté des époux d'un côté, et la liberté religieuse de l'autre. »

Tel est l'état dans lequel se présentait la question au moment où l'on discutait notre loi. La Chambre adopta l'article 310 avec quelques modifications de rédaction et d'autres plus

(1) Fenet, IX, 546.
(2) *Exposé des motifs* au Corps législatif, Fenet, IX, 477.

importantes, dont l'une assimilait le demandeur originaire au défendeur pour la demande en conversion, et dont l'autre supprimait pour le défendeur, à la nouvelle instance la fin de non-recevoir résultant de l'offre de faire cesser la séparation. La conversion demeurait obligatoire pour le juge.

Devant la commission du Sénat apparut pour la première fois, dans un contre-projet de M. Bernard, la pensée de faire de la séparation une sorte de moyen terme entre le mariage et le divorce, et d'autoriser le juge, lorsqu'une demande de conversion en divorce se produirait, à examiner à nouveau l'affaire et à apprécier si les faits, naguère suffisants pour la séparation, l'étaient aussi pour le divorce. Le rapporteur de la commission n'hésita pas à faire justice de cette innovation (1):

« Le système de M. Bernard serait justifié si, dans l'esprit du Code civil, les motifs de la séparation étaient différents des motifs du divorce; si, comme dans certaines législations (par exemple celle de la Hollande, et celle d'un grand nombre de cantons suisses jusqu'en 1876), la séparation était une première épreuve pour justifier plus tard le divorce.

« Le principe du Code civil est entièrement différent : la séparation et le divorce ne sont pas des étapes successives pour arriver à la dissolution complète du mariage; ce sont deux voies parallèles conduisant à la dissolution du mariage, deux remèdes entre lesquels les époux ont la faculté de choisir.

« On peut même dire que, dans l'esprit des législateurs de 1803, le divorce est la règle — la séparation est l'exception, motivée par la volonté de respecter la conscience des citoyens auxquels leur loi religieuse ne permet pas le divorce.

« Faire de la séparation de corps un préliminaire du divorce, c'est modifier absolument l'esprit de ces deux institutions.

« Quel avantage y aurait-il, d'ailleurs, à greffer un procès de divorce sur un procès de séparation? N'est-il pas préférable de ne pas renouveler de tristes débats dont la morale

____

(1) Emile Labiche, *Rapport* au Sénat.

publique a autant à souffrir que l'honneur des familles et l'intérêt des enfants?

« Quant au fond même de l'article 310, qui permet au défendeur de réclamer une dissolution définitive du lien conjugal après une séparation de trois ans, les partisans du retour au Code civil n'ont pas plus à justifier cette disposition qu'ils n'ont à faire un nouvel exposé des motifs du titre VI. Ils n'ont qu'à s'en référer à l'exposé des motifs de Treilhard et à la discussion du Conseil d'État. »

Le retour au Code civil ayant été voté par le Sénat, l'article 310 fut adopté en première délibération avec les modifications introduites par la Chambre ; il était ainsi conçu :

Art. 310. — Tout jugement de séparation de corps, devenu définitif depuis trois ans au moins, sera converti en jugement de divorce sur la demande formée par l'un des époux, sans requête et par assignation à bref délai en chambre du conseil. Le jugement qui prononcera le divorce sera rendu en audience publique par le tribunal qui aura prononcé la séparation de corps.

Dans le cas où le jugement de séparation de corps, devenu définitif depuis trois ans au moins, aurait été rendu par une juridiction aujourd'hui supprimée ou par un tribunal situé dans une portion de territoire annexé à la France depuis que ce jugement a été rendu, les époux entre lesquels il sera intervenu pourront, pour en obtenir la conversion en jugement de divorce, s'adresser au tribunal qui serait compétent pour connaître des actions personnelles à introduire contre l'époux défendeur dans la nouvelle instance.

Mais déjà, avant le vote de cet article, M. Lucien Brun avait formulé quelques réserves que le Sénat allait retrouver en seconde lecture : M. Lucien Brun estimait que l'article 310 était une violation des droits des catholiques ; sachant que la séparation pourra être convertie en divorce, les catholiques, disait-il, ne pourront plus même demander la séparation.

En seconde lecture, effectivement, M. Lucien Brun reproduisit ces observations avec plus de développement (1); d'autres orateurs, étrangers aux préoccupations religieuses,

(1) *Sénat*, séances des 23 et 24 juin 1884.

firent valoir qu'il était sans précédent dans nos lois, qu'un défendeur contre lequel la séparation aurait été prononcée, pût, à un moment donné, profiter de la faute même qu'il aurait commise et qui aurait donné lieu à séparation, pour avoir le droit d'imposer le divorce à son conjoint ; la question étant ainsi déplacée, l'argument fit assez d'impression sur l'assemblée pour qu'un amendement de M. Denormandie eût chance de réussir. Un compromis intervint, d'où est sorti le texte de l'article 310 actuel.

Ce texte diffère sur trois points de celui du Code civil :

1° La demande de conversion peut être faite par le demandeur ou par le défendeur à l'action en séparation ;

2° Le défendeur ne peut offrir de faire cesser la séparation pour arrêter l'instance ;

3° Le tribunal apprécie s'il y a lieu à divorce.

M. Emile Labiche en donna le commentaire suivant, au nom de la Commission :

« La disposition que nous avons l'honneur de vous proposer est donc, sauf quelques changements peu importants, celle qui vous avait été précédemment distribuée. Elle a pour objet d'établir le système suivant : l'un ou l'autre des époux pourra, après trois ans de séparation de corps, porter à nouveau devant le tribunal les motifs de la désunion qui existe entre eux et demander la conversion de la séparation de corps en divorce.

« Le tribunal aura à apprécier si les motifs qui avaient été suffisants pour prononcer la séparation de corps peuvent, après les trois années d'épreuve, être considérés comme suffisants pour prononcer, non plus seulement le relâchement du lien conjugal, mais sa rupture, c'est-à-dire le divorce.

« Mais, comme la séparation de corps prononcée depuis trois ans constitue jusqu'à un certain point un préjugé en faveur de la nécessité d'une rupture plus complète du lien conjugal, la disposition que nous vous proposons édicte, pour ce cas, une procédure plus simple, plus rapide, afin d'empêcher que le nouveau débat, qui est pour ainsi dire le complément du premier, rende nécessaire la procédure longue et compliquée exigée pour le divorce quand il est demandé sans passer par la séparation de corps.

« La nouvelle procédure que nous autorisons a de plus l'avantage de dispenser les débats, non pas seulement de la publicité par la presse, que nous allons vous demander de supprimer par mesure générale pour tous les procès en divorce et en séparation, mais de la publicité même de l'audience.

« De nouveaux débats publics greffés sur les débats précédents qui ont eu lieu à l'occasion de la séparation de corps, ne pourraient avoir que des inconvénients pour l'une et l'autre partie comme pour l'intérêt public. A la différence de ce qui existait avec le système établi par le Code civil, le tribunal n'est pas dans l'obligation d'acquiescer à la demande de conversion après la simple constatation de l'expiration des délais et du refus de réconciliation.

« Non, le tribunal a toute liberté pour apprécier dans quelle mesure il convient de faire droit à la demande.

« Nous avons reconnu, Messieurs, qu'il y avait intérêt à laisser la faculté d'intenter la demande en conversion à celui contre lequel la séparation a été prononcée comme à celui qui l'a obtenue.

« Voici pourquoi, d'après le droit commun, celui contre qui la séparation a été prononcée a le droit d'intenter une demande en divorce.

« D'après nous, la chose jugée en matière de séparation ne met pas obstacle à une instance en divorce, puisque l'objet de la demande est différent. Dans la première instance, l'objet de la demande était le relâchement de l'union conjugale; dans la seconde, l'objet de la demande sera la destruction de cette union.

« Donc, l'une et l'autre partie, d'après le droit commun, ont la faculté d'intenter l'instance en divorce.

« Pourquoi, alors, refuser aux parties et à l'intérêt public le bénéfice de la procédure nouvelle, lorsque la séparation a duré trois ans?

« Au lieu d'avoir, en audience publique, le renouvellement des débats irritants, passionnés, scandaleux, qui ont eu lieu lors de la séparation, la discussion, qui aura lieu devant le tribunal, siégeant en chambre du conseil, aura certainement un caractère différent.

« Après cette discussion contradictoire, dans laquelle, bien entendu, les parties pourront se faire représenter par avoués et par avocats, le tribunal statuera en parfaite liberté, acceptera ou refusera, suivant les circonstances, la conversion de la séparation en divorce.

« Notre rédaction fait donc disparaître la disposition qui avait à bon droit, il faut le reconnaître, excité bien des susceptibilités : la] disposition qui imposait aux tribunaux l'obligation de prononcer le divorce après l'expiration d'un délai de trois ans, alors que la décision précédemment rendue n'avait porté que sur une demande en séparation de corps et que, par conséquent, cette question seule avait été l'objet d'un débat devant les tribunaux. »

M. Letellier, rapporteur de la Chambre, lors du renvoi du projet modifié] par le Sénat, a ainsi marqué la portée du nouvel article 310.

« Autant, dit-il, on concevait la transformation de la séparation en divorce sur la seule constatation que la séparation avait duré trois ans, autant on conçoit peu l'action effective des tribunaux en cette matière.

« Les causes de séparation de corps et les causes de divorce sont les mêmes. Si l'époux qui a demandé la séparation il y a trois ans et qui l'a obtenue, avait basé sur les mêmes faits une demande de divorce, il l'aurait donc obtenue également. Comment si, après trois ans, il demande à faire convertir sa séparation en divorce, le tribunal pourrait-il la lui refuser, alors surtout qu'aux faits primitifs est venue s'ajouter une longue période d'épreuves? Evidemment, dans ce cas, les tribunaux accorderont toujours la conversion, et, dès lors pourquoi leur demander un avis que les circonstances ne leur permettront jamais de refuser.

« S'il s'agit du défendeur, on conçoit, au contraire, difficilement sur quoi se fonderont les tribunaux pour accorder la conversion. Le défendeur; en effet, n'a aucun fait à invoquer, puisque c'est contre lui que le divorce a été prononcé.

« Et pourtant le Sénat a voulu que le tribunal fût autorisé à juger que, même dans ce cas, il peut y avoir lieu d'accorder la conversion. Il l'a si bien voulu, que c'est sur la faculté accordée au défendeur comme au demandeur d'introduire l'instance à cet effet, qu'est intervenu l'accord entre les adversaires et les partisans de l'article 310. Mais alors, ou la faculté accordée au défendeur équivaudra, d'après la jurisprudence, à une obligation morale de prononcer la transformation de la séparation de corps en divorce sur sa requête, ou elle placera les tribunaux, les faisant ainsi sortir de leur rôle, dans la situation d'une espèce de conseil de famille jugeant en équité.

« Si l'article 310 du Sénat est difficile à justifier au point de vue strictement juridique, il est tout à fait injustifiable lorsqu'on se reporte à l'argument qu'ont invoqué ses auteurs. Je dis : *à l'argument*, car ils n'en ont invoqué qu'un. Un époux catholique, a-t-on dit; dont la religion proscrit le divorce, et qui aura à se plaindre de son conjoint, ne pourra plus se séparer de corps s'il sait qu'au bout de trois ans, et sans même que les tribunaux interviennent autrement que pour une simple formalité d'enregistrement, sa séparation pourra malgré lui entraîner le divorce.

« Vainement M. Naquet répondait-il que l'époux catholique n'aura qu'à ne pas se remarier pour être en règle avec sa foi; vainement rappelait-il que l'article 310 existait lorsque le pape Pie VII venait sacrer Napoléon Ier à Notre-Dame; vainement faisait-il remarquer qu'en Belgique, jamais les catholiques au pouvoir ne réclamaient contre l'article 310, et que cela prouve surabondamment que leur liberté religieuse n'en est pas atteinte. Les adversaires du divorce n'en persévéraient pas moins à dénoncer l'article 310 comme attentatoire à la liberté de conscience des catholiques, et cet argument avait assez impressionné l'Assemblée du Luxembourg pour que les défenseurs de la loi aient dû souscrire à la transaction que résume la rédaction nouvelle.

« En fait, interdire le divorce à l'époux défendeur parce que le demandeur est catholique, ce serait forcer le premier à obéir aux préceptes d'une foi qui peut n'être pas la sienne; ce serait lui imposer, au nom d'une religion à lequelle il peut ne pas croire, une situation que la loi juge antisociale, et qu'elle n'autorise que par respect pour la liberté de ceux qui croient. Ce serait en un mot violer tous les principes sur

lesquels repose la sécularisation de l'Etat et mettre le bras
séculier entre les mains du catholicisme.

« Si, comme le lui demandait d'abord M. Jules Simon et
comme M. Lucien Brun le lui a demandé jusqu'à la fin, le
Sénat était allé jusque-là, quelle que fût votre bonne volonté
de doter au plus tôt le pays d'une loi attendue et dont la préparation a déjà trop duré, nous aurions été forcés de vous
proposer de rétablir l'ancien texte voté par vous.

« Mais la transaction intervenue vous donne une demi-
satisfaction. Le défendeur pourra demander au tribunal de
transformer sa séparation en divorce sans qu'il soit dit qu'il
sera tenu pour l'obtenir d'apporter des faits nouveaux. C'est
une espèce de conseil officieux que la loi institue, et il dé-
pendra de la jurisprudence de corriger ce que le nouvel article 310 a de mauvais. Les tribunaux n'auront pour cela
qu'à se montrer très larges dans l'usage du droit de conversion que la loi leur confère. Votre Commission espère qu'il
en sera ainsi, et c'est une des raisons qui la porte, malgré les
objections sérieuses qu'elle y voit et qu'elle vient de vous
exposer sincèrement, à vous proposer de donner votre adhé-
sion même au nouvel article 310 (1). »

On saisit aisément la portée du nouvel article 310 : du moment où le tribunal a pouvoir d'apprécier si les faits ayant
donné lieu à séparation suffisent à faire admettre le divorce,
une idée nouvelle s'introduit dans la loi, celle d'une gradation entre la séparation et le divorce, celle de causes différentes s'appliquant à l'une ou à l'autre.

Faut-il déclarer que cette idée réagit sur l'ensemble des
règles relatives au divorce ? Faut-il dire qu'il y aura nécessairement dans l'avenir une jurisprudence différente pour les
causes de divorce et de séparation ? Nous ne le croyons pas ;
les circonstances spéciales dans lesquelles a été rédigé l'article
310, le scrupule de conscience auquel le législateur a voulu
donner satisfaction ne permettent pas d'aller aussi loin ; il
semble résulter du débat que le seul objet que se soit proposé
le législateur est de ne pas permettre à l'époux coupable,
contre lequel la séparation a été originairement prononcée,

(1) Letellier, *Rapport* à la Chambre.

d'abuser du droit d'obtenir *de plano*, après trois ans écoulés,
un jugement dont il profiterait seul pour contracter une nouvelle union.

**2. — Séparation de corps. — Demande en divorce
basée sur les faits antérieurs à la séparation de
corps.** — L'article 310, tel qu'il a été voté par le Sénat, n'est
pas sans présenter quelques difficultés. On a vu, par les paroles du rapporteur, que l'un des motifs déterminants pour la
commission a été que, d'après le droit commun, « celui
contre qui la séparation a été prononcée a le droit d'intenter
une demande en divorce. »

Ces paroles ne doivent pas s'entendre du cas où il est survenu des faits nouveaux depuis la séparation prononcée : ici
le droit d'intenter une action nouvelle est incontestable.

Elles s'appliquent au contraire au cas où, sans faits nouveaux survenus depuis la séparation, le défendeur originaire
lui ouvre une instance en divorce. On peut dire en effet que
le divorce est une chose différente de la séparation, et que le
jugement intervenu contre le défendeur en séparation n'opère
pas forclusion contre lui à l'égard d'une demande en divorce.
Mais ce système, strictement conforme à l'esprit du Code
civil, n'est peut-être plus d'accord avec la théorie de l'article
310, malgré le passage formel d'un discours du rapporteur,
M. Emile Labiche (1) :

« Selon moi, la faculté d'invoquer, après trois ans, la procédure de faveur de la conversion n'est jamais un obstacle à
ce qu'on use, avant ou après les trois ans, de la procédure de
droit commun pour demander le divorce, soit qu'il y ait des
faits nouveaux à invoquer, soit qu'on s'appuie seulement sur
des faits anciens ; car ces faits anciens n'ont jamais été appré-
ciés au regard d'une demande de divorce, puisqu'il n'y a jamais eu qu'une demande en séparation.

« Au regard du divorce, il n'y a donc pas chose jugée.
Une seule fin de non-recevoir pourrait être opposée à celui
qui invoquerait des faits anciens, pour justifier une demande
de divorce, ce serait celle qui résulterait d'une réconciliation.
Mais il n'y a pas eu réconciliation, il y a eu jugement de sé-

(1) *Sénat*, séance du 24 juin 1884.

paration; or, vous admettrez bien que jamais un jugement prononçant la séparation de corps ne pourra être assimilé à un acte de réconciliation. »

3. — **Compétence.** — Le tribunal compétent pour connaître de la demande de conversion de séparation en divorce est celui déterminé par le droit commun. Cela résulte et du silence de la loi et de la suppression du paragraphe précédemment voté par la Chambre et qui donnait compétence au tribunal juge de la séparation.

4. — **Assignation.** — La nécessité d'obtenir une ordonance du président du tribunal pour assigner à huit jours francs est difficilement conciliable avec la procédure simple et expéditive organisée en cette matière. Mais la loi est formelle.

5. — **Jugement. — Chambre du conseil.** — L'affaire est jugée en chambre du conseil soit en première instance, soit en appel (1). Elle l'est comme les demandes en autorisations de femme mariée, c'est-à-dire avec la présence d'avoués et d'avocats. Cela résulte des explications échangées au cours de la discussion (2).

6. — **Avantages matrimoniaux.** — Sur une question de M. Batbie, demandant quelles seraient les conséquences du nouveau jugement intervenu en vertu de l'article 310 au point de vue de la révocation des avantages matrimoniaux, et si le demandeur primitif en séparation ayant conservé le bénéfice des libéralités matrimoniales, se verrait déchu de ce bénéfice comme défendeur à la conversion en divorce, M. Emile Labiche, rapporteur, a répondu (3) :

« Deux espèces peuvent se rencontrer.

(1) Le texte n'étant pas formel sur l'appel, M. de Marcère interrogea le rapporteur pour savoir s'il était applicable devant les Cours. M. Emile Labiche répondit :

« La question a été examinée dans le sein de la Commission et résolue dans le sens que M. de Marcère vient d'indiquer. Nous ne l'avons pas insérée dans le texte, parce qu'elle nous a paru absolument inutile. »

(2) *Sénat*, séance du 24 juin 1884.

(3) *Ibid.*

« Lorsqu'on sera dans l'espèce établie par l'article 310, c'est-à-dire lorsqu'il s'agira d'une question de conversion, ce jugement de conversion ne pourra, d'après moi, en ce qui concerne les questions dont se préoccupe le collègue qui m'interroge, modifier les décisions qui résulteront du premier jugement. Autrement ce serait non un jugement de conversion, mais un jugement de revision.

« D'après moi, la seule disposition qui pourra être modifiée, sera celle qui avait prononcé la séparation de corps et qui, à la suite de l'épreuve de trois ans, pourra être convertie en disposition prononçant le divorce...

« Une deuxième hypothèse peut se présenter. Si, au lieu de se trouver en présence d'une instance en conversion, on se trouve en présence d'une instance ordinaire en divorce, d'une instance entièrement noûvelle, fondée soit sur des faits nouveaux soit sur d'autres considérations, mais sans qu'on invoque la procédure de faveur de la conversion, organisée par l'article 310, et en employant uniquement la procédure ordinaire, alors je comprendrais très bien que le jugement qui admettra ce divorce puisse revenir sur la question des avantages matrimoniaux et prononcer la déchéance de la partie qui les avait conservés dans la première instance relative à la séparation de corps.

« Il me semble qu'il n'y aurait rien d'anormal à ce que la déchéance fût prononcée successivement contre les deux époux : contre l'un, investi du jugement de séparation; contre l'autre, investi du jugement de divorce.

« Du reste... ce n'est pas la solution de la Commission que j'apporte en ce moment à la tribune, mais seulement l'expression d'un sentiment qui m'est personnel et qui, par conséquent, ne peut avoir que bien peu d'autorité. »

La doctrine exposée par l'honorable rapporteur en ce qui concerne la première hypothèse, c'est-à-dire l'espèce plus particulièrement visée par l'article 310 avait déjà été adoptée par la Cour de cassation bèlge. Vu l'importance extrême que présente la question tant au point de vue de l'article 310 qu'à celui de la disposition transitoire de la loi nouvelle (voir ci-dessous), nous croyons utile de donner ici le texte complet de l'arrêt rendu par la Cour de cassation belge, le

24 mars 1865, sur les conclusions de M. le procureur général Leclercq.

Nous empruntons ces conclusions ainsi que l'arrêt qui les suit à la Pasicrisie belge (1865, 1, 147). Voici en quels termes s'est exprimé M. le procureur général Leclercq :

« Messieurs, la question qui a été débattue dans votre dernière audience se réduit à des termes très simples.

« Nous sommes appelés, comme a dû le faire la Cour d'appel de Bruxelles, à décider si l'article 299 du Code civil est applicable au divorce prononcé en vertu de l'article 310 du même Code.

« Le premier de ces articles attache au divorce, quelle qu'en soit la cause, excepté le consentement mutuel, la perte des avantages matrimoniaux faits par un époux à l'autre.

« Mais il subordonne cette perte à une condition : le divorce doit avoir été admis contre un époux pour qu'il l'encoure ; les termes de l'article sont positifs ; ils ne laissent aucun doute à cet égard ; si le divorce, quoique admis, ne l'a pas été contre l'un des deux époux ou ne l'a été contre aucun d'eux, la condition fait défaut, l'article 299 du Code civil est inapplicable, les avantages matrimoniaux qu'ils se sont faits subsistent ; là donc, dans l'existence de cette condition, est le nœud de la question du litige ; l'article 310 et le divorce admis en conséquence sont étrangers à l'article 299, si ce divorce n'est admis contre aucun des époux.

« Cette conséquence enlève toute valeur aux considérations, qui forment la base du pourvoi, et sont tirées de ce que l'article 299 contient une règle générale, semblable à celles des autres dispositions relatives aux effets du divorce, et de ce qu'on n'y trouve qu'une exception exclusivement restreinte au divorce par consentement mutuel.

« La règle de l'article 299 est générale, cela est vrai, mais elle l'est dans les limites que lui assigne la condition même sous laquelle elle se produit, et qui la distingue, à raison de son objet et de ses motifs tout personnels aux époux, des autres dispositions relatives aux effets du divorce. Son caractère de généralité ne peut donc avoir aucune influence sur la solution de la question.

« Nous devons en dire autant de cette circonstance, qu'une

seule exception exclusivement restreinte au divorce par consentement mutuel y est apportée. Cette exception était nécessaire, nonobstant la condition à laquelle la règle générale était subordonnée, parce que le divorce par consentement mutuel est réciproquement prononcé contre chacun des époux et serait tombé sous cette règle; il en est en effet de ce divorce comme du divorce pour sévices, excès et injures graves de chacun des époux envers l'autre, prévu par l'article 231, et qui réciproquement demandé est admis contre chacun d'eux.

« Le divorce par consentement mutuel est le résultat de l'incompatibilité des caractères, qui rend, comme le dit l'article 233, la vie commune insupportable; il y a dans cette cause du divorce une réciprocité d'un époux à l'autre, qui rend chacun d'eux réciproquement demandeur contre l'autre et entraîne ainsi un jugement rendu contre chacun au profit de l'autre; c'est ce que prouvent encore les articles 286 et 291 du Code civil, qui exigent formellement une double demande d'un époux contre l'autre; l'article 286 en leur prescrivant, après l'accomplissement des formalités préalables à l'introduction de l'instance, de se présenter au président du tribunal et de requérir, chacun séparément, l'admission au divorce, l'article 296 en ne recevant l'appel contre le jugement contraire aux requêtes des époux, qu'autant que chacun d'eux l'ait interjeté par un acte d'appel séparé, et qu'ils aient ainsi introduit comme en première instance une demande réciproque de l'un contre l'autre.

« Il n'y a donc rien à induire de cette exception; elle reste sans influence sur la portée de la règle, quant au divorce admis dans le cas de l'article 310, et la question sous ce rapport dépend, comme nous l'avons dit, de la condition qui marque ses limites; cette règle sera ou ne sera pas applicable à un époux suivant que le divorce dans ce cas sera ou non admis contre lui.

« Réduite à ce point, la question trouve sa solution dans la position que l'article 310 du Code civil fait aux époux.

« Quelle est-elle, et d'abord quelle est celle de l'époux qui a obtenu la séparation de corps?

« Il a acquis le droit de vivre séparé de corps et de biens

de son conjoint; ce droit n'a pas de terme fixé à sa durée, et
ne peut lui être enlevé par personne ni par aucune circonstance; il ne dépend, comme tout droit, que de sa volonté; il
est acquis contre l'autre époux; celui-ci est impuissant à le
lui enlever; il peut avoir lui-même un droit, dont l'exercice
étendra plus loin la séparation si l'époux qui l'a obtenue
entend la maintenir; mais elle ne dépend dans sa durée que
de sa volonté, et le droit de son conjoint n'y peut rien s'il
persiste à garder ce qu'il a acquis; telle est la position que
lui fait la loi, et le caractère de cette position sort de la nature
du mariage mise en rapport avec elle et avec le droit, dont
elle dérive. L'essence du mariage est avant tout la communauté de vie entre les époux, l'union de leurs personnes, et,
dans certaines limites, l'union de leurs biens; elle est aussi la
soumission de la femme au mari et l'autorité du mari sur la
femme; la communauté de vie, l'union de personnes, la soumission de la femme au mari d'une part, et l'autorité du
mari sur la femme d'autre part constituent, avec d'autres
éléments dont nous n'avons pas à nous occuper en ce moment,
l'état du mariage; ces points essentiels du mariage dispa-
raissent devant le droit acquis à l'époux qui a obtenu la séparation et la position que lui fait la loi à ce titre. Ce droit,
cette position détruisent donc partiellement l'état de mariage
et le détruisent sans aucun retour possible que la volonté de
l'époux à qui ils appartiennent; cette destruction partielle de
l'état du mariage, indépendante de toute autre volonté que la
sienne, en forme le caractère; et ce caractère nous conduit à
reconnaître le droit que conserve l'autre époux, la position
que la loi lui fait à ce titre et le caractère de cette position :
la loi n'a pas cru qu'il fût juste de forcer l'époux, qui se
trouve en présence de la destruction partielle de l'état du
mariage acquise à son conjoint contre lui, à demeurer
enchaîné à ce qui reste de cet état et à vivre dans un état
imparfait, qui n'est ni le mariage ni le célibat; elle lui a en
conséquence conféré le droit d'en demander la cessation à la
justice, et d'achever par cette demande la destruction d'un
état dont une partie essentielle est déjà détruite, s'il s'est
écoulé un temps suffisant pour enlever tout espoir de voir
l'autre époux renoncer à son droit, à la position qui en

dérive, et si en effet, il ne consent pas à y renoncer. Telle est la position de l'époux contre lequel ce droit a été acquis avec sa conséquence nécessaire, la destruction partielle de l'état du mariage, et le caractère juridique de cette position est manifeste.

« La loi le qualifie, il est vrai, de droit de demander le divorce, mais considéré en lui-même, et dans ce qu'il comporte, il ne comprend pas ce qui constitue le divorce, c'est-à-dire la destruction de l'état du mariage depuis la communauté de vie entre les époux, l'union des personnes et des biens, la soumission de la femme et l'autorité du mari jusqu'à la dissolution du lien, qui rend tout retour impossible malgré l'accord des époux et les replace dans leur liberté première ; une partie essentielle de cet état est déjà détruite, cette destruction forme un droit acquis à un époux contre l'autre ; ce que celui-ci a droit de demander et d'obtenir en demandant le divorce, c'est la destruction de ce qui a survécu à cette partie essentielle déjà détruite, son droit et ses effets ne partent que du point où elle s'arrête et par suite, si la loi qualifie sa demande de demande en divorce, ce n'est qu'en ce sens, qu'achevant la destruction de l'état du mariage, le divorce existe dès que la justice l'a accueilli ; mais cette demande n'est pas une véritable demande de divorce car elle ne comprend pas la destruction de l'état du mariage. Cette destruction est le composé de deux droits, de deux demandes, dont chacune l'a partiellement produite ; et aucun des deux époux n'a en conséquence dans la réalité demandé et obtenu le divorce contre l'autre ; chacun d'eux a obtenu contre l'autre un droit qui n'est pas le divorce ; le divorce n'est que le résultat de l'un et de l'autre pour la partie de l'état du mariage auquel il se rapporte.

« Cet état de choses, complexe dans ses causes et ses effets, diffère entièrement, sous ce double rapport, de celui que créent les dispositions de la loi sur les véritables demandes de divorce qui sont l'objet du chapitre intitulé des causes du divorce : ces demandes embrassent tout l'état du mariage depuis la communanté de vie entre les époux, l'union de leur personne et leurs rapports d'autorité et de soumission, jusqu'à leur liberté complète.

« Accueillies en justice, elles détruisent tout cet état;
répoussées, elles le laissent subsister dans toutes ses parties;
elles sont ainsi nécessairement formées, admises ou re-
poussées pour le tout contre un époux; il en est tout autrement dans les demandes auxquelles se rapportent les articles 306, 307 et 310; une partie de l'état du mariage est
seule mise en cause par ces demandes, par la demande en
divorce comme par la demande en séparation; accueillie en
justice, l'une comme l'autre ne détruit que cette partie; pour
elle seule il y a chose jugée au profit d'un des époux contre
l'autre, et si la demande en divorce n'est pas faite ou si elle
est repoussée, le mariage ne subsiste point dans toutes ses
parties comme pour les véritables demandes de divorce : il
ne subsiste que dans ce que n'en avait pas atteint la demande
en séparation et le jugement qui l'a accueillie.

« Ces différences confirment ce qui résultait déjà du caractère même de la position faite aux époux, par les dispositions
du chapitre de la séparation de corps et spécialement par
l'article 310. Le divorce dans cette position n'est l'œuvre de
l'action d'aucun des deux époux; il n'est ni dans l'une ni
dans l'autre admis contre aucun d'eux, et nous devons
ajouter que la contexture de l'article 310 du Code civil est en
parfait rapport avec cette conséquence et les considérations
dont nous venons de la tirer. Tandis que la loi entoure des
plus grandes précautions contre la légèreté ou la fraude les
actions en divorce proprement dites, c'est-à-dire qui embrassent tout l'état du mariage, tandis qu'elle n'admet pas
non plus sans précautions particulières (Code Proc. civ.,
art. 875 et 880) les demandes en séparation de corps, tout
en les abandonnant aux règles des actions ordinaires, elle
n'en prend absolument aucune contre l'exercice du droit
accordé par l'article 310 à l'époux contre lequel la séparation
a été admise et a duré trois ans sans retour de l'époux qui
l'a obtenue; elle a trouvé suffisantes les précautions prises
lors de la demande en séparation jointes à la durée triennale
de cette séparation et au refus de la faire cesser. Ce refus
engendre le droit de l'autre époux, et celui-ci pour l'exercer
n'a aucune formalité à remplir; il se présente au tribunal de
première instance; il y constate le refus de son conjoint et,

celui-ci présent ou dûment appelé, le tribunal achève ce qui a été commencé il y a trois ans sur la demande de l'un contre l'autre, la destruction partielle de l'état du mariage; il achève cette destruction sur la demande de celui-ci contre le premier.

« Il y a dans cette forme expéditive d'agir, dans cette absence complète de précautions autres que celles qui tiennent à ce qui reste à faire, une dernière preuve qu'il ne s'agit pas d'un divorce proprement dit, qu'il ne s'agit que de régulariser en le complétant un acte antérieur; que l'un des époux a commencé la destruction de l'état du mariage contre l'autre, que celui-ci l'achève contre le premier; que les demandes successives de tous deux constituent réunies le divorce et, qu'en conséquence, il n'est admis contre aucun d'eux, et ce que prononce la justice ne remplit pas la condition sous laquelle l'article 299 est applicable au divorce.

« Cette conséquence, qui dérive clairement des termes formels de cet article et du caractère des positions que créent les articles 306 à 310 du Code civil, dérive non moins clairement des motifs pour lesquels la loi attache au divorce la déchéance des donations faites à l'époux contre lequel il a été admis.

« Nous ne rechercherons pas, pour apprécier ces motifs, si cette déchéance est ou non une pénalité : ce serait une recherche superflue. Quoi qu'on puisse penser à cet égard, les motifs d'une déchéance nous sont indiqués par son objet. Cet objet dans l'espèce est un acte de sa nature irrévocable; la loi en prononce néanmoins la révocation au préjudice de l'un des époux, elle ne la prononce pas au préjudice de l'autre, si le divorce vient à être admis contre le premier. Or, en droit, et nous ne pouvons considérer la loi que comme l'expression du droit, une donation, un acte irrévocable ne peut être révoqué au préjudice d'une des parties qu'autant qu'il soit survenu un fait contraire au but ou à la cause de cet acte, et que ce fait soit imputable à faute à cette partie.

« Le but ou la cause des donations, objet de l'article 299, est le mariage; il faut donc pour qu'il y ait lieu à leur révocation que l'époux au préjudice duquel elle est prononcée, ait posé un fait qui détruise l'état du mariage, et que ce fait puisse lui être imputé à faute; tels sont les motifs de cet article; ils résultent d'ailleurs de la distinction que fait la loi entre les époux, en leur appliquant ou en ne leur appliquant pas la déchéance suivant que le divorce a été ou n'a pas été admis contre eux; car elle suppose nécessairement par cette distinction la destruction de l'état du mariage d'une part, et d'autre part que l'époux au préjudice duquel la déchéance est établie, ait posé un fait qui produise cette destruction et que ce fait puisse lui être imputé à faute.

« Rien de pareil ne se rencontre dans la position que font aux époux les articles 306 à 310, C. civ.; il n'y a du chef d'aucun d'eux un fait qui soit destructif de l'état du mariage. Nous avons vu en analysant leur position que chacun par son fait ne détruisait cet état que partiellement, qu'ainsi aucun d'eux ne le détruisait complètement et ne donnait lieu à la cessation du mariage, seule cause ou motif de la déchéance prononcée par la loi et de l'article 299, C. civ., qui la contient; que, par conséquent, sous ce rapport seul, cet article est non moins inapplicable par ses motifs que par ses termes. Le fait lui-même d'ailleurs, le fait propre à chaque époux et restreint dans ses effets ne peut leur être imputé à faute.

« L'on a, dans le cours de ces débats, longuement argumenté du droit canon pour prouver le contraire; nous n'admettons pas les conséquences qu'en a déduites le demandeur, nous les croyons erronées, mais il est inutile de nous y arrêter; le droit canon doit être laissé à l'écart, parce que les règles de ce droit diffèrent du tout au tout des dispositions du Code civil sur le divorce et la séparation de corps; que les auteurs de ces dispositions ne s'en sont point préoccupés; qu'ils ne se sont préoccuppés que du principe de la liberté religieuse et du respect de cette liberté dans la personne des catholiques auxquels leur religion interdit le divorce, et dans la personne des étrangers à cette religion, auxquels leur culte, ou leurs convictions religieuses ne l'interdisent pas.

« Ce principe de la liberté religieuse, base des dispositions du Code civil sur la séparation de corps, écarte toute idée de faute et par conséquent toute application possible des motifs de l'article 299 au fait de chacun des époux dont l'un a détruit partiellement l'état du mariage par la demande de séparation accueillie en justice et dont l'autre l'a détruit aussi partiellement par la demande de divorce également accueillie en justice et fondée sur ce qu'après trois années de séparation, l'époux qui l'avait obtenue refusait de la faire cesser.

« Chacun des époux, en effet, en agissant comme il l'a fait, et par les résultats de son action, a usé du droit de la liberté religieuse qui lui appartenait et dont la loi lui avait assuré le bénéfice par ses dispositions sur la séparation de corps et son complément, le divorce, après trois années de durée.

« La loi a compris qu'imposer toujours le divorce, la destruction entière de l'état du mariage à l'époux qui était victime des passions ou de l'inconduite de son conjoint, qui cherchait à y échapper et à qui ses convictions religieuses défendaient ce moyen d'y parvenir, c'était le forcer à subir son martyre sans pouvoir s'y soustraire ; c'était cruellement et injustement ne tenir aucun compte de sa foi religieuse, chose sacrée dans l'homme vis-à-vis de l'homme et de la société, c'était en réalité fouler aux pieds le principe de la liberté religieuse, et elle lui a reconnu sans limites de durée le droit d'y suppléer par la séparation, qui ne détruit pas tout le mariage et qui le sauve, non moins que le divorce, des rigueurs d'une situation devenue insupportable ; elle le lui a en conséquence, reconnu sous ce rapport aux mêmes fins, avec les mêmes effets et par les mêmes causes.

« Il ne peut donc y avoir faute dans l'usage qu'il fait de ce remède, soit en demandant la séparation, soit en y persistant après trois ans ; dans l'un et l'autre cas, il exerce son droit, et droit et faute sont deux termes qui s'excluent.

« Nous devons en dire autant de l'autre époux, qui par la demande de divorce détruit aussi partiellement l'état du mariage, déjà partiellement détruit.

« La loi, malgré les torts qu'il peut avoir, n'a pas pu, sous l'empire du grand principe de droit public qui consacre la liberté religieuse, lui refuser ce remède à la situation que lui fait son conjoint pour obéir à ses propres convictions ; il ne les partage point, il a le droit de ne pas les partager ; il ne peut être contraint sans violation de ce droit d'en subir les con

séquences, en subissant sa situation qu'elles seules ont engendrée ; son conjoint lui-même, en faisant appel à la liberté
commune à tous, a proclamé son droit tout en lui laissant la
responsabilité de l'usage qu'il en peut faire ; ses premiers
torts ne peuvent lui avoir rendu étranger le principe sur lequel ce droit repose, la loi devait lui en assurer le bénéfice à
un égal degré, et elle le lui a assuré en lui reconnaissant au
même titre qu'à l'autre époux le droit de détruire ce que la
demande de celui-ci avait laissé subsister de l'état du mariage ; nous devons ainsi dire de lui ce que nous avons dit du
premier ; il exerce son droit en agissant en vertu de l'article 310 ; aucune faute dans ce fait ne lui est imputable ; il
ne tombe pas plus que celui de son conjoint sous les motifs
de l'article 299 et nous rencontrons sous ce rapport, comme
sous celui des termes de la loi, la solution de la question du
litige consacrée dans l'arrêt : L'article 299, C. civ., n'est pas
applicable au divorce prononcé en vertu de l'article 310,
C. civil.

« Loin donc d'avoir contrevenu à ces articles par cet arrêt,
la Cour d'appel de Bruxelles en a fait une juste application,
et le moyen de pourvoi n'est pas fondé.

« Nous concluons par ces considérations à ce qu'il plaise à
la Cour le rejeter. »

Arrêt.

LA COUR ; — Sur le moyen de cassation présenté seul et
pris de la violation des articles 310 et 299 du Code civil, en
ce que l'arrêt attaqué décide que la disposition générale et
absolue de l'article 299 n'est pas applicable au cas où l'un
des époux demande et obtient le divorce en vertu de l'article 310 pour cause du refus de l'autre époux de faire cesser,
après une durée de trois ans, la séparation de corps que ce
dernier avait provoquée ;

Considérant que le divorce permis par l'article 310, Code
civil, produit nécessairement comme tout divorce en général,
les effets qui tiennent soit à l'essence de l'institution, soit à
l'ordre public, comme l'interdiction aux époux divorcés de se
réunir ; mais que telle n'est pas la nature de la disposition
qui fait l'objet de l'article 299 du même Code ; que celle-ci
ne concerne que les intérêts personnels des époux ;

Considérant que s'il est vrai, en fait, que cet article ne mentionne qu'une exception à la règle qu'il exprime, il n'est pas moins certain, en droit, qu'une règle, quelque généraux qu'en soient les termes, n'admet pas seulement les exceptions formellement énoncées, mais aussi celles que commande la force des choses, lorsque la règle ne saurait être appliquée sans faire violence à l'esprit et à la lettre de la loi ;

Considérant qu'en admettant que le chapitre IV, qui détermine les effets du divorce, régisse aussi le divorce qui, dans le chapitre V, succède et se substitue à la séparation de corps, les motifs et le texte de l'article 299 démontrent également que, malgré la généralité de ces expressions : « *pour quelque cause que le divorce ait lieu,* » la déchéance qu'il prononce ne s'étend pas, dans le cas de l'article 310 précité, à celui des époux qui a obtenu la séparation de corps;

Considérant, en effet, d'une part, que l'article 299 est fondé sur la faute de l'époux qui encourt la déchéance; mais que l'époux qui ne consent pas à faire cesser la séparation de corps, use d'un droit qui lui est irrévocablement acquis et par conséquent ne commet aucune faute;

Considérant, d'autre part, que la déchéance écrite dans l'article 299 frappe textuellement « *l'époux contre lequel le divorce aura été admis* », et que dans le cas de l'article 310, on ne peut pas dire que le divorce soit admis *contre* l'époux qui a obtenu la séparation de corps et qui refuse de reprendre la vie commune ;

Considérant, par suite de ce qui précède, que, dans l'espèce, en maintenant à la défenderesse en cassation, femme successivement séparée de corps et divorcée de Constantin Gheldolf, les avantages que celui-ci lui avait faits par leur contrat de mariage, l'arrêt attaqué n'a contrevenu ni à l'article 310 ni à l'article 299 du Code civil;

Par ces motifs, rejette le pourvoi. (Cass. B., 24 mars 1865; Pas., 1865, 1, 147.)

Conversion de la séparation de corps en divorce. — Pension alimentaire. — Lorsque l'une des parties usant de la faculté que lui confère l'article 310 du Code civil, a obtenu la conversion en divorce de la séparation de corps prononcée contre l'autre partie, celle-ci ne perd pas son droit à la pension alimentaire qui lui avait été accordée par le jugement de séparation. Il est inadmissible que, depuis la prononciation du divorce, la cause de l'obligation alimentaire disparaisse entre les parties, et cela alors même que le divorce aurait été obtenu contre celle des parties à laquelle a été allouée la pension alimentaire. Si le législateur a permis en effet à l'époux originairement défendeur de demander le divorce après que la séparation de corps a duré plus de trois ans, et lorsque l'époux qui l'a obtenue ne consent pas à la faire cesser immédiatement, c'est qu'il n'a pas voulu, quels qu'aient été les torts de l'époux originairement défendeur, qu'il dût rester plus longtemps dans cette position équivoque, d'être enchaîné par les liens d'un mariage qui, en réalité, n'existe plus, et fût dans l'impossibilité de disposer de sa personne et de contracter un autre mariage. Cette faculté accordée à l'époux originairement défendeur ne crée pas en sa faveur une cause de divorce constituant son conjoint en faute. Cette conversion de la séparation de corps en divorce, dans le cas de l'article 310, n'efface pas, vis-à-vis du défendeur originaire, les causes qui ont fait prononcer la séparation, et laisse, quant à ce, toute sa force au jugement de séparation. Il faut donc en conclure que c'est en réalité contre l'époux qui a subi le jugement de séparation que le divorce est prononcé. (C. Bruxelles, 25 juin 1883; Pas., 1883, 2, 338.)

ART. 311.

La séparation de corps emportera toujours séparation de biens.

1. — Action en divorce intentée par la femme. — Demande en séparation de biens. — La demande en séparation de biens de la part d'une femme demanderesse en divorce ne peut être considérée comme un désistement de celle-ci à son action en divorce, mais plutôt comme une précaution de plus pour assurer d'autant les droits matrimoniaux qu'elle entend exercer après son divorce obtenu; pour qu'il y ait désistement, il faudrait qu'il fût formellement exprimé dans la citation en séparation de biens. (C. Paris, 1ᵉʳ messidor an XIII; S. a., 4, 2, 161; S.c. n., 1, 2, 201.)

TITRE VII

DE LA PATERNITÉ ET DE LA FILIATION

CHAPITRE PREMIER.

DE LA FILIATION DES ENFANTS LÉGITIMES OU NÉS DANS LE MARIAGE.

ART. 312.

L'enfant conçu pendant le mariage a pour père le mari.

Néanmoins celui-ci pourra désavouer l'enfant, s'il prouve que pendant le temps qui a couru depuis le trois centième jusqu'au cent quatre-vingtième jour avant la naissance de cet enfant, il était, soit par cause d'éloignement, soit par l'effet de quelque accident, dans l'impossibilité physique de cohabiter avec sa femme.

En cas de jugement ou même de demande soit de divorce, soit de séparation de corps, le mari pourra désavouer l'enfant qui sera né trois cents jours après la décision qui aura autorisé la femme à avoir un domicile séparé, et moins de cent quatre-vingt jours depuis le rejet définitif de la demande, ou depuis la réconciliation. L'action en désaveu ne sera pas admise s'il y a eu réunion de fait entre les époux.

1. — **Historique.** — Ce dernier paragraphe, ajouté au Code civil par la loi du 6 décembre 1850 pour la séparation, a été étendu au divorce par l'article 2 de notre loi. La décision autorisant la femme à avoir un domicile séparé est celle rendue par le président en matière de séparation (art. 878), par le tribunal dans les instances en divorce (art. 268).

2. — **Réunion de fait.** — La réunion de fait qui empêche l'action en désaveu aux termes de l'article 312, *in fine*, doit s'entendre, lorsqu'il s'agit de séparation de corps, de toute réunion survenue entre les époux avant ou après le jugement définitif prononçant la séparation.

Dans les instances en divorce au contraire, il ne peut s'agir que d'une réunion de fait survenue avant le divorce accompli, car toute réunion postérieure serait un simple concubinage; le mariage dissous, la présomption *pater is est quem nuptiæ demonstrant* ne saurait plus en aucune façon être applicable. M. Desson de Saint-Aignan et le rapporteur de la commission de la Chambre se sont prononcés dans ce sens (1). Bien que l'un et l'autre eussent voulu préciser le cas, en ajoutant à la fin de l'article, le premier, les mots de « en cas de séparation de corps », le second, celui de « séparés », l'absence de ces mots ne fait point obstacle à une interprétation commandée par la nature même des choses.

3. — **Désaveu.** — Après ces mots « depuis la réconciliation » et avant ceux-ci : « L'action en désaveu... », la Chambre avait intercalé une disposition ainsi conçue : « En cas de séparation de corps ou de divorce légalement demandé ou prononcé, le désaveu du mari est péremptoire, sauf la preuve contraire réservée soit à la femme, soit au tuteur de l'enfant désavoué. »

Cette disposition avait pour but de faire cesser une divergence qui existe dans la doctrine et dans la jurisprudence :

« Nous avons, disait le rapporteur (2), adopté la solution consacrée par le plus grand nombre et par les plus récents des arrêts des Cours (Cass., 18 août 1872. *J. P.*, 73,156. Agen, 4 mars 1874; *J. P.*, 75, 689. — Toulouse, 11 juin 1874; J. P., 74, 737.) Ces arrêts décident que le désaveu du mari en cas de séparation de corps est péremptoire, et que c'est à la femme de prouver, pour établir la paternité du mari, qu'il y a eu réunion de fait entre elle et ce dernier. Cette décision est conforme à la raison et à l'esprit de la loi qui fut votée sur la proposition de M. Demante. Nous espérons que vous

____

(1) *Chambre*, séances des 17 et 19 juin 1882.
(2) De Marcère, *Rapport* à la Chambre.

l'accepterez avec faveur, dans la pensée d'obvier à une diversité de jurisprudence fâcheuse dans une matière où il s'agit de fixer l'état des personnes. »

La Chambre en effet ne fit aucune difficulté pour introduire cette disposition nouvelle dans la loi.

La disparition de ce paragraphe additionnel dans le texte votée par le Sénat s'explique par la situation toute particulière où se sont trouvés les partisans du divorce pour faire triompher le principe de la loi devant cette assemblée; doutant, tout d'abord, de pouvoir obtenir une majorité, les plus audacieux d'entre eux, de manière à ne point effrayer les hésitants, proposèrent un simple retour au Code civil, sans aucune modification ni amélioration. Amené à examiner l'article 312 (rédaction de la Chambre), le rapporteur s'exprimait ainsi (1) :

« La Chambre voulait introduire dans le texte une solution admise par la jurisprudence sur le caractère péremptoire du désaveu du mari.

« En raison de leur résolution de ne pas modifier le Code, même pour essayer d'y introduire des améliorations, les auteurs du contre-projet n'ont pas admis le second changement de rédaction de l'article 312 proposé par la Chambre. »

Ce n'est donc point par opposition au principe, mais par tactique, que la rédaction de la Chambre fut abandonnée.

L'événement cependant dépassa l'espérance des partisans du divorce : non seulement le principe même de la loi fut voté par le Sénat, mais divers changements furent, comme on l'a vu, apportés au texte du Code. Dans la joie du succès et la préoccupation d'arriver à bonne fin dans cette entreprise, on oublia par la suite de proposer au Sénat le paragraphe voté par la Chambre.

Mais il n'en faudrait nullement inférer que le législateur de 1884 condamne la jurisprudence ci-dessus indiquée; il s'y est au contraire montré favorable.

(1) Emile Labiche, *Rapport* au Sénat.

(Voir art. 1 et 2 p. 15 et 16.)

ART. 3.

La reproduction des débats sur les instances en divorce ou en séparation de corps est interdite sous peine de l'amende de 100 à 2,000 francs édictée par l'article 39 de la loi du 30 juillet 1881.

1. — **Historique.** — La commission de la Chambre avait adopté un article dans le même sens, sur la proposition de M. Thirion-Montauban, et sous forme de paragraphe additionnel à l'article 311 du Code civil; son espoir était de faire cesser le scandale qui résulte de la publication par la voie de la presse des détails d'un procès de ce genre. La Chambre (1) ne ratifia point cette décision de la commission; deux motifs principaux, indiqués par MM. Ferdinand Dreyfus et Gatineau, dictèrent son vote sur ce point: le premier est qu'en vertu même de l'article 39 de la loi du 30 juillet 1881, les Cours et tribunaux peuvent dans toute affaire civile interdire le compte rendu du procès; le second, plus concluant encore, est que l'interdiction, pas plus dans notre loi que dans celle de 1881, ne peut porter sur la publication du jugement; or, qui dit jugement dit aussi qualités, et par conséquent les assignations, conclusions, articulations et enquêtes. La disposition parut donc complètement inutile à la Chambre.

2. — **Publicité de l'audience et du jugement.** — L'article a été rétabli sans débat par le Sénat. Il ne porte nullement atteinte à la publicité de l'audience ni à celle du jugement. Sauf ordonnance prononçant le huis clos, l'audience demeure accessible au public; mais aucun fait qui s'y sera produit ne peut être relaté, autres que ceux visés dans le texte du jugement ou dans les qualités qui le précèdent.

ART. 4.

(DISPOSITION TRANSITOIRE.)

Les instances en séparation de corps pendantes au moment de la promulgation de la présente loi pourront être converties par les demandeurs en instances de divorce. Cette conversion pourra être demandée même en Cour d'appel.

(1) *Chambre*, séance du 17 juin 1877.

La procédure spéciale au divorce sera suivie à partir du dernier acte valable de la procédure en séparation de corps.

Pourront être convertis en jugements de divorce, comme il est dit à l'article 310, tous jugements de séparation de corps devenus définitifs avant ladite promulgation.

1. — Rétroactivité. — Causes de divorce antérieures à la promulgation de la loi. — Un jugement du tribunal de Turin en date du 9 frimaire an XII avait décidé que le divorce ne pouvait être invoqué pour des causes antérieures à la loi qui l'avait établi et que, par suite, les époux mariés avant la promulgation de la loi du divorce avaient eu en quelque sorte un droit acquis à l'indissolubilité du mariage. Ce jugement fut infirmé par arrêt de la Cour de Turin du 25 mai 1808 (S. a., 10, 2, 534; S. c. n., 2, 2, 392). Mais un arrêt de la Cour de cassation du 12 février 1806 (S. a., 6. 2, 769; S. c. n., 2, 1, 215) semble inspiré lui aussi du même esprit que le jugement précité du tribunal de Turin.

Le texte et l'esprit de l'article 4 de la loi nouvelle ne laissent subsister aucun doute sur cette question. En disant que les instances en séparation de corps pendantes au moment de la promulgation de la présente loi, pourront être converties par les demandeurs en instance en divorce, le législateur a suffisamment indiqué que les faits antérieurs à la loi nouvelle peuvent servir de cause à une demande en divorce. — Ce principe résulte clairement aussi, pour les mêmes motifs du dernier paragraphe de l'article 4.

ART. 5.

La présente loi est applicable à l'Algérie et aux colonies de la Martinique, de la Guadeloupe et de la Réunion.

1. — Application de la loi du divorce aux colonies — Conformément au sénatus-consulte du 3 mai 1854, des décrets rendus sur la proposition du ministre de la marine et des colonies peuvent rendre la loi applicable aux autres colonies françaises, avec ou sans modifications.

DISCOURS PRONONCÉ AU SÉNAT

Par M. Alfred NAQUET

DANS LES SÉANCES DES 26 ET 27 MAI 1884

M. Naquet. Messieurs, je ne m'attendais pas à prendre la parole immédiatement après mon honorable collègue M. Lafond de Saint-Mür, qui vient de parler dans le même sens que moi et de soutenir ma thèse.

Certes, je ne vais pas jusqu'à me flatter de cette illusion qu'il n'y a plus, dans le Sénat, d'adversaires du rétablissement du divorce et qu'il y a, de la sorte, un *consensus* général pour son rétablissement immédiat.

Voix à droite. Non! non! n'y comptez pas.

M. Naquet. Eh bien, messieurs, puisque ce *consensus* général ne s'est pas encore nettement établi, ce dont je me doutais quelque peu, je demande au Sénat la permission de lui exposer les motifs qui, à mon sens, militent en faveur de ma proposition.

Lorsqu'en 1876, j'ai pour la première fois déposé sur le bureau de la Chambre des députés une proposition de loi tendant au rétablissement du divorce, je puis presque dire que ce n'est pas par une hostilité déclarée que cette proposition fut accueillie : ce fut, je l'avouerai, par une sorte d'éclat de rire qu'il me fut répondu. Pour peu, on aurait déclaré volontiers qu'il y avait là comme une sorte d'entreprise d'écervelé, tant cette proposition avait causé de surprise.

Vainement m'efforçais-je, alors, de rappeler que la Chambre des députés de 1831, à laquelle on ne pouvait reprocher ni l'irréflexion, ni le défaut de gravité, que cette Chambre, qui n'était certes pas exaltée dans le sens libéral, qui n'était pas même républicaine, mais conservatrice, censitaire et bour-

geoise, avait, à quatre reprises différentes, voté le rétablissement du divorce, et que, si ce rétablissement n'était pas
devenu un fait, c'était uniquement par suite de la résistance
irréductible que cette idée avait rencontrée dans la Chambre
des pairs.

Vainement rappelais-je aussi qu'à cette époque un président du tribunal civil de la Seine, bien placé pour connaître
la nécessité d'une loi de cet ordre, M. Debelleyme, avait ré-
clamé avec énergie, non seulement que la Chambre des députés mît la question du divorce à son ordre du jour, mais
qu'elle la discutât, toutes autres affaires cessantes, tant cette
question lui paraissait comporter d'urgence.

Vainement insistais-je encore en démontrant que ce n'était
pas le nombre des séparations de corps et de biens, multi-
pliées dans des proportions formidables depuis 1831 jusqu'à
nos jours, qui pouvait rendre moins urgent, en 1876, ce
qui était déjà considéré comme si urgent en 1831. Vainement
démontrais-je la nécessité, toujours plus pressante, d'une
législation qu'avaient réclamée des hommes sages, modérés
et libéraux, comme M. Odilon-Barrot, par exemple, qui avait
fait à ce sujet un si mémorable, un si remarquable rapport.

On me répondait toujours par les mêmes arguments, mais
notamment par celui-ci, qui dominait les autres : le divorce,
me disait-on, n'est pas demandé. C'était la base de l'argumentation de mes contradicteurs.

Il fallait, cependant, bientôt reconnaître que la proposition
était moins intempestive qu'elle ne l'avait paru tout d'abord.

A l'exception de quelques journaux très nettement cléri-
caux, la presse, dans l'immense majorité de ses organes, et
même dans quelques journaux appartenant à l'opinion mo-
narchiste, comme le *Soleil*, comme le *Figaro* qui, ayant
laissé, sur ce point, toute liberté à ses rédacteurs, avait
publié de remarquables articles pour et contre le divorce, la
presse, dis-je, avait pris résolument parti en faveur de ma
proposition. Moi-même, une fois la question soulevée, je pus
constater l'intérêt profond qu'elle inspirait, dans plus de
cent conférences que j'ai faites sur tous les points du territoire, du nord au midi, de l'est à l'ouest, conférences dans
lesquelles j'appelais, autant que possible, non pas seulement

les partisans du divorce, mais surtout ses adversaires, parce que je tenais à les convaincre. Je puis dire que dans ces conférences j'obtins généralement un succès complet que je n'attribue certes pas au talent de l'orateur qui développait la thèse soutenue aujourd'hui devant vous, mais que je puis, sans hésitation, attribuer à ce fait : que quand on a la vérité pour soi et que l'on met ses concitoyens en demeure de réfléchir, les préjugés forcément se dissipent et la vérité triomphe.

Enfin, le 27 mai 1879, malgré les conclusions contraires de la commission d'initiative, la Chambre des députés prenait ma proposition en considération et la renvoyait à l'examen de ses bureaux qui nommèrent une Commission dont les membres lui étaient, en grande majorité, favorables.

Toutefois, je dois reconnaître qu'en 1881, la Chambre repoussa, mais à une faible majorité de 30 ou 32 voix, si je ne me trompe, les conclusions de cette Commission, qui avaient été, cependant, remarquablement et éloquemment défendues par l'honorable M. Léon Renault.

Mais j'ai le devoir de rechercher, en passant, la cause qui, d'après moi, motiva ce vote défavorable. Nous nous trouvions, à ce moment, à la veille des élections générales de 1881, et un grand nombre de mes honorables collègues jugèrent, dans leur conscience, qu'à un intervalle si rapproché de la grande consultation qui allait agiter le pays, il ne leur appartenait pas d'émettre un vote de cette importance, sur une question pour ainsi dire neuve aux yeux du suffrage universel, alors que sur cette question, leurs électeurs n'avaient jamais été directement ou indirectement consultés.

Telle est à mon sens, la raison qui fit rejeter le divorce dans cette première délibération.

Un sénateur à droite. Ils avaient peur.

M. Naquet. En admettant, pour un moment leur crainte dans ce sens, messieurs, l'événement a prouvé qu'ils se seraient trompés; car, lorsqu'en 1881, au mois d'août, le suffrage universel fut appelé à renouveler intégralement la Chambre, que se passa-t-il? Ceci : les députés qui avaient précédemment voté le rétablissement du divorce furent tous réélus, à l'exception d'un des plus éminents, de l'honorable

M. Léon Renault, et je puis dire que son insuccès, heureusement réparé depuis, ne pouvait être attribué à son opinion sur le divorce, car son successeur, en effet, avait précisément inscrit le divorce dans sa profession de foi.

Par contre, un grand nombre de membres sortants de la Chambre, qui n'avaient pas voté le divorce, furent blâmés par leurs électeurs dans les réunions électorales, et, parmi les candidats nouveaux qui furent élus, beaucoup avaient fait figurer dans leur profession de foi le rétablissement de la loi abrogée en 1816. Si bien, qu'on peut dire qu'avec la revision constitutionnelle et la réforme de la magistrature, le divorce a été une des trois seules propositions qui aient été acceptées plébiscitairement par l'opinion publique. (Interruption sur divers bancs.)

Oui, messieurs, l'on peut dire que le divorce, dans cette consultation générale, venait d'être voté par la nation. (Exclamations à droite.)

Vous contestez, messieurs? La chose me paraît pourtant incontestable; quelle logique bien saisissante, en effet, que celle du pays dans cette circonstance, et quelle indication plus énergique de sa volonté! Plus de trois cents députés ont voté le divorce, l'ont inscrit dans leur programme; ils sont élus ou réélus à des majorités considérables; et le lendemain, la Chambre saisie d'une nouvelle proposition de loi portant rétablissement du divorce, vote cette proposition à une majorité de plus de deux cents voix! Pourrait-on, en présence de cet enchaînement de faits, sérieusement contester que la nation se soit prononcée, elle-même, catégoriquement?

Lors de la discussion, en 1882, quelques adversaires du divorce me disaient: Le mouvement d'opinion dont vous parlez — car je l'évoquais alors comme aujourd'hui — et qui vient de se produire avec éclat, n'est pas un mouvement sérieux, il est factice, et l'un des plus brillants orateurs qui me combattaient, l'honorable évêque d'Angers, s'adressant à moi, ajoutait: « Ce mouvement, c'est vous seul qui en êtes la cause, l'auteur; si vous n'eussiez pas été là, personne n'eût parlé du divorce en France. »

Je me demande d'abord à quel signe on pourra distinguer un mouvement sérieux d'un mouvement factice; si un pre-

mier vote comme celui qu'a émis le suffrage universel en
1881; si un vote comme celui que la Chambre a émis en
1882; si le fait qu'une commission, nommée par les bureaux
du Sénat, se prononce, au moins en principe, en faveur de la
proposition; si tout cela ne caractérise et ne démontre pas un
mouvement d'opinion sérieux, à quels signes, je le répète, un
mouvement sérieux peut-il se reconnaître?

Quant à l'action personnelle qu'on veut bien m'attribuer
dans la diffusion, dans le développement, dans la vulgarisa-
tion, si j'ose ainsi dire, de cette question du divorce, elle
prouverait tout simplement une chose : c'est qu'une idée,
quelque juste, honnête ou grande qu'elle soit, a toujours
besoin qu'un homme s'en empare, la fasse sienne, s'y attache
passionnément; que, par sa persévérance, il attire l'attention
sur cette idée et qu'il oblige ses concitoyens à l'étudier, à s'y
attacher, à réfléchir en un mot, sur ce que cette idée porte
en elle.

Mais, messieurs, cette action personnelle, j'ai hâte de le
dire, on l'a, par bienveillance à mon égard, assurément exa-
gérée; elle n'a valu quelque chose que parce que ma foi était
partagée, parce que ma conviction répondait à la conviction
de la majorité du pays; ainsi comprise, ce que j'appelle mon
action personnelle, loin de pouvoir être opposée comme un
argument contre ma thèse, est l'un des meilleurs arguments
que je puisse invoquer en sa faveur devant vous.

Supposez un instant, en effet, que la cause que je défendais
n'eût pas eu des assises profondes dans le sentiment du pays,
qu'elle n'eût pas répondu aux besoins d'un nombre considérable d'intéressés, qu'elle n'eût pas été dans la logique du
développement démocratique de ce pays; croyez-vous que je
serais parvenu à concourir, à contribuer indirectement à
l'élection de députés qui proclamaient la justice de cette
cause, et qui, à ce titre et parce qu'ils pensaient ainsi, deve-
naient les élus du suffrage universel?

Croyez-vous, messieurs, que par ma seule action individuelle, et si je n'avais eu l'opinion publique avec moi, je
serais parvenu à obtenir une majorité à la Chambre, à trouver également une majorité dans la commission sénatoriale,
et, je l'espère, dans cette haute Assemblée, où siègent des

parlementaires consommés qui se décident peut-être moins que dans l'autre Chambre sous les inspirations de la foule, et qui obéissent plus volontiers aux inspirations de la raison pure?

Eh bien, si le pays, si la presse, si l'opinion publique m'ont donné sur ce point gain de cause, si j'ai pu pousser mon œuvre aussi loin que je l'ai fait, c'est que cette œuvre était nécessaire, c'est qu'elle était mûre, et que, par conséquent, le fait seul que le pays s'est prononcé dans ce sens est une preuve manifeste qu'elle répondait à un besoin réel. Oui, si je n'eusse pas été là, un autre se fût trouvé à ma place qui eût été, par son action et sa parole, l'organe de l'opinion générale comme j'ai simplement essayé de l'être moi-même.

Ah! tenez, messieurs, oubliez-moi pour un instant; mettez à ma place un tribun d'un grand mérite, doublé d'un jurisconsulte consommé; supposez que cet homme auquel, dans mon hypothèse, j'attribue du génie, fût venu défendre devant le pays, non pas le rétablissement du divorce, mais une théorie comportant la suppression des lois sur lesquelles repose l'égalité civile ou l'égalité des enfants dans le partage successoral; croyez-vous qu'il aurait suffi de quelques discours et de quelques articles de journaux pour faire passer ses idées dans la masse du pays? Non, messieurs; et certainement, si le principe de l'indissolubilité du mariage avait eu dans l'esprit de nos populations des racines aussi profondes que les lois de 1789, qui ont fondé la démocratie moderne, ce ne sont ni mes discours, ni ceux, autrement éloquents, de MM. Léon Renault et de Marcère, ni les articles de journaux, ni les pièces de théâtres qui en auraient jamais eu raison; et, je le répète, si le pays me donne gain de cause en ce moment-ci — je puis le dire après le vote de 1881 — après le vote plus récent de la Chambre, — c'est que la réforme est désirée, nécessaire, et que vous accomplirez une œuvre salutaire en la faisant, en la sanctionnant aujourd'hui.

Et, messieurs, n'en doutez pas, c'est une grande pierre de touche qu'une nation qui examine une question importante comme celle-ci et qui la vote, non point dans un mouvement irréfléchi, sous une inspiration trop prompte ou trop vive,

mais après huit ans de discussion, de réflexion et de contro-
verses.

Oh! je sais encore qu'on a l'habitude, dans les débats de
cette nature, de mettre en doute, en suspicion les faits qui
vont à l'encontre de la thèse qu'on préfère. C'est humain. Nos
contradicteurs me disent : « La vérité est que le mouvement
qui s'est produit en faveur du rétablissement du divorce est
un mouvement d'indifférence. On a réélu les députés qui
avaient voté le divorce, on a élu les candidats qui l'avaient
inscrit dans leur profession de foi, soit; mais ce n'est pas
parce qu'ils étaient partisans du divorce; c'est quoiqu'ils
fussent partisans du divorce; dans le fond, on n'attachait aucune espèce d'importance à la question.»

Je me garderais bien de prétendre qu'il puisse jamais y
avoir dans ce pays, ni dans aucun autre, en faveur d'une loi
à faire de la nature de celle qui tend à rétablir le divorce, un
de ces mouvements spontanés, violents, généraux, comme il
pourrait s'en produire lorsqu'il s'agirait de diminuer les im-
pôts ou de restreindre la durée du service militaire. Et j'ajoute
que je suis heureux qu'en matière de rétablissement du divorce un mouvement de cette nature ne soit pas possible. Car,
à l'exception des intelligences cultivées, des natures d'élite
qui se passionnent pour tout ce qui est juste, utile et vrai,
même quand la réforme qui formulerait leur idéal et en serait
la consécration ne doit pas leur être directement profitable
ou utile, à l'exception, dis-je, de ces esprits élevés, on ne se
passionne, dans les masses, que pour les réformes dont le
profit apparaît comme direct et immédiat.

De sorte que, s'il s'était produit dans notre pays, en faveur
du divorce, un de ces mouvements généreux et passionnés
que d'aucuns voudraient pouvoir constater avant de réclamer
l'institution du divorce, il faudrait en conclure que l'immense
majorité de la France est mal mariée; que la corruption et
la désunion générale se sont introduites dans les familles de
notre pays, et ce serait la constatation la plus douloureuse
qu'on pût faire.

Mais, si la masse des citoyens français ne se passionne pas
pour le rétablissement du divorce, la masse des citoyens
français comprend que cette loi est juste, que cette loi est

équitable, qu'elle est une loi d'ordre social et qu'il ne faut pas
la refuser aux 50 ou 60,000 époux séparés de corps et de
biens qui vivent à côté de nous, parmi nous, et qui, eux, la
réclament avec toute l'ardeur que l'on apporte à désirer, à
solliciter une réforme qui va permettre à tant d'existences
brisées de se reconstituer et de renaître.

On m'a objecté quelquefois qu'il n'importait pas de faire
des lois pour les exceptions, et que le nombre des victimes du
mariage n'était pas tellement considérable que nous dussions
prendre la peine de légiférer pour elles. Ce serait, messieurs,
une doctrine singulière, et qui ne tendrait à rien moins qu'à
abaisser le niveau moral de l'humanité, que celle qui consis-
terait à faire prévaloir cette idée : que la justice d'une cause
est proportionnée au nombre de ceux qui sont intéressés à ce
qu'une iniquité soit détruite.

Est-ce que, lorsqu'au dix-huitième siècle un grand mouvement d'opinion se produisit contre les traitements inhumains
dont les aliénés étaient victimes, on s'est demandé à qui ce
mouvement d'opinion pourrait profiter? Non, non; il y avait
là un fait de justice sociale, et l'on se passionna pour ce fait.
De nos jours encore, quand des questions comme celle de la
peine de mort ou les grandes questions du régime pénal ou
pénitentiaire se posent devant vous, ne trouvez-vous pas
qu'une question d'humanité s'agite, qu'une solution est réclamée de vos consciences? Si, messieurs; et cependant, qui
cela intéresse-t-il? Quelques criminels que leurs vices ou
leurs crimes ont, pour ainsi dire, rejetés hors de la société.
Et vous ne voudriez pas porter à ces six mille victimes
annuelles du mariage autant d'intérêt que vous en portez à
quelques misérables privés de leur raison ou à ces criminels
qui peuplent vos prisons et vos bagnes ?

Non, messieurs, cela n'est pas soutenable.

Je sais bien qu'en général la rigoureuse argumentation des
adversaires du divorce ne va pas aussi loin. Ils reconnaissent
que la situation des époux séparés est une situation digne
d'intérêt et de pitié. Mais ils redoutent les conséquences du
divorce; ils craignent que cette loi, introduite dans notre
législation, ne produise plus de maux qu'elle ne contribuera
à en faire cesser.

Mais, tenez; je vois à ce banc un de nos honorables collègues qui me permettra de prononcer son nom ; je le cite avec d'autant plus de plaisir que, quoique n'étant pas souvent du même avis que lui sur les questions que nous agitons dans nos séances, j'ai pour son esprit un goût particulier, et pour son caractère une estime très grande ; j'ai nommé l'honorable M. La Caze.

Il exprimait, dans une récente conversation, cette pensée très juste que l'imperfection de la nature humaine nous oblige bien souvent à accepter un mal, par crainte de produire un mal plus grand. C'est à peu près cette idée qu'a si magistralement exprimée, dans deux admirables vers, notre grand poète Victor Hugo, lorsqu'il dit :

> «... La création est une grande roue
> « Qui ne peut se mouvoir sans écraser quelqu'un. »

Eh bien, cette pensée, appliquons-la aux victimes du mariage, de son indissolubilité. Ce n'est point de situations à mépriser, à dédaigner qu'il s'agit ici, croyez-le bien.

Ici est toute la question, c'est là le fond même du débat. Si vous parvenez à établir, à me démontrer que, le jour où nous rétablirons le divorce dans nos lois, nous aurons contribué à corrompre les mœurs sociales ; que, le jour où nous aurons rétabli le titre VI du code civil, nous augmenterons le nombre des familles qui se désunissent ; que, sous prétexte de rendre la liberté à un certain nombre d'époux qui en sont privés, nous allons, au contraire, priver de cette union, qui est le plus grand bienfait de la vie, un grand nombre d'époux qui sont en ce moment unis ; si vous me démontrez cela, alors, messieurs, vous serez autorisés à poser la question entre le sort des époux, le sort des enfants, le sort de la femme en particulier dans le mariage uni, et le sort des mêmes individus sous le régime du divorce ; vous serez alors autorisés à conclure contre moi.

Mais si, par contre, je parviens à établir que le divorce ne doit point avoir pour conséquence d'augmenter le nombre des familles qui se désunissent ; que son action, à ce point de vue particulier, sera extrêmement faible ; si je démontre qu'au cas où cette action s'exercerait d'une manière quel-

conque, ce serait plutôt en diminuant le nombre des désunions de familles qu'en l'augmentant; si j'établis cela,
messieurs, alors j'aurai le droit, à mon tour, de venir vous
dire :

Le divorce n'est pas fait pour les familles unies ; il n'y a
pas lieu de les faire entrer au débat; le divorce ne les concerne pas, ne les regarde pas. Le divorce est fait pour les
malheureux qui, par suite de certains événements dont
parfois ils sont responsables, dont souvent ils ne sont responsables à aucun degré, se trouvent placés dans cette situation
terrible que le législateur, dans tous les pays du monde, a
été, en face d'elle, obligé d'opter entre ces deux remèdes, la
séparation de corps ou le divorce, mais de recourir fatalement
à l'un des deux.

Aucune législation n'a osé déclarer qu'elle abolirait la
séparation de corps elle-même et que, quand deux époux
seraient unis, ils le seraient à perpétuité, dût cette union
entraîner la mort de l'un deux, dût cette union entraîner des
crimes.

C'est là le fond du débat, j'y reviens: si le divorce n'a pas
pour effet d'augmenter le nombre des familles qui se désunissent, nous n'aurons qu'à porter la discussion sur ce point:
Pour les époux qui sont dans cette situation malheureuse de
désunion, de dissentiment, d'incompatibilité, de haine, pour
les enfants de ces époux, pour la femme en particulier, le
divorce est-il supérieur à la séparation de corps, ou bien la
séparation de corps est-elle supérieure au divorce? Je me
sers d'un terme inexact; je veux dire : le divorce est-il moins
mauvais que la séparation de corps, ou la séparation de
corps est-elle moins mauvaise que le divorce? Nous sommes,
en effet, ici, dans une matière où il ne s'agit pas de savoir ce
qui sera mieux, mais ce qui sera le moins mal.

Or, messieurs, les lois qui régissent le mariage et le divorce
n'ont qu'une action extrêmement faible sur le nombre des
familles qui se forment et sur le nombre des liens qui se
dénouent. Certes, une loi qui interdirait le mariage à toute
une classe de citoyens aurait bien pour effet de faire apparaître un moins grand nombre de mariages sur les registres
de l'état civil, mais ce serait au profit d'unions illicites qui se

créeraient à côté des unions légales ; sur le fait lui-même, sur le fait naturel, la loi serait sans action.

De même, une loi qui interdira le divorce ou qui le rendra très difficile, ou, comme en Angleterre et en Russie, extrêmement coûteux, pourra bien diminuer, en apparence, les divorces, le nombre des procès, mais ce sera au profit des séparations amiables, suivies d'unions clandestines, adultérines.

En fait, vous n'allez pas plus rétablir le divorce que le législateur de 1816 ne l'a aboli. Le divorce existe en dépit du législateur de 1816, et il continuera d'exister, que vous vouliez ou que vous ne vouliez pas le rétablir.

Mais la question que vous avez à résoudre est de savoir s'il vaut mieux laisser se produire des désunions, des ruptures amiables ou judiciaires, suivies de concubinages clandestins ou avoués, ou s'il vaut mieux permettre à ces unions immorales, qui sont un levain de corruption pour la société, de se légitimer, de s'épurer, de se transformer en mariages honorables et au grand jour. Voilà toute la question.

Quant au peu d'action que la législation exerce sur le nombre des familles qui se forment ou qui se désunissent, M. Bertillon, le savant chef de la statistique de la ville de Paris, en a donné la preuve concluante. Cette preuve est à mes yeux tellement concluante, en effet, que si je pouvais faire que tous ceux qui m'écoutent en ce moment et qui n'ont pas, contre le divorce, un parti-pris absolu, tiré de considérations d'un autre ordre sur lesquelles je reviendrai plus tard, si je pouvais faire, dis-je, qu'ils eussent lu les deux petites brochures de M. Bertillon, qu'ils en connussent les développements, qu'ils eussent étudié les diagrammes qui s'y trouvent annexés, je n'aurais qu'à descendre de la tribune : ma cause serait gagnée.

Le peu d'action exercé par la législation sur la fixité, la solidité des mariages, M. Bertillon l'a établi, en effet, par des chiffres, par des déductions incontestables. Et, puisque mariage et divorce appartiennent à un même ordre de faits, et que ce qui est vrai de l'amour qui lie est vrai de la haine qui délie, permettez-moi de vous citer un exemple tiré des lois sur le mariage lui-même. Ce fait, je l'emprunte à la législation de la Bavière, à la statistique qui concerne ce pays.

Avant 1862, le législateur bavarois avait eu la singulière idée, — calquée d'ailleurs sur une idée semblable, qui avait prévalu dans certains cantons suisses, — d'interdire le mariage à quiconque ne justifierait pas de moyens d'existence. On pourrait croire, peut-être, que le législateur fut obéi, et que le nombre des mariages diminua? Oui, le nombre des mariages légaux diminua, mais, à partir du jour où cette loi fut faite, le nombre des enfants naturels s'éleva à 25 p. 100 du nombre des naissances légitimes. Le législateur bavarois fut effrayé de son œuvre et la loi fut rapportée.

Alors, bien que depuis cette époque le divorce qui n'existait d'abord en Bavière que pour les non-catholiques, y ait été établi pour toute la population par le nouveau Code allemand, le nombre des enfants naturels s'est abaissé à 13 p. 100. Seulement, le mouvement de réaction s'est opéré moins rapidement que le mouvement ascensionnel, parce que, quand les mauvaises habitudes sont prises, on les abandonne plus difficilement qu'on ne les a prises. Le législateur bavarois a été sans action sur le nombre des unions, mais il a eu une action néfaste sur laquelle il ne comptait pas, au point de vue de la contemption de la loi : il a habitué la population bavaroise à mépriser la législation de son pays, et il lui a fallu plus de dix ans pour ramener la situation primitive ; encore n'y est-il pas tout à fait parvenu.

Des faits relatifs au mariage, je passe aux faits relatifs au divorce.

M. Bertillon raisonne ainsi : Si, dit-il, la législation avait un empire considérable sur le nombre des unions et des désunions, que devrait-on observer ? On devrait observer, d'abord, que les pays qui ont la même législation ont un nombre de désunions de familles très voisin. On devrait ensuite observer que les pays qui ont des législations dissemblables ont un nombre de désunions de familles très différent. On devrait observer, enfin, que quand un pays change de législation, il se produit immédiatement une modification dans le sens de l'augmentation ou dans le sens de la diminution, en ce qui touche le nombre des familles qui se désunissent.

Eh bien, les chiffres parlent, dans les trois cas, contre les conclusions auxquelles on serait logiquement amené si l'on admettait une action sérieuse et effective de la législation sur les unions et les désunions de familles.

Le premier exemple de M. Bertillon est l'exemple de la Suisse. La Suisse, depuis 1876, est régie, en ce qui concerne le mariage et le divorce, non plus par vingt-deux législations cantonales, mais par une seule et même loi fédérale de 1874, promulguée et mise en pratique depuis 1876. Or, messieurs, cette loi étant absolument la même pour tous les cantons helvétiques, si elle avait une influence considérable et si c'était à elle qu'il fallût attribuer le nombre plus ou moins considérable des divorces, il est évident qu'on observerait une certaine analogie, un certain rapport entre le nombre de divorces dans les divers cantons.

Eh bien! voici quelques chiffres que je crois pouvoir vous citer : dans le canton d'Uri, sur 1,000 mariages, pas un seul divorce. Le nombre en est tellement faible qu'il faudrait se rapporter à 10,000 ou à 100,000 mariages pour obtenir une unité de divorce. Dans le canton du Valais, il y en a 4 pour 1,000. Dans le canton d'Unterwalden-le-Haut, il y en a 4,9. Dans le canton d'Unterwalden-le-Bas, 5,2. Mais, par contre, pour le canton de Genève, nous trouvons 70,5 divorces pour 1,000 mariages; dans le canton de Neufchâtel, 42,4; dans le canton d'Appenzell, 100,7; dans le canton de Schaffouse, 106,0. Voilà donc, sous la même législation, des cantons qui comptent 106 divorces pour 1,000 mariages...

M. Buffet. Ce sont des cantons protestants.

M. Naquet... et d'autres qui n'en comptent pas un seul.

Je reviendrai tout à l'heure sur l'observation de l'honorable M. Buffet ; elle est très juste. Les cantons protestants sont, en effet, ceux où l'on divorce le plus. Mais il y a cependant des différences notables entre les divers cantons catholiques eux-mêmes. Dans celui de Fribourg, le nombre de divorces s'élève à 15,9 p. 1,000; dans le canton de Lucerne, à 13; dans le canton de Zug, à 14,8; dans le canton du Valais, à 4; dans le canton d'Uri, à 0. Il y a donc, entre les cantons catholiques des différences, je le répète, assez importantes.

Maintenant, messieurs, de la Suisse, je passe à la France.

La France, elle aussi, a l'unité de législation : c'est la séparation de corps et de biens, qui est applicable dans toute l'étendue du territoire de la République.

Eh bien, si vous tirez une ligne qui suive le cours de la Loire et qui divise la France en deux parties : une partie méridionale et une partie septentrionale, et si vous laissez de côté, dans ces deux parties, les départements qui comptent de grandes villes, parce qu'elles fausseraient la statistique, attendu qu'on se sépare beaucoup plus dans les grandes villes que dans les petites ; si vous prenez, dis-je, les départements du Midi d'un côté et les départements du Nord de l'autre, vous trouvez que dans ceux du Midi, le nombre des séparations de corps varie de 2 à 5 pour 1000, tandis que dans ceux du Nord, il varie de 5 à 14 p. 1000. La proportion est donc à peu près le triple, dans les départements du Nord, de ce qu'elle est dans ceux du Midi ; et, je le répète, ce n'est pas au département de la Seine que vous pouvez attribuer cette différence, car je l'ai défalqué de la statistique.

Enfin, si de France vous passez à d'autres contrées de l'Europe, vous trouvez deux pays bien intéressants et bien curieux : la Norwège et le Danemark. Les populations de ces deux pays sont de même race et de même religion. Ils ont à peu près la même langue et une législation identique. Or, savez-vous combien il y a de séparations et de divorces en Norwège? Il y en a 0,54 p. 1000, 1 sur 2000. En Danemark, il y en a 38 pour 1000, 76 p. 2000 : 75 de plus en Danemark, et cela avec la même législation et sous d'autres conditions générales qui sont aussi les mêmes.

Ainsi, vous le voyez, la législation joue là, en réalité, un rôle tout à fait secondaire, et ce rôle tout à fait secondaire ressort également quand on se place en présence des modifications subies par une législation déterminée. Par exemple, en 1802, quand la France vivait encore sous l'empire de la loi de 1792, qui rendait le divorce absolument libre, absolument facultatif, sur la demande d'un seul des conjoints et sur la simple allégation d'incompatibilité d'humeur et de caractère, savez-vous combien, sur l'ensemble du territoire, il y a eu de divorces? 1 sur 2,000. Savez-vous combien il y a eu de séparations de corps en 1882? 11 sur 1000.

Vous voyez donc que s'il n'y avait eu là qu'une modification correspondant au changement de législation, elle n'aurait pas été du tout à l'avantage des partisans de la séparation de corps et de biens; mais je me hâte de dire que ce n'est pas au changement de législation que je l'attribue; ce mouvement ascensionnel ne s'est pas produit ainsi; il a commencé pendant que le divorce existait encore et il s'est continué sans interruption depuis son abolition, comme il se continue dans tous les pays, ainsi que nous allons le voir dans un moment.

Donc, messieurs, je le répète, l'action de la législation est faible. Mais quelles sont alors les causes réelles qui produisent les différences que nous venons d'observer?

Je ne veux pas m'étendre trop sur ce point ; cependant, les conclusions qu'on peut tirer de ces travaux sont tellement importantes, au point de vue de la cause que je défends, que je vous demande la permission de les analyser brièvement.

Il y a cinq causes principales de désunion pour les familles : il y a d'abord la religion, c'est ce que disait tout à l'heure l'honorable M. Buffet.

La religion paraît exercer une influence considérable. Dans les pays catholiques, on divorce ou l'on se sépare relativement peu; dans les pays protestants, on divorce ou l'on se sépare relativement beaucoup. Je n'insiste pas, je ne recherche pas pourquoi les traditions et l'éducation catholiques ont ce résultat ; je me borne à constater ce fait que les pays catholiques, même quand ils ont cessé d'être foncièrement catholiques, et simplement en vertu de l'éducation générale qui a prévalu chez eux, se servent moins de la séparation ou du divorce que les pays protestants.

J'ajoute immédiatement que la France étant un pays de traditions et d'éducation catholiques, c'est une garantie pour ceux qui veulent rétablir le divorce et qui, partant de ce principe, peuvent être certains qu'on n'en usera jamais chez nous comme on en use dans les pays protestants, en Danemark et en Suisse, par exemple.

Après la religion, il y a la race. Les différentes races sont plus ou moins portées à la séparation et au divorce ; les races bretonne et flamande sont celles qui divorcent et se séparent le moins.

Puis, il y a l'habitat des grandes villes, et les professions. Dans les grandes villes, il y a plus de désunions que dans les campagnes ; de même, dans les professions libérales et ouvrières, on est plus porté à la désunion de famille que parmi les populations agricoles.

Enfin, il y a une dernière cause, ou plutôt un dernier effet, qui est l'action du temps. C'est une loi générale et qui ne s'est jamais démentie nulle part, pas plus dans l'antiquité que dans les temps modernes, que, quel que soit le régime politique, quelle que soit la race, quelle que soit la législation du mariage et du divorce, le nombre des familles qui se désunissent va toujours en augmentant, à mesure que la civilisation se développe...

Dans les pays où l'on divorçait très peu il y a quatre-vingts ans, on divorce encore relativement peu aujourd'hui, encore bien que le divorce y soit devenu un peu plus fréquent.

Dans les pays où l'on divorçait beaucoup, autrefois, comme la Suisse, où — M. Kummer, le savant statisticien suisse le reconnaît, — on a toujours divorcé plus que partout ailleurs, on divorce aujourd'hui davantage ; le rapport entre ces divers pays est toutefois demeuré le même, en vertu de ce principe mathématique qu'une fraction ne change pas de valeur quand on multiplie les deux termes par un même nombre.

Mais le mouvement ascensionnel s'est produit uniformément, et partout, dans tous les pays du monde, en dépit des mœurs, en dépit des législations, en dépit des races, en dépit des régimes politiques.

Pourquoi cela ? J'avoue qu'il est assez difficile de le savoir. Peut-être la civilisation, qui nous apporte tant et de si grands biens, veut-elle, dans une certaine mesure, nous faire payer ces biens par certains maux compensateurs. Mais je dois signaler en passant qu'une observation très curieuse, très bizarre, et surtout très inattendue, jette un certain jour sur la question.

M. Bertillon a remarqué que tous les pays où les familles se désunissent beaucoup, sont également les pays où l'on se suicide beaucoup, et que, dans les pays où l'on se désunit peu, les suicides sont également rares.

Il ne faudrait pas en conclure qu'on se suicide beaucoup

dans les pays où abonde la séparation de corps ou le divorce, parce que ce sont les séparés de corps ou les divorcés qui se suicident ; ce ne serait pas exact. Mais il y a le rapport que j'indique, et qui est tellement net que, si j'avais là les diagrammes de M. Bertillon, ceux qui seraient assez éloignés pour ne pas voir les légendes, pourraient s'y tromper et prendre absolument les diagrammes du suicide pour ceux de la séparation et du divorce, et réciproquement.

M. DE GAVARDIE. Ce sont là des calculs de haute fantaisie !

M. NAQUET. Monsieur de Gavardie, il peut vous appartenir de considérer les chiffres comme de la haute fantaisie. Mais si vous, qui accusez toujours le Sénat de n'avoir jamais étudié les questions, vous vous étiez donné la peine de lire les travaux de M. Bertillon et d'assister à ses conférences, vous ne diriez pas que ces calculs sont de la haute fantaisie.

∙ M. DE GAVARDIE. J'ai lu ces travaux ; les chiffres qui y figurent ne sont pas sérieux.

M. LE PRÉSIDENT. Monsieur de Gavardie, je vous prie de ne pas interrompre l'orateur, autrement je serai obligé de vous rappeler à l'ordre.

M. DE GAVARDIE. Je disais simplement que l'on prouvera que ces chiffres ne sont pas sérieux.

M. NAQUET. Eh bien, monsieur, vous le prouverez.

Je disais donc que la raison la plus simple, la plus naturelle de ce fait bizarre et inattendu, c'est que les causes qui poussent — et ceci est très important — un certain nombre de personnes à se donner la mort, sont les mêmes qui en poussent un grand nombre à devenir insupportables dans leur ménage et à rendre nécessaire une séparation.

Cette cause, c'est ce que M. Bertillon appelle, dans un langage qui n'est peut-être pas tout à fait français, le détraquement intellectuel, la folie ou la demi-folie.

Vous voyez immédiatement le jour que ceci jette sur la question. Pourquoi se sépare-t-on plus dans les grandes villes que dans les campagnes, plus dans les professions libérales que dans les professions industrielles ou agricoles ? Parce que là où l'activité intellectuelle est plus grande, là se trouvent plus de ces névroses, qui font des progrès si considérables dans nos sociétés modernes.

C'est justement à ces névroses, à ce détraquement intellectuel, à cette demi-folie qu'est due cette aggravation continuelle du nombre des ménages qui se séparent; c'est pour cela aussi que le divorce devient d'autant plus nécessaire, car s'il y avait un nombre extrêmement faible de désunions dans les ménages, les dangers qui résulteraient de la séparation de corps seraient eux-mêmes faibles. Mais, à mesure que le nombre des désunions augmente, les dangers qui résultent de cette situation bizarre, singulière, mauvaise, qui est faite aux époux séparés de corps, prennent plus de gravité au point de vue de ses conséquences sur la société elle-même.

Ainsi donc, je crois avoir reproduit d'une manière fidèle, en substance du moins, le travail qui est résumé dans les deux brochures de M. Bertillon, et avoir établi, d'une manière aussi solide qu'on peut le faire en pareille matière, que la législation n'a qu'un empire très faible sur le nombre des familles qui s'unissent comme celui des familles qui se désunissent. Je n'irai pas jusqu'à prétendre qu'elle n'en a aucun, ce serait être trop absolu; mais je crois que cet empire, cette influence s'exercent au profit des idées que je défends, c'est-à-dire au profit du moins grand nombre de désunions dans les familles là où le divorce existe. Telle est ma conviction.

Messieurs, ce n'est pas la première fois que, lorsqu'une idée de liberté est émise dans un pays, cette idée jette, permettez-moi de m'exprimer ainsi, comme un sentiment de crainte et d'effroi autour d'elle. Quand un homme se lève et demande qu'une liberté de plus soit donnée à ses concitoyens, d'autres hommes se lèvent, à leur tour, pour dire : Prenez garde, vous allez introduire dans le pays un élément de désordre ! Cependant l'expérience de tous les temps a démontré que la liberté est le premier et le plus puissant adjuvant de l'homme, au point de vue politique, économique et social.

A mesure que la liberté est plus largement distribuée au milieu d'un peuple, on voit disparaître dans une large mesure les conspirations, les révolutions, les émeutes, qui sont l'apanage fatal des gouvernements despotiques.

Croyez-le, messieurs, une sage liberté, une liberté réglée, introduite dans la famille, aura sur la consolidation, sur la stabilité de celle-ci le même résultat que la liberté introduite dans les lois politiques a eu sur l'ordre matériel.

La raison en est bien simple. L'homme ne tient sérieusement ou plutôt il ne se rend bien compte qu'il tient aux objets moraux ou matériels, que s'il est menacé de les perdre.

Actuellement, la séparation de corps fait aux époux séparés une situation si intolérable que ni le mari ni la femme ne s'imaginent que jamais la séparation puisse être demandée contre eux. Alors, il résulte pour l'un et pour l'autre des époux une quiétude absolue, qui fait que chacun tient compte de ses droits et ne tient quelquefois pas assez compte de ses devoirs.

Au contraire, quand une plus grande liberté se sera introduite dans la famille, au moyen de l'institution réglée du divorce, lorsque chaque époux saura que, s'il se montre indigne de son conjoint, celui-ci pourra se séparer de lui, non point par la séparation de corps, qui le met dans un état d'infériorité sociale, mais par le divorce, qui lui permettra de se créer une autre famille et de se reconstituer une nouvelle existence, alors, il s'introduira dans l'esprit et le cœur de chaque époux une certaine somme de ce que vous me permettrez d'appeler une jalousie salutaire, qui fera que chacun des époux mettra à conserver l'amour de son conjoint le même soin, le même empressement qu'il a mis, avant le mariage, à le conquérir.

M. OUDET. C'est bien juste.

M. NAQUET. Il en résultera dans les unions conjugales une série de concessions, de ménagements qui feront régner l'ordre et l'harmonie là où une législation moins efficace, par cela seul qu'on n'en craint pas les effets, laisse s'introduire la discorde, qui est le prélude d'une séparation de corps.

Oh! je sais bien qu'il y a contre-partie — il y a contre-partie à toute chose, — et je n'ai pas l'intention de prétendre ici que lorsque le titre VI du Code civil aura été rétabli, l'ordre parfait régnera dans le monde, et qu'on aura supprimé toutes les souffrances conjugales.

Je ne le prétends point. Je dis seulement qu'il y aura

moins de ces souffrances et que nous aurons fait une œuvre utile en remplaçant une loi mauvaise par une loi moins mauvaise, c'est-à-dire, en fait, meilleure, puisque, vu l'imperfection de notre nature humaine, nous sommes toujours condamnés à ne pas chercher le bien absolu, mais à balancer le mal par le bien, et, en matière législative, à nous prononcer pour les lois qui offrent plus d'avantages et moins d'inconvénients.

Il y a donc une contre-partie qui m'était éloquemment opposée en 1881, à la Chambre des députés, par l'honorable M. Brisson.

Il me disait : Mais, ne craignez-vous pas qu'un mari poussé, soit par des sentiments malhonnêtes, soit par des sentiments de cupidité, ne force sa femme, au moyen de mauvais traitements, de sévices, à réclamer le divorce contre lui ; qu'ainsi, cette loi que vous réclamez en faveur de la femme, ne devienne pour elle une cause de malheur et ne la prive de cette protection, qui réside, d'après moi, disait M. Brisson, dans l'indissolubilité du mariage ?

D'une manière absolue, il est possible que le fait se produise, mais je prétends que le nombre de séparations que le divorce empêchera, sera plus considérable que le nombre des séparations qu'il fera naître ; car c'est une singulière façon d'envisager le mariage, que de supposer qu'il est toujours un inconvénient pour l'homme et toujours avantageux pour la femme.

L'homme, d'abord, lorsqu'il est honnête et, heureusement je crois que c'est la majorité de la population, — nous ne devons pas calomnier l'espèce humaine, — l'homme tient à sa compagne, il tient à ses enfants.

Vous savez que sur le nombre des séparations ou des divorces qui sont demandés chaque année, bien que les ménages stériles soient de beaucoup l'exception, la majorité sont demandés par des ménages qui n'ont pas d'enfants. Pourquoi ? Parce que les enfants sont la plus grande garantie de la stabilité du mariage. L'homme, s'il obligeait sa femme, par de mauvais traitements, à demander le divorce, perdrait la garde des enfants ; ce sera encore là une raison qui, non seulement l'empêchera de se livrer à ces actes répréhensibles et coupables, mais qui pourra prévenir ces mêmes actes; il s'y serait peut-être livré s'il n'avait eu à redouter que la séparation, il hésitera lorsqu'il aura à redouter le divorce.

J'admets qu'il y a bien des maris, et malheureusement c'est là le côté des époux malhonnêtes, qui n'ont vu, dans le mariage, qu'une spéculation, que la poursuite d'un intérêt matériel. Appelés à perdre tous les avantages qui leur ont été reconnus dans le mariage, lorsque le divorce serait prononcé contre eux, ceux-là seraient retenus encore, de ce chef, par une institution salutaire comme celle du divorce ; la séparation de corps, ils ne la craignent pas : ils savent combien elle est cruelle et lourde à porter, actuellement, pour une honnête femme dans une société où les préjugés sont si tenaces et si injustes.

Mais, messieurs, je reconnais que, jusqu'ici, je raisonne sur des sentiments, et, lorsqu'on raisonne sur des sentiments, on donne aisément prise à l'objection, permettez-moi donc d'invoquer des faits précis.

Tous les ans, en France, les tribunaux jettent dans la société quelque chose comme 6,000 époux séparés de corps et de biens.

Le dernier chiffre que j'ai sous les yeux est, en effet, de 2,870 séparations de corps et de biens, prononcés en 1881.

M. MARTIN-FEUILLÉE, *ministre de la justice et des cultes,* 2,800 est le chiffre moyen depuis plusieurs années.

M. NAQUET. Ainsi donc, c'est près de 6,000, c'est 5,600 époux séparés de corps qu'on jette chaque année dans la circulation, pour me servir du langage d'un de nos auteurs dramatiques à la mode.

Eh bien! quelle est la situation que votre loi fait à ces époux séparés de corps, qui, la plupart, sont jeunes, car c'est surtout dans le jeune âge que les époux se séparent de corps et de biens? Elle leur fait la situation la plus douloureuse, la plus poignante.

Elle leur dit : « Il y a, dans l'humanité, deux sentiments qui sont les plus élevés, les plus nobles parmi les sentiments humains, auxiliaires de toute société comme ils en sont l'honneur et la sauvegarde; ces deux sentiments sont celui de la famille et celui de l'amour. Eh bien, à vous, ces sentiments sont interdits; vous n'aurez plus de famille, vous n'aimerez plus! » Et vous croyez que les époux séparés de corps obéiront à cette loi? Messieurs, peut-être quelques natures supérieures, quelques natures d'élite se sacrifieront, et, je me hâte d'ajouter qu'elles en seront peu récompensées. Mais la masse des intéressés, la majorité de ces êtres sacrifiés ne lui obéiront pas, car c'est une règle générale, supérieure aux règles écrites, que toutes les fois qu'une loi positive est en contradiction avec une loi naturelle, c'est la loi naturelle qui a raison et la loi écrite qui a tort. Lorsque vous leur interdirez de se faire une famille légitime, c'est par l'amour illégal, et c'est par la famille illégitime qu'ils se consoleront. Heureuse encore la société, si dans ces liaisons illicites, ils forment des liaisons durables et sérieuses, malgré leur illégalité, et si, poussés par le double désir de rompre la monotonie de leur existence et de ne pas rompre avec la société, ils ne se jettent pas dans des liaisons temporaires, transitoires, qui échappent à tout contrôle social par leur précarité même.

Or, messieurs, à tout homme et à toute femme qui veut constituer un ménage régulier ou irrégulier, il faut un conjoint, et, comme les époux séparés ne peuvent pas trouver ce conjoint parmi les célibataires des deux sexes, qui, pouvant aspirer aux honneurs du mariage, tiennent à s'en rendre dignes, c'est parmi les époux unis qu'ils cherchent ce complément, qui leur est nécessaire pour cette vie factice et en dehors; ils vont, alors, porter la désunion dans les ménages unis. Au sein des meilleurs ménages, il y a des divergences, des querelles momentanées, des dissentiments passagers; eh bien! croyez-le, les époux séparés seront là, attisant ce feu, soufflant sur cette flamme, et quand le moment sera venu, ils désuniront, sépareront ces ménages pour reconstituer le leur. C'est ainsi que, bien souvent, un ménage séparé portera la désunion, la séparation dans deux autres.

Ce qui fait que j'ai bien raison de dire théoriquement et pratiquement que les 5,600 époux séparés que vous déversez dans la société chaque année, sont 5,600 ferments de corruption et de désordre moral et social.

Messieurs, j'ai voulu aller plus loin dans ma démonstration; j'ai pensé que peut-être quelques chiffres produiraient

plus d'effet encore que les arguments que je viens de vous
donner jusqu'ici. Seulement les chiffres sont difficiles à trouver. Comme je vous le disais tout à l'heure, la législation
exerce une action très faible et il faudrait, au moins, pouvoir
porter son examen, pour trouver des éléments de comparaison aussi concluants que possible, sur deux nations où toutes
les causes, toutes les influences fussent égales et identiques.
Ce n'est pas chose facile. Dans les statistiques, il y a un élément qui nous échappe, un élément considérable.

A côté des ménages qui viennent devant les tribunaux pour
y dénouer leurs querelles, il y a ceux qui n'y recourent pas
et qui optent pour la séparation amiable. Ceux-là, vous ne
les connaissez pas; les statistiques ne les enregistrent pas;
et, pour connaître l'état moral d'un pays, il faudrait pouvoir
faire l'addition de toutes ces désunions à l'amiable et de toutes ces désunions judiciaires.

Or, il est incontestable que, dans les pays où le divorce
existe, le nombre des désunions à l'amiable doit être plus
faible relativement aux désunions judiciaires, que dans les
pays où le divorce n'existe pas. Cela ressort de l'examen
même de la question.

En France, où le divorce n'existe pas, neuf fois sur dix,
les époux qui vivent mal ensemble, n'ayant pas la perspec-
tive de leur liberté à conquérir, ne jugent pas nécessaire de
prendre le public à témoin de leurs discussions intestines et
de se salir réciproquement devant les tribunaux; ils se séparent en silence, et la statistique les ignore comme époux séparés.

Dans les pays où le divorce existe, où les conjoints peuvent reprendre leur liberté et se remarier, ils ont un intérêt
supérieur à aller devant les tribunaux, et il est à présumer
que le plus grand nombre d'entre eux y vont; que, par conséquent, le nombre est moindre de ceux qui ne recourent
pas aux juges. De sorte que, lorsque je prendrai, pour points
d'observation, deux pays dont l'un a le divorce et l'autre la
séparation de corps, si je trouve que, dans celui où le divorce
existe, il n'y a pas plus de ménages désunis que dans celui
où il n'existe pas, je puis affirmer que si j'avais la somme
totale des désunions à l'amiable et judiciaires, la statistique

serait encore plus favorable à ma thèse qu'elle ne le paraît.

Cela étant, je n'ai guère trouvé que deux nations qu'on puisse rapprocher entre elles pour établir une comparaison aussi concluante qu'on peut le désirer : la Belgique et la France. Même langue, presque mêmes mœurs, même religion, et, j'ajoute, même législation : car si la législation est différente dans ses effets, elle n'est pas différente dans ses causes, et les causes qui déterminent pour la Belgique, à la volonté du demandeur, la séparation ou le divorce, sont les mêmes qui, chez nous, permettent aux époux d'obtenir la séparation de corps. Les causes sont donc les mêmes; les effets seuls sont différents.

Que donne donc la comparaison portant sur ces deux pays? Le voici, messieurs :

En Belgique, les époux ont le droit de demander ou la séparation ou le divorce, comme cela serait chez nous demain, si vous rétablissiez le titre VI du Code civil. Par conséquent, pour connaître le nombre des familles désunies en Belgique, il faut faire la somme des divorces et des séparations. Les chiffres que je vais vous donner sont, en effet, la somme de tous les cas de divorce et de séparations.

En Belgique, en 1840, on constatait 17 ménages séparés sur 10,000 mariages célébrés. En France, à la même époque, il y avait 27 séparations de corps. Or de 27 à 17, c'est, à peu près, un tiers de différence. Par conséquent, en 1840, le nombre des séparations, des familles désunies, même en ne tenant pas compte des séparations amiables qui probablement forceraient le chiffre en faveur de ma thèse, était à l'avantage de la Belgique dans la proportion d'un tiers en moins que pour la France.

En 1878, en France, 91; en Belgique, 60 02; soit encore un tiers en moins pour la Belgique.

En 1879, 92, pour la France; 55 pour la Belgique; ou un peu plus d'un tiers en moins en faveur de la Belgique.

J'arrive enfin au dernier chiffre, à celui de 1881 qui est de 72 pour la Belgique et de 117 pour la France; soit encore un tiers en moins en faveur de la Belgique.

Ainsi, messieurs, en Belgique, — et vous pourrez vous reporter aux statistiques, je ne veux pas vous fatiguer avec une accumulation de chiffres, — en Belgique, depuis 1840 jusqu'à nos jours, année par année, décade par décade, la proportion reste invariablement la même.

Vous me direz peut-être que je tire des conclusions trop absolues de la comparaison entre ces deux pays, qu'il faut tenir compte de certaines différences, qu'il y a des causes variant d'une nation à l'autre, que les mœurs ne sont pas les mêmes, que la France est un composé de races plus diverses, tandis que la Belgique est un petit peuple plus condensé par lui-même, enfin, que je ne puis pas raisonnablement comparer les habitants de Bruxelles aux habitants de Marseille.

L'objection a quelque chose de fondé, dans certaine mesure, je le reconnais ; mais pour y répondre et pour la réduire à sa valeur, j'ai eu la pensée de porter mon examen sur deux portions de territoire, l'une, de la France, l'autre, de la Belgique, absolument voisines : le département du Nord et la province de la Flandre orientale. Les deux pays confinent l'un à l'autre. C'est la même race, — la race flamande — dans les deux cas, c'est-à-dire des races qui se séparent très peu et qui divorcent également très peu. Eh bien, voici les chiffres :

M. WALLON. Il aurait fallu joindre le Hainaut à la Flandre, car dans le département du Nord, vous avez, dans la partie occidentale, la race flamande et, dans la partie orientale, la race française. Par conséquent, pour avoir la statistique vraie, il aurait fallu prendre en Belgique la Flandre occidentale et le Hainaut...

M. NAQUET. M. Wallon, je crois que votre objection est juste, mais qu'elle tournera à mon profit ; car les races françaises ayant une tendance à divorcer un peu plus que les races flamandes, il en résulterait que le Hainaut aurait peut-être faussé les conséquences. Dans tous les cas, voici le résultat de mes constatations : dans le département du Nord, il y a 1 ménage désuni sur 193 ménages ; dans les trois provinces de la Flandre orientale, il y a 1 ménage désuni sur 691 mariages.

Je n'insiste pas ; je crois que si vous ne voulez pas me donner cet avantage d'affirmer que le divorce diminue le nombre des désunions, pour la Belgique, vous me permettrez de conclure qu'il est péremptoirement établi que la législation du divorce n'a pas pour effet de corrompre les mœurs et d'augmenter le nombre des familles qui se désunissent; et j'en prends immédiatement acte, car ceci transforme de fond en comble la discussion à laquelle nous allons nous livrer.

Si la conclusion avait été différente, vous seriez en droit de m'opposer les ménages unis et le malheur de ceux que la loi aurait pour influence de désunir; mais, dès l'instant où la loi du divorce aura pour effet de ne désunir personne; dès l'instant où elle a une influence, elle s'exercera plutôt dans le sens de la diminution du nombre des désunions; alors, nous n'avons plus, je le répète, à considérer les familles unies, nous n'avons plus qu'à comparer le sort des époux et des enfants dans les familles séparées de corps à celui des époux et des enfants dans les familles divorcées.

C'est cette comparaison que je vous demande la permission de faire maintenant.

Le premier argument qu'on m'a opposé a été l'intérêt de la femme. On m'a dit : vous allez sacrifier la femme ; l'indissolubilité du mariage est sa garantie suprême !

J'avoue qu'à moins que ce soit l'argument de la corruption des mœurs que je viens de réfuter, qui se produit sous une forme nouvelle, — auquel cas je n'aurais pas à y répondre, l'ayant, je crois, suffisamment réfuté, je ne comprends pas l'argument.

Je suis certain que si l'on consultait la grande majorité des femmes séparées de corps, à l'exception de celles qui sont retenues par des considérations d'ordre religieux, toutes préféreraient le divorce à la séparation de corps, et encore celles qui seraient retenues par des liens d'ordre religieux, regretteraient-elles que la religion les empêchât d'user du divorce. En effet, si le divorce est nécessaire pour quelqu'un, il l'est pour la femme plus que pour l'homme.

M. Oudet. C'est évident !

M. Naquet. Et si l'on m'objecte l'intérêt de la femme, c'est uniquement parce que mes contradicteurs sentent très bien qu'on est sur un meilleur terrain, quand on attaque que quand on se défend et qu'ils préfèrent attaquer même sur le terrain où la défense est plus facile pour nous.

Je dis que c'est surtout pour la femme que le divorce est indispensable ; car, enfin, lorsqu'un homme a été engagé dans un ménage malheureux, à l'extrême rigueur, il peut se reconstituer une existence à côté de la loi. Il peut s'engager dans des unions illicites ; il peut même s'engager dans une vie d'aventures. Les salons n'auront pas à se fermer devant lui ; aucune main ne se retirera devant la sienne.

Il souffrira, certainement ; il souffrira de la situation inférieure faite aux enfants qui naîtront de cette nouvelle union. Mais lui, personnellement, il vivra, accepté partout.

Pour la femme, au contraire, supposez qu'après bien des pleurs versés, qu'après bien des sacrifices subis en silence, elle rencontre un homme qui la comprenne !

Supposez que ses sentiments naturels, longtemps comprimés, se réveillent, avec cette force de la vie qui s'impose à ceux qui croient le mieux l'avoir vaincue ! Supposez qu'elle se prenne à aimer à son tour, car nous ne sommes pas maîtres de nos sentiments, si nous sommes maîtres de nos actes. Supposez que ces sentiments débordent chez elle et que, même en restant pure, elle laisse voir le fond de son cœur, je dis que cette femme sera brisée, déshonorée, repoussée !

Elle aura commencé dans la désolation de la solitude, elle finira sa vie dans la désolation du mépris ? Voilà la situation faite à la femme par la séparation de corps, et j'ai le droit de dire que, pour la femme, plus encore que pour l'homme, quoiqu'il soit nécessaire pour les deux, le divorce s'impose comme le seul moyen de reconstituer sa vie brisée.

Ici, on m'oppose un argument invoqué, cependant pour la première fois, par un partisan du divorce, par Montesquieu, lequel était dans une certaine mesure, autorisé à l'invoquer, lui surtout, parce qu'à son époque on n'avait pas, pour se guider, la lumière qui résulte pour nous de l'expérience d'un si long temps, d'une si longue pratique du divorce dans un si grand nombre de nations où l'institution fonctionne et des statistiques accumulées. L'argument, le voici.

Les femmes divorcées ne trouveront pas à se remarier !

Messieurs, c'est de la mauvaise métaphysique sociale. L'expérience de ce qui se passe en Belgique, en Hollande, en Angleterre, en Danemark, en Allemagne, prouve, au contraire, non seulement que les femmes divorcées trouvent à se remarier, mais qu'elles se remarient beaucoup plus facilement que les jeunes filles. (Rires.)

Messieurs, ce que je dis là et ce qui a le don d'exciter les rires du Sénat, c'est un fait réel qui s'applique à la fois à l'homme et à la femme; il tient probablement à ce que l'état de mariage est un état tellement naturel à l'homme comme à la femme, que ceux qui y ont vécu une première fois, veulent y vivre encore et bénéficier des bienfaits du mariage, et qu'ils cherchent plus obstinément à se remarier, que ceux qui ne l'ont jamais été.

Dans tous les cas, quelle qu'en soit la cause, les faits sont là; les statisticiens ont étudié ce qu'on appelle la nuptialité des jeunes gens. L'honorable M. de Marcère, qui a été rapporteur à la Chambre des députés, a cité ces statistiques à la Chambre. On entend par nuptialité le nombre des jeunes gens d'un âge déterminé qui se marient dans l'année, sur cent.

Ainsi, par exemple, si je prend 100 célibataires, hommes ou femmes, de vingt-cinq à trente ans, et que sur 100 célibataires, dans l'année, il s'en marie 6 — c'est un chiffre que je prends au hasard; je n'ai pas pris de chiffres — je dirai que la nuptialité des célibataires de vingt-cinq à trente ans est représentée par 6 pour 100. S'il s'en marie 25, je dirai qu'elle est représentée par 25 pour 100. Eh bien, les statisticiens ont établi que la nuptialité la plus faible est pour les célibataires, la plus forte, pour les veufs; ils ont établi aussi une nuptialité intermédiaire des époux divorcés, laquelle est moins forte que pour les veufs, mais plus forte que pour les célibataires.

Voilà, messieurs, un fait qui me paraît répondre à ceux qui prétendent que les femmes ne se marieront pas quand elles auront été divorcées. Mais, d'ailleurs, je vieux bien reconnaître avec vous qu'il y en aura qui ne trouveront pas à se marier; je vous demande en quoi, dans tous les cas, le divorce, qui leur donne la faculté de secondes noces, et, avec les noces, la consolation qui naît de l'espérance ; je demande, dis-je, en quoi le divorce sera inférieur à la séparation de corps et de biens, qui tue chez elle jusqu'à l'espoir.

Je demande même, au point de vue de la moralité, ainsi que le relevait magistralement Treilhard en 1803, si le divorce ne sera pas une meilleure sauvegarde que la séparation de corps : « Car, enfin, lorsqu'on sait qu'on peut encore aspirer au titre honorable d'époux..... — ce sont ses propres paroles que je cite — ... on se garde beaucoup mieux, beaucoup plus sûrement des écarts qui pourraient vous en rendre indigne, que lorsqu'on sait que tout espoir est définitivement perdu. »

Et puis, messieurs, il me semble que c'est réduire la question à un seul de ses aspects que de ne l'envisager qu'au point de vue de secondes noces.

Il y a une autre chose : le nom de jeune fille repris, la liberté reconquise, le droit pour la femme de gérer elle-même ses propres affaires, de vendre, d'acquérir, d'aliéner sans être obligée de demander soit l'autorisation de la justice qui n'intervient que sur une autorisation du misérable dont l'épouse est séparée, et qui peut-être profitera de la nécessité de cette autorisation — cela se voit quelquefois, — pour en faire un instrument de chantage.

Je trouve que toutes ces considérations sont d'un ordre supérieur et qu'elles justifient ce que je disais tout à l'heure : que l'argument tiré de l'intérêt de la femme se retourne contre ceux qui l'objectent, et que cet argument est, au contraire, une raison des plus fortes, des plus péremptoires en faveur du rétablissement du divorce.

On fait cependant ici une autre objection. On dit : Mais prenez garde, les femmes divorcées seront, pour ainsi dire, frappées de discrédit, de déconsidération.

D'abord, les femmes ne seront pas obligées de demander le divorce ; elles auront le droit de demander la séparation de corps que nous maintenons, si elles préfèrent recourir à cette procédure. Remarquez que je ne parle en ce moment que des femmes qui sont demanderesses, qui sont innocentes, car celles qui sont coupables m'intéressent beaucoup moins.

Remarquez, en outre, qu'il y a des matières dans lesquelles la loi prime les mœurs ; il arrive très souvent qu'une société reconnaît qu'une réforme est juste, elle la fait, et tout en la faisant, elle conserve des mœurs qui ont une apparence hostile à cette réforme.

Ainsi, lorsqu'en 1789, l'Assemblée constituante déclarait l'égalité de tous les citoyens devant la loi, à quelque culte qu'ils appartinssent, affranchit la race juive jusqu'alors opprimée, elle ne fit pas disparaître, du premier coup, les préjugés qui existaient contre cette race, et ces préjugés ont persisté bien longtemps encore après la loi émancipatrice.

Ces préjugés s'en vont graduellement, et leur disparition est, elle aussi, le résultat bienfaisant de la loi de 1789.

Lorsqu'en Amérique on a proclamé l'affrachissement des nègres et l'abolition de l'esclavage, on n'a pas fait disparaître, du coup, l'inégalité et les préjugés qui séparent les deux races ; mais ces préjugés s'atténuent chaque année sous l'influence des bienfaits de la loi d'émancipation.

Il en sera de même de la loi que vous allez faire portant rétablissement du divorce. Soyez bien persuadés que, sauf dans un certain monde très limité, plus limité que vous ne pensez, la femme divorcée sera vue partout comme la femme séparée de corps, et que la considération personnelle ne lui sera point arrachée par une décision judiciaire où son honneur aura reçu une éclatante démonstration.

Et pour vous donner une preuve que l'objection ne porte pas très loin, je vous demanderai la permission de vous lire quelques passages d'une lettre très remarquable qui a été adressée à notre honorable collègue, M. Cazot, par le procureur général de l'île Maurice, et qu'il a bien voulu me communiquer.

L'île Maurice, vous le savez, a une population française et catholique ; mais comme elle est sous la domination anglaise, elle a conservé la loi du divorce et elle l'a même élargie depuis 1805.

« L'institution du divorce est tellement passée dans les mœurs par la pratique qui en a été faite, que les femmes divorcées à leur requéte restent respectables aux yeux de la société. J'en connais qui sont du meilleur monde et qui sont admises dans les sociétés les plus honorées ; il y en a qui ont eu des enfants du mariage dissous ; elles ont le droit, en vertu de l'article 302 du Code civil, d'en avoir la garde, et elles les ont élevés très honorablement. J'en connais, enfin, qui se sont remariées avec avantage. »

Cette lettre est une réponse tout à fait péremptoire à cette idée que la femme divorcée ne trouverait jamais à se remarier, qu'on ne consentirait pas à la recevoir dans les sociétés honorables...

Voix nombreuses. Reposez-vous ! reposez-vous !

M. NAQUET. Si le Sénat veut bien y consentir, je lui demanrai volontiers une suspension de séance. (Très bien ! très bien ! Applaudissements à gauche. L'orateur est félicité en descendant de la tribune par plusieurs de ses collègues.)

M. LE PRÉSIDENT. La séance est suspendue pour un quart d'heure.

(La séance, suspendue à quatre heures quarante minutes, est reprise à cinq heures.)

M. LE PRÉSIDENT. M. Naquet a la parole, pour continuer son discours.

M. NAQUET. Messieurs, je me suis efforcé jusqu'ici d'établir, premièrement, que le divorce introduit à nouveau dans nos lois n'aurait pas pour conséquence d'augmenter le nombre des familles qui se désunissent.

Je crois que cette démonstration une fois faite, je n'aurai pas beaucoup de peine à établir que, cela étant, l'intérêt de la femme est dans le divorce et non pas, comme certaines personnes l'ont prétendu, dans l'indissolubilité du mariage.

Il en sera de même, je l'espère, pour ce qui concerne la grosse question des enfants sur laquelle je tiens à insister davantage, parce que c'est peut-être cette considération des enfants qui obscurcit le plus, à mon sens, les intelligences sur la question du divorce et qui lui crée le plus d'adversaires.

Mais ici, messieurs, je tiens à poser de nouveau en principe que c'est toujours l'argument de la corruption des mœurs qui revient sous une autre forme.

On nous montre un enfant aimé, choyé entre un père et une mère profondément unis, puis on nous fait le tableau d'un enfant livré à toutes les aventures, à toutes les tristesses qui résultent pour lui de la séparation de ses parents, et on n'a pas de peine à établir que la situation du premier est de beaucoup plus heureuse que la situation du second.

Il est clair que si la question se posait entre les enfants d'une famille unie et ceux d'une famille divorcée, nous serions tous d'accord, et que personne ne demanderait le divorce. Mais elle se pose autrement, puisque le nombre des familles désunies ne sera pas augmenté par le divorce, et — c'est là un point que je considère comme acquis à la discussion, à moins qu'on ne me démontre le contraire, — la question se pose entre les familles divorcées et les familles des époux séparés de corps et de biens. Il ne s'agit pas de savoir si un enfant dans une famille unie est plus heureux qu'un enfant dont les parents sont divorcés ; sur ce point, je le répète, nous sommes tous d'accord : il s'agit de savoir si lorsque les parents sont séparés de corps, cela vaut mieux ou pis pour les enfants que si ces parents étaient divorcés.

La question étant ainsi posée sur ce que je crois être son vrai terrain, je pense qu'il sera assez facile de la résoudre. Mais, d'abord, permettez-moi de faire deux remarques préjudicielles :

S'il était établi, par hypothèse, — je crois que c'est l'inverse qui sera démontré — mais enfin s'il était établi que les enfants ont plus d'intérêt à la séparation de corps qu'au divorce, et que cet intérêt fût assez considérable pour vous faire hésiter dans le vote que vous allez avoir à émettre, la seule conclusion que vous seriez en droit d'en tirer, c'est qu'il vous faudrait voter la proposition de la commission, c'est-à-dire le projet de l'honorable M. Eymard-Duvernay; mais que vous deviez au moins accorder le divorce aux époux qui n'ont pas d'enfants, puisque, dans l'hypothèse admise, c'est l'intérêt des enfants qui seul vous empêcherait de l'accorder à tout le monde.

La seconde remarque préjudicielle que je tiens à faire, c'est que si les enfants ont des droits, les parents en ont aussi, et que, quand même il serait établi que les enfants ont un peu plus d'intérêt à la séparation de corps qu'au divorce, ce ne serait pas une raison absolue pour interdire le divorce aux parents, d'autant qu'il n'y a pas entre les enfants et les parents d'antagonisme comme celui qui pourrait exister entre des personnalités, entre des catégories d'individus différentes.

Les enfants et les parents, ce sont les mêmes individus considérés à différents âges, à différents moments de leur existence ; et, si, sous prétexte de protéger les enfants pendant deux, trois, quatre ou cinq ans, pendant les premières années de leur jeunesse, vous les opprimiez pendant tout le reste de leur vie, ils auraient peut-être un jour le droit de protester contre la singulière protection que vous leur auriez accordée.

Ce sont là, d'ailleurs, comme je l'ai dit, des remarques purement préjudicielles, que je fais pour ceux de mes auditeurs qui ne seraient pas convaincus par ce qui me reste à dire sur ce point. Pour mon compte, en effet, j'estime que l'intérêt des enfants et celui des parents, loin de développer leurs conséquences dans deux séries opposées et contradictoires, les développent, au contraire, dans une seule et même série, et que le divorce, qui est meilleur, ou moins mauvais que la séparation de corps pour les époux, est également moins mauvais pour les enfants.

Messieurs, la question de la situation des enfants dans le divorce et dans la séparation de corps peut être examinée au point de vue légal, au point de vue social, au point de vue moral et au point de vue de ce que j'appellerai l'intérêt matériel.

Au point de vue légal, les enfants, je puis le dire, sont désintéressés dans la question ; leur situation dans le ménage divorcé sera absolument la même que dans un ménage séparé de corps.

Actuellement, comment est réglée la situation des enfants quand un ménage se divise par la séparation ? Elle est réglée par les articles 302 et 303 du Code civil. Que disent ces articles ?

Ils disent que la garde des enfants sera confiée à celui des parents qui aura obtenu en sa faveur le jugement de séparation de corps, à moins que, pour le plus grand avantage des enfants, les tribunaux n'accordent cette garde à

l'autre époux, ou ne la partagent entre les deux époux, ou
même ne l'attribuent à une tierce personne, si les deux époux
sont indignes.

En d'autres termes, c'est l'omnipotence absolue des tribunaux, qui jugent quel est le plus grand avantage des enfants,
et décident à quelle personne ils doivent être confiés.

Ces mêmes articles disent que les deux parents, aussi bien
celui qui a la garde des enfants que celui qui ne l'a pas, sont
tenus de subvenir, proportionnellement à leurs moyens, aux
frais d'entretien et d'éducation de leurs enfants.

Et, enfin, l'article 303 porte que l'époux qui n'a pas la
garde des enfants — et, sur ce point, messieurs, j'appelle
toute votre attention, car j'aurai à y revenir tout à l'heure,
— conserve néanmoins un droit de surveillance sur la gestion de l'autre époux ; de telle façon que si celui qui a obtenu
de la confiance des tribunaux la garde de ses enfants se
montre indigne de cette confiance, l'autre époux peut faire
réviser le jugement. Voilà la situation légale faite aux enfants
dont les parents sont séparés de corps et de biens.

Eh bien, mettez le mot divorce à la place du mot séparation
de corps, et la situation restera identiquement la même. Les
tribunaux décideront à qui sera confiée la garde des enfants ;
les deux époux seront tenus proportionnellement à leur fortune, de participer aux frais d'entretien et d'éducation des
enfants ; et celui des deux qui n'en aura pas la garde continuera cependant à exercer le droit de surveillance.

Je dirai même, messieurs, que nous ne sommes pas obligés
de mettre le mot divorce à la place de celui de séparation ; le
mot de divorce se trouve dans les textes que je viens de
rappeler.

En effet, la loi que nous appliquons aujourd'hui à la séparation de corps avait été votée en vue du divorce, et, lorsqu'en 1816 le divorce a été aboli, on s'est borné, purement et
simplement, à décider que tous les principes qui, antérieure-
ment, étaient applicables au divorce, seraient désormais appliqués à la séparation de corps ; si bien que M. Léon Renault
a pu dire, à la Chambre des députés :

« Le divorce est resté dans le monument de nos lois comme
une statue momentanément voilée, mais debout à la place où

elle avait été originairement placée, et qu'il est toujours facile de découvrir et de mettre en lumière. »

On m'a dit quelquefois que la naissance d'enfants d'un second lit, lorsqu'il y aurait mariage après divorce, pourrait rendre difficile le partage des successions. Je ne crois pas, messieurs, devoir m'étendre longuement sur cette objection : le partage d'une succession est un fait purement mathématique ; il est toujours facile pour les enfants de diviser par leur nombre le chiffre de la succession paternelle ou maternelle. Je ne crois pas qu'il se présente de difficultés de cette nature, en cas de secondes noces ayant succédé au veuvage, et il n'y a pas de raisons pour qu'il en survienne davantage lorsque ces secondes noces auront lieu à la suite de divorce. Donc, au point de vue légal, il est incontestable qu'il n'y a aucune espèce de différence.

Maintenant, messieurs, plaçons-nous au point de vue social. Les secondes noces seront possibles : c'est en cela qu'au point de vue social la différence apparaîtra. Dans le cas de séparation de corps, en effet, les parents ne peuvent pas se remarier ; dans le cas de divorce, au contraire, ils le pourront. Voilà en quoi les enfants auront une situation différente dans les deux cas.

Je vais m'efforcer, messieurs, de démontrer que la situa-est tout à l'avantage des enfants dans le divorce ; mais, auparavant, vous voudrez bien me permettre de vous soumettre quelques citations émanant d'hommes qui ont pu apporter, dans la discussion de cette question, plus d'autorité que moi, citations qui me paraissent devoir jeter un très grand jour sur cette question même ; car, en vérité, après ces autorités évoquées, je crois qu'à la rigueur je pourrais m'arrêter, sans entrer dans plus de développements.

Je ne le ferai pas, messieurs, je défendrai ma thèse jusqu'au bout, mais l'invocation de ces autorités me sera d'un précieux secours.

La première est celle d'un grand jurisconsulte, dont on pourra répudier la doctrine, mais dont personne ne contestera le talent : c'est Treilhard.

A cette question : Que deviendront les enfants des époux divorcés ? il répondait :

« Que deviennent-ils après la séparation? — Sans doute le divorce ou la séparation des parents forme, dans la vie des enfants, une époque bien funeste; mais ce n'est pas l'acte de divorce ou de séparation qui fait le mal; c'est le tableau hideux de la guerre intestine qui a rendu cet acte nécessaire.

« Au moins les époux divorcés auront encore le droit d'inspirer pour leur personne un respect et des sentiments qu'un nouveau nœud pourra légitimer; ils ne perdront pas l'espoir d'effacer par le tableau d'une union plus heureuse les fatales impressions de leur union première, et, n'étant pas forcés de renoncer au titre honorable d'époux, ils se préserveront avec soin de tout écart qui pourrait les en rendre indignes.

« C'est peut-être ce qui peut arriver de plus heureux pour les enfants : l'affection des pères se soutiendra bien plus sûrement dans la sainteté d'un nœud légitime que dans les désordres d'une réunion illicite, auxquels il est difficile d'échapper quand on n'a plus droit de prétendre aux honneurs du mariage.

« Mais, dit-on, les lois ont toujours regardé d'un œil défavorable les secondes noces; je n'examinerai pas si cette défaveur est fondée sur des raisons sans réplique, ou si, au contraire, dans une foule d'occasions, un second mariage ne fut pas pour les enfants un grand acte de tendresse; j'observe seulement qu'il ne s'agit point ici d'une épouse à qui la mort a ravi son protecteur et son ami, et dont le cœur, plein de ses premiers sentiments, répugne avec amertume à toute idée d'une affection nouvelle.

« Il s'agit d'époux dont les discordes ont éclaté, dont tous les souvenirs sont amers, qui éprouvant le besoin de fuir, pour ainsi dire, leur vie passée, et de se créer une nouvelle existence, se précipiteront trop souvent dans le vice si les affections légitimes leur sont interdites.

« Le véritable intérêt des enfants est de voir les auteurs de leurs jours heureux, dignes d'estime et de respect, et non pas de les trouver isolés, tristes, éprouvant un vide insupportable, ou comblant ce vide par des jouissances qui ne sont jamais sans amertume parce qu'elles ne sont jamais sans remords. »

M. Léon Renault exprimait à peu près les mêmes idées dans son rapport du 15 janvier 1880.

« Certes, disait-il, c'est un grand mal pour les consciences encore incertaines, pour les petits êtres dont le développement physique, intellectuel et moral a besoin d'une atmosphère si pure d'ordre, de régularité et de tendresse, que la guerre intestine dans la famille, qu'elle aboutisse à la séparation ou au divorce. Mais comment prétendre que le terme mis à ces discordes par le divorce puisse leur être plus préjudiciable que l'incomplète suspension d'hostilités qui résulte de la séparation de corps ?

« Le divorce, allègue-t-on, éloignera des enfants leurs parents qui s'engageront dans les liens de nouvelles affections et qui fonderont en dehors d'eux des familles au foyer desquelles ils ne pourront grandir qu'à l'état d'étrangers.

« La nature humaine proteste contre une telle assertion. L'homme ou la femme remariés ne se détachent pas des enfants du premier lit. Pourquoi ce qui est vrai, incontestablement vrai, en cas de dissolution du premier mariage par le décès d'un des conjoints, cesserait-il d'être exact au cas de divorce ?

« Il faut aller plus loin et reconnaître que le second mariage de celui des époux divorcés auquel la garde des enfants communs aura été remise, loin de nuire à ceux-ci, leur sera souvent profitable. On a remarqué, en effet, et non sans raison, qu'il fallait un homme et une femme pour bien élever un enfant, et que l'influence virile ou fémine isolée était insuffisante pour l'œuvre d'éducation.

« Mais ne sera-ce pas pour les enfants, nous disent les adversaires du divorce, un supplice intolérable que la vue de leur mère dans les bras d'un homme qui est pour eux un étranger, de leur père traitant en épouse une femme à laquelle aucun lien ne les rattache ? Il est trop aisé de répondre à un tel argument en faisant appel à la réalité et en montrant que la séparation de corps conduit trop souvent les époux à l'adultère, et fait ainsi des enfants les témoins et les juges des fautes de leurs parents.

« En vain objecterait-on que les seconds mariages créent un état public, tandis que les époux séparés, qui se laissent entraîner dans la dissipation et les désordres, s'appliquent à cacher leurs défaillances aux yeux de leurs fils ou de leurs filles. Nous demanderons si de tels voiles ne sont pas bientôt soulevés par l'inquiète curiosité de ceux-ci, les révélations qu'apportent la médisance et les effets du hasard.

« D'ailleurs, dans cette comparaison des effets du divorce et de la séparation de corps, ne convient-il pas de s'attacher surtout aux faits qui se produisent dans ces classes populaires, de beaucoup les plus nombreuses, où l'homme a besoin d'une femme pour subvenir aux nécessités quotidiennes de son humble ménage, et la femme d'un homme pour l'assister, la protéger, l'aider à vivre matériellement ?

« N'est-il pas incontestable qu'au sein de ces foules laborieuses, l'interdiction légale d'une nouvelle union légitime amène trop souvent les époux séparés à vivre dans un concubinat auquel il leur est bien difficile d'échapper ? Ce concubinat n'est-il pas forcément public, connu de tous, et, en premier lieu, des enfants ? Et qui oserait soutenir que les cœurs et les consciences de ces petits êtres n'ont pas plus à souffrir du spectacle de ces liaisons illicites que de la sainteté de nouvelles unions légitimes ? »

Et M. de Marcère, dans son rapport de 1882, traite aussi magistralement cette question :

« Pour les enfants, comment choisir entre la séparation et le divorce ? Que sert la subtilité d'un moraliste à discerner les nuances, à analyser les passions et les sentiments, à énumérer les événements divers qui viennent se jeter à la traverse de la vie à peine commencée de ces malheureux, innocents des erreurs ou des fautes de leurs parents, et qui, dans ces conjectures comme dans bien d'autres, sont exposés à subir des fatalités qui pèsent sur tant d'existences ? Parents séparés, parents divorcés, qu'importe ?

« Le foyer domestique est dispersé : la tutelle prévoyante et douce que la nature leur avait ménagée n'existe plus, leur tendresse est disputée, leur cœur est déchiré par les tiraillements au milieu desquels l'amour filial, la confiance, le respect même pourront sombrer.

« Qui peut dire ce qui est préférable pour eux de trouver auprès du père ou de la mère remariés une famille nouvelle où ils rencontreront presque toujours les soins dont ils ont besoin, ou de suivre la destinée de l'un des époux séparés, privés qu'ils seront alors des joies et de la protection qu'assure seule la famille complète, exposés à s'associer à des sentiments dont la nature leur fait un devoir de se défendre?

« Certes, le sort des enfants est déplorable, et le législateur, soit qu'il adopte le divorce, soit qu'il s'en tienne à la séparation de corps, ne peut que les plaindre ; mais entre ces deux procédés de rupture, il n'y a pas pour eux de préférence, car, dans tous les cas, leur sort est pareil. Encore des moralistes en grand nombre préfèrent-ils pour eux la situation d'enfants d'époux divorcés.

« En effet, il est plus sain pour le cœur et pour l'esprit de l'enfant de vivre dans une famille dont la situation est nette et hautement acceptée, que de se trouver dans un milieu où tout est faux, embarrassé et louche, depuis le prétendu état de mariage de père et mère, lesquels vivent chacun de leur côté, on ne sait comment, jusqu'aux rapports qui lient encore toutes ces personnes, et dans lequel il ne saurait y avoir rien de vrai ni de sincère, si ce n'est peut-être le mépris et la haine.

« La compassion générale qu'inspirent les enfants ne peut donc être une raison de se décider. Qui ne voit d'ailleurs que cette raison, si elle avait une valeur décisive, s'appliquerait avec une force presque égale aux cas de veuvage, et ne tiendrait à rien moins qu'à prohiber même les seconds mariages dans l'intérêt des enfants ? »

Il est difficile de mieux dire et de réfuter plus complètement l'objection tirée de l'intérêt des enfants contre le divorce. Je veux cependant m'efforcer d'analyser plus encore l'idée qui domine ces citations, d'entrer plus entièrement dans le détail.

Je viens de vous exposer plus haut la différence sociale qui apparaît entre la situation de divorce et la situation de séparation de corps en ce qui concerne les enfants ; elle se résume, en ceci, qu'après le divorce, les époux peuvent se remarier et qu'alors les enfants sont mêlés à une nouvelle famille ; que, par la séparation de corps, les époux ne peuvent pas se remarier, les secondes noces n'existant pas. Les adversaires du divorce redoutent que, dans le cas de secondes noces, un nouveau venu, homme ou femme, ne s'introduise dans la famille à côté de celui des parents primitifs qui avaient la garde des enfants, que l'existence d'enfants d'un second lit n'influence les parents des enfants du premier lit à l'avantage des enfants du second et au désavantage des enfants du premier; il en résulterait des sacrifices et des souffrances pour les enfants du premier lit. Ce qu'on voudrait, en d'autres termes, ce serait d'éviter l'intervention de ce qu'on appelle un parâtre ou une marâtre, qui entraînerait pour les enfants du second lit des préférences dont ceux du premier auront à souffrir.

Voilà l'argumentation. Je ne crois pas qu'elle soit bien fondée, je ne lui crois pas une très grande valeur, et je vous demande la permission de dire pourquoi. De deux choses l'une : ou les époux divorcés se remarient ou ils ne se remarient pas. S'ils ne se remarient pas, la situation sera exactement la même. Prenons le cas où ils se remarient.

Ici, il y a lieu de faire une double division, ou les époux sont riches ou tout au moins appartiennent à des classes aisées, ou ils appartiennent aux classes pauvres et laborieuses. Puis la deuxième subdivision est celle-ci : ou la garde des enfants a été confiée à l'homme, ou elle a été confiée à la femme.

Examinons cette quadruple hypothèse.

L'homme est aisé et c'est à l'homme que la garde des enfants a été confiée. Eh bien, l'homme a une vie extérieure : avocat, il est au barreau; législateur, il est à la Chambre des députés ou au Sénat; médecin, il est auprès de ses malades ; en un mot, il est à son travail, il gagne la vie de sa famille; il n'est pas dans sa maison, à l'exception des oisifs dont nous n'avons pas à chercher à accroître le nombre. Mais alors, s'il est hors de sa famille et s'il n'y a pas de femme chez lui, qui surveillera ses enfants pendant son absence?

S'il est riche ou aisé, il prendra une gouvernante pour surveiller ses enfants. Il lui arrivera très souvent de trouver ainsi une personne honorable, qui s'acquittera très bien de la tâche qui lui sera confiée. Mais je prétends qu'une gouvernante, qu'une femme à gages ne présente pas au point de vue des enfants, la même garantie qu'une nouvelle épouse, qu'une belle-mère qu'on a choisie avec le soin qu'on apporte au choix d'une femme dont on va partager la vie et qui a assumé devant la société des responsabilités légales et morales.

J'ajoute que, pour peu que la gouvernante ne soit pas tellement repoussante, qu'elle éloigne tout soupçon et, encore, bien qu'elle soit parfaitement honnête, des suspicions fâcheuses ne tarderont pas à se produire dans la société, j'en ai vu plus d'un exemple. Ces suspicions fâcheuses rejailliront défavorablement sur les enfants ; elles les isoleront, et, si ce sont des filles surtout, elles pourront nuire à leur établissement futur.

De ce chef donc, j'estime qu'une nouvelle femme légitime introduite dans le ménage, même dans ce cas, qui est un des plus favorables, d'une famille aisée, qui peut se donner le luxe d'une gouvernante, vaut mieux que les soins donnés aux enfants par une personne étrangère, par une personne à gages.

Si c'est la femme qui est aisée, qui est riche, la situation est peut-être meilleure, car la femme ne sera pas appelée à une vie extérieure et elle pourra elle-même surveiller l'éducation de ses enfants. Mais j'estime que même, dans ce cas, une influence virile est nécessaire, j'estime que, pour une bonne éducation des enfants, il faut l'action combinée d'un homme et d'une femme, que là où la vraie famille, la famille des parents réels a été brisée par un misérable qui a amené sa femme à demander et à obtenir la séparation de corps ou le divorce, il vaut encore mieux qu'un honnête homme, qui remplira les charges qu'aurait dû remplir ce père indigne, soit dans la famille, plutôt que de laisser les enfants à la femme seule.

Car la femme, surtout lorsqu'elle est seule et abandonnée, aime ses enfants avec une tendresse passionnée, exclusive, violente. Elle ne sait ni les punir à propos, ni maintenir les punitions qu'elle leur a infligées : l'éducation des enfants souffre souvent de cet état de choses.

Au contraire, lorsque la femme est remariée, lorsque tous ses instincts de femme sont satisfaits, son affection pour ses enfants n'est pas diminuée ; mais elle devient moins exclusive et moins excessive ; sa tendresse ne diminue pas en quantité, mais elle est plus calme et plus réfléchie, et les enfants en bénéficient.

Que de fois n'ai-je pas vu, pour ma part, dans ces secondes noces qui se sont produites après le veuvage, les enfants en éprouver le plus grand bien !

Si, au lieu de nous adresser aux classes aisées ou riches, nous nous adressons aux classes laborieuses, la situation est plus favorable encore au divorce, car ici la femme, aussi bien que l'homme, sera obligée d'avoir une vie extérieure.

L'homme sera peut-être condamné à faire une pension à sa femme, si la femme a la charge des enfants. Mais comme l'homme n'a rien, la loi sera impuissante à lui assurer des moyens d'existence. Alors, ce sera la femme qui sera obligée de gagner la vie de sa famille, et d'aller à l'usine absolument comme y serait allé son mari.

Mais comme ni la femme ni l'homme ne pourrait se donner le luxe d'une femme à gages, pour surveiller les enfants, il n'y aura qu'une alternative dont les deux termes seront les suivants : ou l'homme prendra une concubine, ou la femme introduira un amant dans le ménage à côté de l'enfant ; ou bien, les enfants seront abandonnés dans la rue, à tous les mauvais exemples, à tous les entraînements, qui conduiront peut-être, un jour, devant les tribunaux correctionnels ou devant la cour d'assises tel homme qui, s'il eût été surveillé par une honnête femme, encore qu'elle ne fût pas sa mère, eût fait un bon citoyen et un homme utile. Ceci me permet de répondre, en passant, à une objection qu'on m'a quelquefois présentée. On m'a dit :

Vous allez faire une loi toute aristocratique, elle ne profitera qu'aux classes élevées, et il est vraiment incompréhensible que des assemblées aussi démocratiques que les vôtres se préoccupent de cette loi du divorce qui était bien placée dans les Chambres censitaires de 1831 ; mais qui est mal à sa place dans des assemblées d'essence populaire.

Il y a là, messieurs, une erreur profonde. La situation d'époux séparés est mauvaise pour les époux, pour les enfants des riches comme pour les enfants des pauvres. Mais il faut bien reconnaître que la fortune atténue tout, et la situation est encore plus mauvaise pour les enfants des pauvres que pour les enfants des riches.

Lorsqu'un homme riche fuit, pour ainsi dire la solitude qui résulte pour lui de la séparation de corps, dans des unions illicites, au moins, a-t-il un double foyer, et, s'il arrive quelquefois, comme le disait l'honorable M. Léon Renault, que la curiosité inquiète des enfants finisse par découvrir ce mystère, au moins l'immoralité ne se découvre pas à leurs yeux ; tandis que, pour le pauvre, qui n'a pas le moyen d'avoir un double foyer, une gouvernante, c'est le concubinage direct, avoué ; c'est le concubinage placé sous les yeux des enfants et apportant la démoralisation dans la famille.

Vous avez craint d'introduire un beau-père, vous avez craint d'introduire une belle-mère dans le ménage, ils s'y sont introduits malgré vous, mais, sous une forme illégale, et sans aucune des garanties que vous auriez été en droit d'attendre d'un ménage régulier.

Puis, messieurs, il y a un autre côté de la question, un côté moral. C'est une loi bien humaine que l'homme qui souffre haïsse la personne par qui il souffre, et qu'il soit porté à se venger de la personne qu'il hait. Or, les époux séparés souffrent l'un par l'autre, et, souffrant l'un par l'autre, ils se haïssent réciproquement et cherchent à se venger l'un de l'autre.

Pour cette œuvre abominable, il n'ont qu'un instrument, leurs enfants, et ces enfants, il les font servir à cette œuvre impie. Quand le père est seul avec l'enfant, il calomnie et villipende la mère ; quand c'est la mère qui est seule avec l'enfant, c'est elle qui calomnie le père.

L'enfant finit par ne plus savoir à qui entendre ; il finit par croire l'un et l'autre, d'autant plus facilement que M. Legouvé prétend que les quatre cinquièmes des ménages séparés s'organisent en ménages irréguliers.

Alors les enfants perdent le respect de leurs père et mère, respect en dehors duquel il n'y a plus pour l'enfant aucune espèce de moralité possible.

Mais, messieurs, il y a un fait qui me frappe et qui, ce me semble, doit frapper toutes les personnes qui réfléchissent à ce grave débat : c'est que, pour être logique, si, en effet, les secondes noces étaient un mal pour les enfants, il faudrait les interdire aux veufs.

Car, de deux choses l'une : ou les secondes noces sont nuisibles pour les enfants, et alors les enfants des veufs sont aussi dignes d'intérêt que les enfants des époux divorcés; ou les secondes noces ne sont pas nuisibles pour les enfants, et alors elles n'offrent pas plus d'inconvénient pour les époux divorcés que pour les veufs.

Certainement, personne d'entre vous ne demande le retour au veuvage perpétuel, aux lois védiques. Je vous demande, alors, d'être logiques et de réinscrire le divorce dans nos Codes. Je vous le demande d'autant mieux, que s'il y avait, je ne dirai pas une bonne raison — il ne saurait y en avoir ni dans un cas ni dans l'autre, — mais s'il y avait l'ombre d'un motif pour interdire les secondes noces à quelqu'un, je prétends, dût ceci être traité de paradoxe, que c'est aux veufs et non aux époux séparés qu'il faudrait les interdire.

La raison en est simple. Lorsqu'un homme meurt qui, pendant toute sa vie, a rempli ses devoirs de père et d'époux, il laisse dans le cœur de ses enfants des sentiments ineffaçables. Le jour où l'enfant voit s'asseoir au foyer domestique, à la place de ce père qui n'est plus un étranger, quelque honnête, quelque dévoué que cet étranger puisse être, il se produit dans le cœur de l'enfant un déchirement profond ; et, à la rigueur, j'aurais compris que le législateur, pour garantir l'enfant contre cette souffrance, dit au veuf : Tu ne te remarieras pas.

Il aurait eu tort assurément de le faire, car il aurait subordonné des considérations supérieures et importantes à des considérations d'ordre inférieur, d'ordre purement sentimental.

Mais tout autre est la situation dans le cas de divorce. Lorsqu'un homme ne comprend ni ses devoirs de père, ni ses devoirs d'époux ; qu'il les a méconnus, qu'il a martyrisé sa femme et ses enfants, et qu'en raison de son inconduite, les tribunaux ont dû lui enlever ses enfants, lui retirer, pour ainsi dire, son titre d'époux, en brisant l'union qu'il avait déconsidérée, oh ! alors, il ne reste dans le cœur de l'enfant pour ce père ainsi éloigné de lui, que des sentiments amers.

Et s'il voit s'asseoir au foyer domestique un étranger qui, lui, saura remplir envers ce même enfant les charges auxquelles son propre père s'est soustrait; au lieu du sentiment de déchirement dont je parlais tout à l'heure, il ne se produira dans le cœur de l'enfant qu'un sentiment de quiétude et de repos.

J'ajoute, et ici je vous prie de me laisser revenir encore sur un point que j'ai déjà traité, j'ajoute que l'enfant du veuf est dans une situation moins favorable que celle de l'enfant du divorcé qui se remarie.

Pourquoi? Parce qu'il lui manque la garantie inscrite dans l'article 303 du Code civil, article qui détermine que l'époux séparé ou divorcé, qui n'a pas la garde de son enfant, conserve cependant le droit de surveillance sur la manière dont se conduit l'autre époux, celui auquel la garde de l'enfant ou des enfants reste dévolue.

Je suppose que le fait qu'on redoute se produise. Voilà un époux qui est séparé de corps. Il a la garde de son enfant. Il se remarie avec une mégère qui fait souffrir son enfant.

Lui-même subit l'influence de cette femme, et il sacrifie les enfants du premier lit à ceux du second. Mais alors, l'autre époux, celui qui n'a pas obtenu la garde des enfants, mais qui a conservé son droit de surveillance, est là; il s'adresse aux tribunaux, fait reviser le jugement et retirer à l'époux qui s'en montre indigne la garde de ses enfants.

Mais, dans le cas de veuvage, il n'y a pas eu de tribunal qui a prononcé la séparation ou le divorce; c'est la nature qui l'a prononcé, l'époux qui n'a pas la garde des enfants, c'est celui qui est décédé; il n'est plus là pour exercer ce droit de surveillance et de sauvegarde; si, par conséquent, l'époux remarié devient indigne de cette garde que lui a confiée non pas un tribunal, mais la nature, personne n'est là pour protester, pour faire reviser le jugement de la nature : l'enfant est absolument abandonné !

Vous voyez donc, messieurs, que l'enfant du divorce a plus de garanties, je le repète, que l'enfant du veuf, et que, dès lors, s'il y a quelques raisons, et je crois qu'il y en a de très bonnes, pour permettre aux veufs de se remarier, il y en a plus encore pour permettre aux époux divorcés de le faire.

Plusieurs sénateurs. A demain !

M. Naquet. Une minute encore.

Je me suis demandé si le nombre des veufs qui ont des enfants et qui sont en voie de se remarier est plus ou moins considérable que le nombre des divorcés ayant enfants et qui seraient en état de se remarier au cas où, demain, vous remplaceriez la séparation de corps par le divorce.

Vous concevez tout de suite que les chiffres que nous allons trouver ici ont une importance considérable. Il est clair que si le nombre des veufs, ayant enfants et en âge de se remarier, est extrêmement faible relativement au nombre des divorces qui pourraient se trouver dans ce cas-là, vous serez en droit de redouter pour les divorcés ce que vous ne redoutez pas pour les veufs. Mais si, au contraire, le nombre des veufs était extrêmement considérable par rapport aux divorcés, oh ! alors il serait bien singulier que vous considériez comme destructeur de tout ordre social dans le petit nombre des cas ce que vous considérez comme sans danger, sans inconvénient, dans le plus grand nombre.

L'âge des veufs n'est pas donné par les statistiques; par conséquent, il y avait quelque difficulté pour établir une déduction précise. Mais si l'âge des veufs n'est pas donné, l'âge des défunts est enregistré dans les statistiques, et celles-ci donnent le nombre des personnes qui deviennent veuves par la mort d'un conjoint dont l'âge est compris entre quinze et cinquante ans.

Cet âge étant à peu près celui où s'opèrent les divorces, tous ces veufs sont, au point de vue d'un second mariage, dans des conditions identiques à celles dans lesquelles seraient des époux divorcés.

Il y a toutefois cette différence que la moitié des époux divorcés n'ont pas d'enfants : les statistiques le démontrent; tandis que les ménages stériles étant de beaucoup l'exception, la presque totalité des veufs ont des enfants.

Eh bien, le nombre des veufs dont le conjoint est mort entre quinze et cinquante ans pour l'année 1876, — je n'ai pas les années suivantes; — mais comme la mort fait son œuvre d'une manière uniforme à peu près toutes les années, que ce soit l'année 1876 ou une autre, peu importe.

Le chiffre de 1876 était de 117,959, soit à peu près, eu moyenne, par conséquent, 118,000 veufs dont le conjoint était mort entre quinze et cinquante ans.

Tout à l'heure, l'honorable garde des sceaux confirmait le chiffre que je vous avais donné : 2,800. C'est, depuis plusieurs années, la moyenne des séparations de corps et de biens, c'est-à-dire 5,700 époux séparés ; mais, comme la moitié de ces 5,600 époux, c'est-à-dire environ 3,300 n'ont pas d'enfants, c'est donc environ 3,300 époux avec enfants qui, de par la loi du divorce, seraient en état de contracter de nouvelles noces, mais qui ne peuvent le faire avec la loi qui nous régit actuellement.

Le nombre des veufs qui sont dans le même cas étant de 118,000, si vous divisez ce chiffre par 3,000, vous tombez sur 39 et une fraction.

Vous voyez donc que trente-neuf fois vous permettez ce que vous prohibez la quarantième ; trente-neuf fois vous considérez qu'il n'y a aucune sorte de danger ou d'inconvénient à ce que des époux qui ont des enfants d'un premier lit se remarient, constituent un second ménage et aient des enfants d'un second lit.

Mais vous considérez, en même temps, que si vous aviez le malheur de permettre une quarantième fois ce que vous permettez trente-neuf fois, en laissant les époux divorcés reconstituer un nouveau ménage, alors la société serait menacée, la famille serait dissoute et on ne sait quels malheurs s'abattraient sur notre société.

Il me semble que ces chiffres sont concluants, et qu'à côté des arguments d'ordre théorique, que je faisais valoir avant de vous les donner, ils tendent à confirmer que la situation des enfants n'est pas plus mauvaise dans les ménages divorcés qu'elle ne l'est dans les ménages séparés, et que même à bien des points de vue que je vous signalerais tout à l'heure, elle est supérieure.

Mais jusqu'ici je n'ai parlé que des enfants qui sont nés des époux séparés de corps ou divorcés pendant la durée de leur union première. Malheureusement, il arrive trop souvent que, sous le régime de la séparation de corps, les époux séparés s'organisent en ménage adultérin après leur séparation, et qu'il naît de nouveaux enfants de ces unions adultérines.

J'espère que personne dans le Sénat ne me répondra à propos de ces enfants, ce qu'un de mes collègues d'alors, qui d'ailleurs ne signa pas son interruption, me répondait en 1876 à la Chambre des députés : « Ces enfants-là ne sont pas intéressants ! »

Ces enfants sont intéressants au même titre que les autres; car ce que vous protégez dans les enfants, c'est la faiblesse, et les enfants adultérins, en aucun cas, ne peuvent être responsables d'actes qui ne sont pas les leurs, — car le principe fondamental de notre droit, c'est que les responsabilités sont personnelles comme les fautes.

Ces enfants-là, messieurs, sont intéressants comme les autres. Ils sont aussi faibles que les autres, car ils n'ont pas de famille ; car ils n'ont pas de nom ; car ils n'ont droit qu'à des aliments.

Si ces enfants étaient toujours et nécessairement le fruit du vice, s'ils avaient été conçus dans l'adultère, par des parents qui s'y seraient complus pouvant aimer autrement, je comprendrais, je comprends que vous n'alliez pas jusqu'à les assimiler à des enfants légitimes.

La sainteté du mariage y est intéressée ; et vous qui connaissez l'imperfection de la nature humaine, je comprendrais que vous vous serviez de cette infériorité faite aux enfants adultérins comme d'un moyen d'arrêter les parents sur le chemin du vice, par la terreur qu'inspire la situation cruelle des enfants issus de leur inconduite.

Mais lorsqu'il s'agit d'époux qui aiment leurs enfants, comme nous aimons les nôtres, qui ne vivent dans une situation illégale que parce que votre loi leur interdit de vivre dans une situation légale, qui voudraient reconnaître, aimer, légitimer leurs enfants et pour qui la situation inférieure de ces enfants est une peine amère, la pire de toutes, la plus cruelle, oh ! alors, les enfants qui sont nés de ces unions, qui ne sont adultérins qu'à cause de l'imperfection, de l'injustice de la loi, ces enfants ont le droit d'élever la voix contre la loi elle-même ; ils ont le droit de vous dire que l'égalité de tous les citoyens devant la loi est un leurre, car il n'y a pas d'égalité entre eux et leurs frères nés des mêmes parents pendant le mariage, alors que cependant ils n'ont absolument aucun fait à se reprocher !

Voilà, messieurs, la situation que vous faites à toute une classe d'enfants; et il semble juste de dire, avec Émile de Girardin, qu'alors que la loi prend surtout en considération la situation des enfants, elle commence d'abord par mettre hors d'elle toute une classe d'enfants qui n'ont rien fait pour mériter un tel traitement, un tel châtiment au sein d'une société impitoyable.

Je sais bien que beaucoup d'êtres unis en face de cette situation misérable promise à leurs enfants, rendent quelquefois leur union volontairement stérile. Mais alors, messieurs, c'est la société qui a le droit de se plaindre et qui, comme le disait Treilhard, dont je rappelais tout à l'heure les paroles, se trouve volontairement appauvrie d'un certain nombre de familles dont elle aurait pu s'enrichir.

Or, je ne trouve pas que, dans un temps comme celui où nous sommes, alors que la population française subit un temps d'arrêt, alors que la population des nations qui nous entourent augmente au contraire dans une proportion formidable, je ne trouve pas qu'il soit prudent et sage, à l'inverse des Romains qui faisaient des lois caducaires pour augmenter la population, de faire des lois dont le résultat nécessaire et fatal serait de faire naître des enfants dans une situation inférieure et imméritée, ou d'entraver le développement de la population de notre pays. (Très bien ! très bien et applaudissements à gauche.)

Plusieurs sénateurs. A demain !

M. Naquet. Messieurs, je suis aux ordres du Sénat.

Séance du mardi 27 mai 1884.

M. le Président. L'ordre du jour appelle la suite de la première délibération sur la proposition de loi, adoptée par la Chambre des députés, tendant à rétablir le divorce.

La parole est à M. Naquet, pour la continuation de son discours.

M. Naquet. Messieurs, dans la discussion à laquelle je me

suis livré hier, je me suis efforcé de démontrer au Sénat que les diverses objections que l'on oppose au rétablissement du divorce, objections tirées de l'intérêt des mœurs et de la solidité de la famille, objections tirées de l'intérêt de la femme et de l'intérêt des enfants, n'étaient pas fondées et que même elles se retournaient contre leurs auteurs ; j'ai essayé de démontrer que c'était au nom de la solidité de la famille, au nom de l'intérêt de la femme, et même au nom de l'intérêt bien entendu des enfants, que le divorce devrait être rétabli.

J'espère vous démontrer qu'il en est de même de la dernière objection à laquelle je dois répondre aujourd'hui, et, dans ce but, je demande au Sénat de me continuer l'extrême bienveillance qu'il a bien voulu me témoigner hier.

Je veux parler, messieurs, de l'objection tirée de la liberté de conscience des catholiques, laquelle, au dire des adversaires de l'ancien Code civil, se trouverait blessée par le rétablissement du divorce.

Cette objection serait certainement de beaucoup celle qui me toucherait le plus, quoique, par mes convictions, je sois bien loin d'appartenir à la religion catholique, et cela parce que s'il est un principe qui me soit cher, s'il est une liberté à laquelle je sois profondément attaché, c'est la liberté de conscience.

Je suis jaloux du droit de pouvoir défendre ma pensée, mes croyances philosophiques ; mais cette liberté que je réclame pour moi, je la veux également pour mes adversaires, et si jamais un gouvernement ou un représentant du pays, à un titre quelconque, venait proposer à cette Assemblée un projet de loi qui portât atteinte à la liberté de conscience de mes adversaires, je ne laisserais à personne, dans les rangs de ces derniers, l'honneur de protester le premier.

Un sénateur à droite. On en a pourtant voté quelques-uns !

M. Poriquet. Vous en avez eu de nombreuses occasions !

M. Naquet. Je crois donc, messieurs, que le divorce ne touche pas à la liberté de conscience des catholiques ; si je pouvais penser une minute que cette mesure législative contient en elle une atteinte à ce principe, je ne l'aurais certainement pas proposée.

Mais ici, je vous demande la permission d'établir une distinction qui me paraît importante.

Parmi les catholiques, il y a, à proprement parler, deux classes à établir : l'une se compose de tous les citoyens qui croient aux dogmes de la religion catholique, qui se réclament de leur foi, de leurs convictions, de leurs croyances, mais qui font de la religion une question purement individuelle, purement personnelle, et qui se considèrent comme suffisamment protégés lorsque, en toutes circonstances et sans obstacle, il leur est permis de mettre leur conduite en harmonie avec leurs principes.

L'autre, messieurs, est celle que j'appellerai le parti politique catholique. En me servant de cette expression, il est bien entendu que je n'entends rien dire qui puisse blesser, en quoi que ce soit ceux de mes honorables collègues de cette partie de l'Assemblée qui peuvent appartenir au parti politique catholique.

Je le disais tout à l'heure, je respecte toutes les convictions sincères... (Interruptions à droite.)

Il y a des hommes pour qui la conception sociologique est tout à fait différente de notre conception sociologique, à nous. Nous pensons, nous, qu'une société peut vivre, peut se développer, peut évoluer alors qu'elle a été complètement sécularisée, alors que la question religieuse devient une question de conscience individuelle, alors qu'il n'y a plus de religion d'État, alors que le spirituel est complètement séparé du temporel, alors, en un mot, que, dans le développement social et législatif, ce sont les seules conceptions scientifiques qui dominent.

Il y a, par contre, des hommes qui ne conçoivent pas l'ordre, l'harmonie dans une société, en dehors d'une religion qui impose ses lois, qui domine la législation civile, et qui, laissant à la puissance civile, comme l'a fort remarquablement développé mon honorable collègue, M. Lucien Brun, que j'aperçois en face de moi, laissant, dis-je, à la puissance civile le soin de légiférer sur toutes les questions matérielles, retient les questions fondamentales de la législation, l'état des personnes notamment.

Eh bien, entre ces deux partis, entre ces deux opinions,

il y a une différence fondamentale. Il est certain que je ne convaincrai pas plus ceux qui représentent la seconde de ces conceptions, dont je viens de parler, qu'ils ne parviendront eux-mêmes à me convaincre; nous sommes à l'état d'adversaires, d'adversaires qui peuvent s'estimer comme s'estiment sur le champ de bataille les soldats de deux armées ennemies qui se combattent, mais qui fatalement ont le devoir de lutter.

Eh bien, à mon sens, le divorce est combattu par le parti politique catholique, par ce qu'on est convenu d'appeler et que je vous demande la permission d'appeler, — car il faut se servir de mots pour exprimer des idées, — le parti clérical.

Quant aux catholiques individuels, aux simples catholiques, j'estime qu'ils sont complètement désintéressés dans la question. Pour prouver qu'il en est bien ainsi, que c'est le cléricalisme qui est la cause de la loi de 1816, qui est la cause de l'abolition du divorce, je suis obligé de remonter un peu en arrière et de vous exposer rapidement l'historique de la question.

Lorsqu'en 1789 l'Assemblée constituante renversa le régime sous lequel la France avait vécu jusqu'alors et y substitua le régime démocratique qui se développe depuis cette époque à travers diverses vicissitudes d'action et de réaction, une des premières choses que fit l'Assemblée constituante, ce fut de proclamer le principe de la sécularisation de l'État.

A partir de ce moment, la religion cessa d'être une affaire d'État pour devenir une affaire de conscience individuelle. La liberté des cultes en fut la première conséquence. D'autres conséquences en sortirent également, et notamment celle-ci: le mariage fut considéré comme un fait purement civil.

M. LE BARON LE GUAY. Au point de vue civil.

M. NAQUET. Oui, monsieur, c'est bien entendu; mais, au point de vue de l'État sécularisé, la conscience des fidèles et des croyants reste en dehors.

Messieurs, je me suis servi de mots « fait purement civil » pour ne pas rouvrir le débat entre ceux qui pensent que le mariage est un contrat, ainsi que le disait la constitution de 1791 elle-même, et ceux qui pensent que le mariage est un état, question qui me paraît d'ailleurs un peu métaphysique et qui, ainsi que l'a souverainement démontré l'honorable M. Léon Renault à la Chambre des députés, est sans influence aucune sur les questions que nous débattons en ce moment, pour l'excellente raison que, s'il est vrai qu'un contrat doit être résiliable quand il y a inexécution des conditions fixées par la loi, — quelque considérable, quelqu'important, quelque particulier que soit ce contrat, — il est également vrai que, quand un état a cessé d'exister en fait, on chercherait vainement une bonne raison, au point de vue civil, pour le laisser subsister sous une forme fictive.

Ainsi donc, le mariage, au point de vue de la société, au point de vue de l'État, c'est bien entendu, devient, à partir de 1789, un acte purement civil. En même temps, poursuivant ses conquêtes, la Constituante proclamait que l'État ne reconnaîtrait plus les vœux religieux.

En ce qui touche au mariage, quelle devait être, messieurs, la conséquence immédiate de cette transformation? Cette conséquence devait être le divorce. Cela est si vrai que, dès le 16 août 1792, Aubert du Bayet, à la tribune de l'Assemblée législative, demandait à l'Assemblée qu'elle voulût bien charger son comité de législation de lui préparer, de lui présenter, dans le plus bref délai, un projet de loi réglant les effets et les conditions du divorce. Et il se produisit, à cette séance du 16 août 1792, un fait assez singulier, qui mérite d'être noté. Guadet prit la parole pour combattre la proposition d'Aubert du Bayet, non pas parce qu'il était ennemi du divorce, mais parce que, disait-il, il était inutile, inutile par cela seul, à son sens, que, le mariage étant devenu un acte civil, le divorce existait sans qu'il fût nécessaire de l'établir par une loi précise.

Et Guadet ajoutait : En ma qualité d'arbitre de famille, j'ai déjà prononcé plusieurs divorces, bien qu'aucune loi sur le divorce n'ait encore été faite.

L'Assemblée législative partagea, sur ce point, l'opinion de Guadet; mais, jugeant que le contrat de mariage était, par sa nature, d'une espèce particulière, et qu'il y avait des intérêts tellement généraux, tellement d'ordre social en jeu, qu'il fallait au moins régler les effets et les conditions du divorce, et ne pas abandonner ce règlement à la jurisprudence des tribunaux arbitraux de famille. L'Assemblée, dis-je, vota la proposition d'Aubert du Bayet; et, un mois plus tard, le 20 septembre 1792, la première loi instauratrice du divorce était faite.

Cette loi, je n'ai pas à en parler ici; elle n'est plus en question. Elle a été très fortement contestée, très vivement combattue; on pourrait peut-être, à certains points de vue, la défendre, en faisant remarquer que tous les vices qui lui ont été reprochés au temps où elle existait sont plus factices que réels, conformément au principe que j'énonçais hier, à savoir que la législation a très peu d'empire sur le nombre des familles qui s'unissent et se désunissent; mais enfin, je le répète, la loi de 1792 n'est pas en jeu. Ce qui reste établi, c'est que, comme conséquence de la sécularisation de l'État, comme conséquence de ce principe qu'on venait d'admettre que le mariage est un contrat civil, le divorce demeura fixé dans la législation française par la loi du 20 septembre 1792.

Les événements se déroulèrent; le Consulat succéda au Directoire. A ce moment, un mouvement de réaction se produisit, ou plutôt un mouvement de transaction entre les principes excessifs qui avaient été admis et appliqués par l'Assemblée législative, par la Convention et par les conseils directoriaux, d'une part, et les anciens principes qu'on essayait de combiner avec ces innovations, d'autre part. Telle fut l'œuvre des assemblées consulaires, qui préparèrent ce titre VI du Code civil, dont nous vous demandons à cette heure le rétablissement.

On revit avec soin les causes du divorce; on en diminua le nombre, on supprima cette cause de l'incompatibilité d'humeur, qui, déjà combattue par Sedillez à l'Assemblée législative, le 13 septembre 1792, consacrait plutôt la répudiation que le divorce.

On laissa subsister le divorce par consentement mutuel, mais en le transformant d'une manière si absolue et si profonde, qu'en réalité il ne méritait plus cette qualification et qu'on avait eu le tort de conserver le nom en supprimant la chose : car le divorce dit par consentement mutuel du Code ivil n'est rien de plus que le divorce pour des causes très graves, très délicates, mais telles que la loi permet de ne pas les dévoiler.

La loi de 1803 fut promulguée. L'Empire suivit son évolution naturelle, et, après les désastres de 1814 et de 1815 survint la Restauration. A ce moment, messieurs, un souffle ardent de réaction passa sur notre pays. On fit un pas en arrière ; on essaya de revenir vers le régime qui avait précédé la Révolution, et on rétablit la religion catholique dans ses prérogatives de religion d'État.

La religion catholique cessa, dès ce jour, de borner ses prétentions à une part de liberté et de protection égale à celle que pouvaient réclamer les cultes rivaux ; elle laissa à ceux-ci la libre pratique de leurs croyances, mais à titre de tolérance seulement ; elle revendiqua une situation privilégiée, une situation dominante dans l'État comme conséquence du rétablissement de la religion d'État, qui ne permettait pas, sur les graves matières qui touchent à l'état des personnes, de séparer, de mettre en présence et en contradiction la loi civile et la loi religieuse : le divorce fut aboli.

Peut-être la Chambre des députés et la Chambre des pairs de 1816 n'allèrent-elles pas jusqu'au bout de leurs convictions et jusqu'au bout de la logique. Pour être logiques, en effet, elles auraient dû faire disparaître l'intégralité du titre du mariage en même temps que le titre du divorce, et restituer absolument à l'Église la matière du mariage.

Elles ne l'osèrent pas, parce qu'il existait, à ce moment, en faveur du mariage civil qui s'était profondément implanté dans les mœurs, un mouvement tel que c'eût été folie que de tenter de revenir en arrière au sujet de cette institution fondamentale de notre droit public. Le divorce étant moins profondément implanté dans les mœurs, il n'avait pas encore poussé d'aussi profondes racines, on pouvait s'y attaquer, et on le fit.

Mais ici, messieurs, je vous demande la permission de vous lire quelques citations très intéressantes, très importantes, qui prouvent bien que les législateurs de 1816 n'abolirent pas le divorce parce qu'il avait produit de fâcheux résultats sociaux ; ces résultats fâcheux, on n'en parla pas ; on ne les dénonça pas, on n'eut pas la pensée de les signaler.

Vous savez ce qui se passe naturellement quand une loi est dénoncée à l'opinion publique ; vous le savez trop bien pour ne pas être tous convaincus que ces hommes, qui venaient de vivre sous l'empire du divorce et qui auraient dû en connaître tous les dangers et tous les vices, n'auraient pas manqué de les faire ressortir devant la Chambre des députés et devant la Chambre des pairs, s'ils avaient eu des vices et des dangers à signaler comme afférents à cette législation détestée.

Ils ne le firent pas, parce que ces dangers n'existaient pas, parce que les désordres dont on nous parle à quatre-vingts ans de distance ne s'étaient pas révélés. Ce qu'ils invoquèrent. ce fut la religion de l'État et la situation privilégiée de la religion catholique. J'en veux faire la démonstration historique, et dans ce but, je vous demande la permission de vous lire quelques passages du rapport de M. de Trinquelagues, qui fut, à la Chambre des députés, rapporteur de la loi portant abolition du divorce :

« Pour nous, messieurs, qui avons conservé la loi de nos pères, et pour qui les merveilles de la création sont toujours de saintes vérités, ces lois (les lois constitutives du mariage) ont une source bien plus noble ; elles dérivent de la divinité même. Voyez l'auteur de tous les êtres s'occupant, après avoir créé le roi de la nature, du soin de lui donner une compagne.

« Il ne la tire pas du néant, dit le célèbre avocat général Séguier, discutant la même question que nous agitons, Il oublie, pour ainsi dire, qu'il peut créer. Il la prend dans la propre substance de l'homme, et, satisfait de son ouvrage, Il l'offre lui-même à celui pour lequel Il venait de la former. Le premier homme, reprend M. de Trinquelagues, reçoit de la main de Dieu sa compagne, et dans le transport de sa joie, cédant à une inspiration divine, il dicte à sa race la loi de cette ineffable union : « L'homme quittera son père et sa mère pour s'attacher à son épouse ; elle s'appelera de son nom et ces deux êtres confondus n'en feront plus qu'un. »

Et plus loin :

« Aux yeux de notre religion sainte, le mariage n'est point un simple contrat naturel ou civil : elle y intervient ｜pour lui imprimer un caractère plus auguste. C'est son ministre qui, au nom du créateur du genre humain et pour le perpétuer, unit les époux, consacre leurs engagements. Le nœud qui est formé prend dans le sacrement une forme céleste, et chaque époux semble, à l'exemple du premier homme, recevoir sa compagne des mains de la divinité même.

« Une union formée par elle ne doit pas pouvoir être détruite pour les hommes, et, de là, son indissolubilité religieuse.

« Si ce dogme n'est pas reconnu par toutes les Églises chrétiennes, il l'est incontestablement par l'Église catholique, et la religion de cette Église est celle de l'État, elle est celle de l'immense majorité des Français.

« La loi civile qui permet le divorce... »

Messieurs, j'appelle toute votre attention sur ce passage : « La loi civile qui permet le divorce y est donc en opposition avec la loi religieuse. Or, cette opposition ne doit point exister, car la loi civile empruntant la plus grande force de la loi religieuse, il est contre sa nature d'induire les citoyens à la mépriser.

« Il faut donc, pour les concilier, que l'une des deux fléchisse et mette ses dispositions en harmonie avec celles de l'autre.

« Mais la loi religieuse appartient à un ordre de choses fixe, immuable, élevé au-dessus du pouvoir des hommes. La nature des lois humaines, dit Montesquieu, est d'être soumise à tous les accidents qui arrivent et de varier à mesure que les volontés des hommes changent. Au contraire, la nature des lois de la religion est de ne varier jamais. C'est donc à la loi civile à céder, et l'interdiction du divorce prononcée par la loi religieuse doit être respectée par elle... »

A la Chambre des pairs, ce sont les mêmes arguments qui se produisirent. Le premier orateur, dit le rapport qui nous a été présenté par l'honorable M. Labiche, le premier orateur, un pair ecclésiastique, s'exprimait ainsi :

« Une considération devrait suffire pour faire adopter la résolution qui nous est proposée : elle est conforme à la loi de Dieu.

« Toute loi humaine qui autorise expressément ce que

condamne expressément la loi de Dieu, est une loi impie et criminelle.

« Si de ce principe sacré, on descend à des considérations d'ordre inférieur », etc.

L'orateur poursuit:

« Ce ne sont pas seulement des sujets qu'il faut à l'État, ce sont de bons sujets... Comment espérer que les enfants du crime seront élevés dans la vertu?... »

Ainsi, messieurs, vous le voyez, ce qui ressort, de la façon la plus nette et la plus frappante, des discussions de la Chambre des pairs et de la Chambre des députés en 1816, c'est que la véritable considération qui fit abolir le divorce fut le défaut d'harmonie qui existait entre la législation civile qui le permettait, et la législation religieuse qui l'interdisait. Cela est si vrai, qu'à peine la révolution de Juillet eût-elle rétabli la société sur les bases où l'avait placée la révolution de 1789; à peine la religion d'État se trouva-t-elle de nouveau supprimée et remplacée par la liberté des cultes, que la question du divorce revint naturellement à l'ordre du jour.

M. de Schonen proposa le rétablissement du divorce, et comme je vous le rappelais au commencement de la séance d'hier, sur un remarquable rapport de M. Odilon Barrot, la proposition de M. de Schonen fut votée; et cela non pas seulement une fois, mais quatre fois successivement, en 1831, 1832, 1833 et 1834.

Au cours de la discussion de 1831, un fait remarquable se produisit. Un orateur monta à la tribune non point pour combattre la loi rétablissant le divorce, mais pour combattre simplement l'article 310 du Code civil, qu'il trouvait en contradiction avec la liberté de conscience des catholiques, et cet orateur reconnaissait que, dès l'instant où la religion d'Etat avait été supprimée comme telle, il n'y avait pas de raison pour ne pas rétablir le divorce. Il regrettait que l'État eût rompu sa vieille union avec l'Église catholique et qu'il n'y eût plus de religion d'État, mais cet homme, qui était l'honneur du parti catholique et légitimiste, — j'ai nommé Berryer, — avait l'intelligence trop élevée pour prétendre que la liberté de conscience individuelle des catholiques pût être froissée par le rétablissement du divorce. Il avouait franchement que, dès l'instant où la religion d'État était supprimée, le rétablissement du divorce devait être la conséquence de cette suppression.

Comment, en effet, Berryer aurait-il pu invoquer la liberté de conscience comme un argument contre le divorce, alors que le divorce ne touche pas au sacrement, mais simplement au nœud civil? Ah ! si nous avions ou si l'on avait eu, en 1831, la pensée qui a germé un instant dans l'esprit du premier consul, pensée qui aurait consisté à obliger les prêtres catholiques à bénir à nouveau, même quand le premier mariage n'aurait pas été annulé par la cour de Rome, la nouvelle union des époux divorcés, je comprendrais que les catholiques eussent protesté au nom de la liberté de leur conscience ; mais tel n'est pas le cas.

J'ai dit, messieurs, que cette idée avait germé un instant dans l'esprit du premier consul.

Comme je ne veux rien avancer qui puisse être sujet à controverse, je tiens, à ce sujet, à vous lire un passage d'une circulaire de Portalis, ministre des cultes sous le Consulat et l'Empire, circulaire que j'ai relevée dans l'admirable ouvrage de notre honorable collègue, M. le comte d'Haussonville, sur les rapports de l'Église romaine avec le premier Empire.

Voici ce passage :

« Le divorce, dit Portalis, est admis par la loi civile; il serait donc aussi injuste qu'imprudent de refuser la bénédiction nuptiale à tous ceux qui contractent un second mariage après le divorce. »

Eh bien, nous n'allons pas jusque-là, et je tiens même à vous faire remarquer, messieurs, que l'Assemblée législative de 1792 qui, à ne consulter que les apparences, semble avoir été beaucoup plus loin que l'Empire dans le sens de la lutte engagée contre les idées catholiques, avait, sous certains rapports, été moins loin; puisque jamais cette Assemblée n'avait eu l'intention ou la pensée d'obliger, sous une forme quelconque, les ministres du culte catholique à bénir à nouveau les unions des époux divorcés.

Quoi qu'il en soit, cette pensée, si elle s'est produite, et cela est évident d'après le passage de la circulaire que je viens de vous lire, n'a pas prévalu dans le Code: elle n'était pas dans la pensée des hommes de 1831 ; elle n'est pas dans la nôtre ; nous ne sommes pas un concile, nous n'édictons pas de prescriptions pour les fidèles, nous sommes des citoyens français qui légiférons pour des concitoyens français ; ce que nous traitons, c'est la question du mariage civil, du nœud civil ; le sacrement est en dehors de notre action ; nous n'avons pas à nous en occuper, il ne nous regarde en aucune façon.

Les fidèles sont engagés par le sacrement ; ceux qui ne croient pas ne sont pas engagés par lui, puisqu'il n'engage que la conscience ; mais, en aucun cas, nous ne voulons peser sur les ministres des cultes qui béniront ou ne béniront pas l'union des époux divorcés qui se présenteront devant eux, suivant que la cour de Rome les y aura ou non autorisés. Seulement, en quoi les catholiques, qui ne reconnaissent pas le mariage civil, qui protestent contre le mariage civil, qui ne cessent pas de prétendre que deux époux qui sont seulement mariés civilement vivent, en réalité, en concubinage, en quoi peuvent-ils être intéressés dans leur conscience à ce que la loi civile, en certains cas déterminés, en quelques circonstances rares, exceptionnelles, puisse briser un nœud dont ils ne reconnaissent pas la validité ? Ici je veux insister un instant : je dis que le parti politique catholique — je ne parle par des simples catholiques qui s'accommodent fort bien du mariage civil — je dis que le parti catholique repousse le mariage civil. Ceci est évident, car si, en France, nous ne voyons pas se produire de proposition de loi pour abroger le titre du mariage, c'est que l'on ne propose pas d'abroger ce qu'il est absolument impossible d'atteindre.

Les catholiques ne demandent pas, en France, la suppression du mariage civil, pas plus qu'ils ne demandent, en Belgique, la suppression du divorce ; mais dans les pays où le mariage civil n'existe pas, en Hongrie, en Espagne, dans les républiques sud-américaines, ils protestent contre le mariage civil avec plus de force et de vigueur qu'ils ne le font chez nous contre le divorce, et ils ont raison, car ils sont bien plus profondément atteints par le mariage civil qu'ils ne le sont par le divorce. En ce qui concerne la France, ils affectent de bien démontrer par l'indifférence qu'ils montrent à l'égard de

la cérémonie civile, que souvent ils traitent de simple formalité, et par l'apparat, au contraire, qu'ils déploient dans le
mariage religieux, ils affectent, dis-je, de bien démontrer le
peu de cas qu'ils font de la cérémonie civile et l'importance
qu'ils donnent à la cérémonie religieuse, laquelle, pour eux,
constitue le véritable, le seul mariage. Je pourrais à cet égard
vous citer certaines pages écrites par quelques enfants per-
dus du parti, mais j'aime mieux vous lire deux passages de
l'honorable M. Lucien Brun, qui est un des chefs les plus
autorisés du parti catholique. Notre collègue a publié un
recueil de conférences par lui faites, sous le titre d'*Introduction à l'étude du droit,* et voici ce que je lis dans une de ces
conférences, intitulée « Le mariage » :

« Ne voyez-vous pas, dit l'honorable M. Lucien Brun, que
ces vérités primordiales doivent être rappelées aux nations
et aux législateurs ? Ne vivons-nous pas au milieu d'un monde
qui s'habitue à l'idée du *mariage civil,* comme si la loi civile
pouvait créer elle-même les bases préexistantes et immuables
de la société humaine ? Ah ! sans doute, meilleures que les
lois, les mœurs ont gardé la tradition du lien religieux, et
l'instinct profond de l'humanité se révolte contre l'idée de
l'union des sexes que la religion n'a pas consacrée. On l'a
dit avec vérité : « L'épouse qui ne s'est pas présentée devant
Dieu n'ose pas lever le front devant les hommes. En vain
le magistrat consacre de telles alliances, l'opinion, plus puis-
sante que lui, les méconnaît sans pitié, et la pudeur publique
exécute son arrêt. »

Et, plus loin :

« Or, messieurs, vous le savez, l'Eglise enseigne que le
mariage est un sacrement, le catholique qui n'a pas reçu le
sacrement n'est pas marié. Au sortir de la mairie, il peut
bien y avoir un contrat, un échange de promesses, il n'y a
pas de mariage. Il y a donc un moment où la religion de la
majorité des Français et la loi civile, qui les oblige tous, sont
en contradiction formelle sur une des questions les plus intéressantes, sans contredit, pour l'ordre social. Vous êtes
mariés et vous devez vivre comme mari et femme, je vous y
contraindrai au besoin, dit le Code civil. Vous n'êtes pas mariés, toute cohabitation vous est interdite, dit l'Église; et il

faut ajouter que l'opinion, les mœurs publiques, l'instinct profondément chrétien de la nation, donnent, en fait, raison à l'Église contre le Code. »

Voilà, messieurs, la pensée même, la théorie dominante du parti catholique. En somme, le parti catholique vise à un retour en arrière.

M. Lucien Brun. Je n'ai parlé que pour les catholiques, quand j'ai dit cela, et je vous affirme que, pour les catholiques, il en est ainsi.

M. Naquet. Mon cher collègue...

M. Lucien Brun. Je ne sais pas ce que vous entendez par simple catholique, je suis purement et simplement catholique ; et l'on n'est pas catholique, quand on ne croit pas cela.

M. le baron Le Guay. On est athée alors, et pas autre chose. (Protestations à gauche.)

M. Naquet. Mon cher collègue, voici, je crois, où se produit la différence entre ceux que j'appelle les simples catholiques et le parti auquel vous appartenez et dont vous êtes un des chefs les plus éminents, c'est que les simples catholiques se soumettent à la simple formalité du mariage civil qui, cependant, au point de vue de leur conscience catholique, ne les engage qu'après le lien religieux ; mais ils ne protestent, en aucune manière, ni contre le mariage civil...

M. le baron Le Guay. Ils y tiennent autant qu'à l'autre.

M. Naquet... ni contre ce fait que le mariage civil précède le mariage religieux, fait contre lequel vous avez protesté dans votre travail. Ils admettent surtout, non pas seulement la liberté des cultes comme un pis-aller que l'on ne peut empêcher et dont on cherche à profiter en attendant qu'on la supprime, ils l'admettent absolument ; tandis que vous, mon cher collègue, voici ce que vous écrivez à ce sujet :

« Je n'oublie pas que nous vivons sous le régime de la liberté des cultes, et, en parlant ici comme je viens de le faire, je ne demande pas que ce régime soit modifié. Je n'entreprends rien de ce chef, pas même une discussion. Ce n'est point l'objet de cette conférence. Personne ne me soupçonnera d'admettre, en principe, l'égalité des droits entre la vérité et l'erreur. Mais je ne crains nullement d'affirmer que la liberté des cultes sincèrement pratiquée est, en l'état, ce que les catholiques de France peuvent espérer de plus favorable. Il serait téméraire autant qu'inutile de manifester ici le désir de voir modifier le fait de la liberté, au regard de la loi civile, des cultes publics et de la conscience individuelle. Nous acceptons le fait, on ne peut rien nous demander de plus. »

Voilà, messieurs, je crois, en quoi le parti catholique se différencie des simples catholiques. Je disais donc que les catholiques — j'entends les catholiques militants — veulent faire un retour en arrière. C'est un retour en arrière, en effet, que de demander, comme l'honorable M. Lucien Brun, que le mariage civil soit relégué au second plan, et que le mariage religieux précède le mariage civil.

Ils veulent revenir à un état de choses qui rendrait au pouvoir ecclésiastique la matière du mariage et, dans ces conditions, ils protestent contre le divorce : je le conçois. Mais, quant aux catholiques qui ne sont pas des hommes politiques et des militants, je ne vois pas en quoi le divorce peut les blesser plus que ne peut les blesser l'institution elle-même, qu'ils acceptent, et dont ils s'accommodent, l'institution du mariage civil. Ah! pour les catholiques militants, je le répète, on comprend la résistance. Ils veulent empêcher les principes de la Révolution française de dérouler leurs conséquences naturelles et fécondes. Ils veulent les stériliser, ces principes, afin d'avoir plus facilement raison et d'eux et de la législation qu'ils ont engendrée. Mais cela n'est pas, je suppose, de nature à vous émouvoir, vous qui, avec un respect absolu de la liberté de conscience...

M. LE DUC DE BROGLIE. Vous l'avez bien montré!

M. NAQUET... avez toujours prouvé que vous étiez aussi fermement résolus à arrêter tous|les empiétements des cléricaux, que vous êtes décidés à faire respecter la liberté de tous les cultes et de toutes les croyances. Je reconnais que, de notre côté, on n'entend pas ce respect à la manière de ceux qui considèrent toujours que la liberté est violée lorsqu'on ne leur donne pas le droit de violer la liberté d'autrui.

Cependant, il faut reconnaître la justesse de l'argument que Berryer invoquait en 1831, et qui l'empêchait de combattre le rétablissement du divorce, bien qu'il en regrettât la nécessité, l'argument de la séparation du spirituel et du temporel. Quant au droit, que proclamait si hautement et si magnifiquement, à la même époque, M. Odilon Barrot, pour le pouvoir civil de faire les lois qu'il juge utile à la société, sans se préoccuper des croyances religieuses des divers membres dont celles-ci se compose, les catholiques ne peuvent le nier.

Ils changent alors leur batterie et ils nous disent à peu près ceci : Mon Dieu, oui ! oui, vous avez le droit de prononcer le divorce ; mais prenez garde ! la religion catholique est la religion de la majorité des Français, et vous allez opprimer les catholiques par le divorce. Il est bien vrai que l'on opprime les israélites, les protestants, les libres-penseurs, en ne le votant pas ; seulement, quand on se trouve placé dans cette situation pénible, délicate, ou d'opprimer la majorité ou d'opprimer la minorité, mieux vaut encore opprimer la minorité.

C'est ce qui ressort — c'est moi qui formule la phrase, — mais c'est ce qui ressort de tout ce que j'ai lu, de tout ce que j'ai entendu dans les conférences et les livres catholiques sur la matière.

Je reconnais que si nous étions placés dans cette triste alternative d'avoir à opprimer la majorité ou la minorité, il vaudrait mieux n'opprimer que le plus petit nombre ; mais il y a quelque chose qui me paraît supérieur à cette doctrine qui consiste à opprimer le petit nombre, c'est la doctrine qui consiste à n'opprimer personne. Or, j'estime que l'indissolubilité du mariage opprime les cultes dissidents dont les adhérents, d'après leur foi, leurs convictions philosophiques ou religieuses pourraient divorcer, et à qui la loi civile l'interdit. Et ici, messieurs, j'ajoute qu'ordinairement la loi civile pourrait l'interdire, si c'était par des motifs d'ordre purement civil, social, et qu'alors les dissidents n'auraient pas plus à se plaindre que les catholiques n'ont à se plaindre du rétablissement du divorce. Mais si on leur impose l'indissolubilité du mariage uniquement pour ne pas se mettre en contradiction avec une religion qui n'est pas la leur, alors la liberté de conscience est violée dans leur personne. Il est bien évident, il est bien clair que leur liberté de conscience serait violée, dès l'instant où ce n'est pas pour des motifs religieux qu'on empêcherait le rétablissement du divorce ; il est certain que l'indissolubilité du mariage viole ainsi la liberté de conscience des philosophes, des libres penseurs et des cultes dissidents.

Quant au divorce, je cherche vainement en quoi il blessera les catholiques, car il y a entre l'indissolubilité et le divorce cette différence capitale, que l'indissolubilité du mariage est une loi coërcitive qui s'impose à tous, tandis que le divorce est une loi facultative qui ne s'impose qu'à ceux qui veulent s'en servir : on n'oblige personne à divorcer. Les catholiques ont et auront la séparation du corps et de biens, pour les cas où, même en ce qui concerne le lien civil, leur conscience répugne à prononcer jusqu'à ce mot divorce. J'ajoute que c'est une satisfaction que, pour ma part, je leur donne bien volontiers, car toutes les fois qu'il n'y a aucun inconvénient social, je fais avec plaisir toutes les concessions qui sont conformes au principe de la liberté de conscience ; mais c'est une concession qui, dans mon esprit, est absolument inutile. Il suffirait, en effet, que les catholiques divorcés ne se remariassent pas, pour que le divorce vaille pour eux ce que vaut la simple séparation de corps et de biens, et personne, pas plus sous l'empire de la loi de 1792, qu'aujourd'hui, en Allemagne où la séparation de corps a été complètement abolie, personne n'a jamais eu la prétention d'imposer de secondes noces à qui que ce soit.

Donc le divorce est facultatif, l'indissolubilité du mariage est obligatoire, et j'ai le droit de dire que cette indissolubilité blesse la liberté et la conscience de ceux à qui leur religion ou leurs croyances philosophiques permettraient le divorce, tandis que le divorce ne blesse pas la conscience des catholiques qui, je le répète, ne sont pas tenus de divorcer.

Ici, je me heurte à un argument : c'est celui que faisait valoir Berryer contre l'article 310 du Code civil.

Il disait : Prenez garde ! — ce ne sont point ses propres termes, c'est moi qui parle, mais j'expose très fidèlement sa pensée, — si l'époux demandeur a cessé d'être catholique, il peut demander le divorce et le faire prononcer à l'encontre de l'époux défendeur qui, bien que coupable, est demeuré catholique et doit être protégé dans sa conscience. Si même c'est le demandeur qui est catholique, en vertu de cette article, trois ans après, l'époux défendeur peut venir le mettre en demeure de faire cesser l'état de séparation de corps et de la transformer en divorce. Dans ce cas, disait Berryer, vous le voyez, le divorce est imposé à l'époux catholique !

Ici, messieurs, je réponds ce que je disais tout à l'heure : que l'époux catholique n'a qu'à ne pas se marier pour que le divorce vaille pour lui ce que vaudrait une simple séparation, et que, à supposer que son conjoint, qui a cessé d'être catholique et auquel la loi civile ne peut pas imposer les préceptes d'une religion à laquelle il ne croit plus, et que, à supposer, dis-je, que ce conjoint se remarie, ce mariage n'a aucune espèce de valeur au point de vue religieux. La situation sera à peu près la même que si cet époux n'ayant pas divorcé, s'était engagé dans quelque union illégitime. La situation du catholique sera même meilleure, car au moins ses intérêts matériels seront complètement sauvegardés.

Ici, je tiens à vous citer un fait : Il a été signé par la cour de Rome, sous le pontificat de Pie IX — je tiens ceci de l'ancien ambassadeur d'Autriche, M. de Beust, et je le tiens de l'éminent professeur à l'École de droit Gide, malheureusement mort à cette heure et qui était, comme vous le savez, d'une si grande compétence en matière de législation comparée, — il a été signé, sous le pontificat de Pie IX entre la cour de Rome et le gouvernement autrichien, un concordat qui a permis les unions mixtes entre catholiques et protestants, avec cette condition particulière que, quand une séparation intervient dans un pareil mariage, la séparation vaut comme simple séparation pour l'époux catholique qui n'a pas le droit de se remarier, tandis qu'elle vaut comme divorce pour l'époux protestant, qui a le droit de se remarier. D'où cette conséquence que le souverain pontife considérait comme suffisamment garanties la conscience et la liberté du catholique, à la condition que, respectueux des dogmes et des prescriptions de l'Eglise, il ne se remariât pas après la séparation, encore bien que son conjoint, qui n'était pas catholique, se remariât.

J'espère que le Sénat ne voudra pas, sur ce point, se montrer plus catholique que le plus infaillible des papes.

J'ajoute, messieurs, que si le divorce était en contradiction avec la foi catholique, là où le mariage civil est déjà établi, comme d'aucuns le prétendent, les nations catholiques, qui ont le divorce, auraient probablement fait quelques efforts pour s'en débarrasser. Or, il existe à notre porte une nation catholique comme la France, peut-être plus catholique que la France, c'est la Belgique. Dans ce pays, le parti libéral et le parti catholique se disputent le pouvoir, et le dernier ministère catholique qui a été appelé aux affaires, celui de l'honorable M. Malou, y est demeuré six ans. Il avait été précédé, d'ailleurs, par d'autres ministères catholiques. Or, je ne sache pas que jamais ni le gouvernement belge, quand le pouvoir était entre les mains des catholiques, ni aucun député ou sénateur catholique au parlement belge, ait fait la moindre proposition, ait présenté le moindre projet de loi pour abroger le divorce; je ne sache pas que la nonciature romaine à Bruxelles — quand il y avait une nonciature romaine à Bruxelles — ait fait la moindre démarche auprès du gouvernement belge pour obtenir l'abrogation du divorce. Il me semble que si le divorce froissait les consciences catholiques, comme on le prétend, il se serait trouvé au moins dans le parlement belge un homme, un catholique assez sincère pour protester au nom de la conscience et de la religion contre une loi impie et attentatoire à sa liberté.

J'ai parlé de la Belgique; mais j'aurais pu trouver un exemple en France, dans le passé. Lorsque le Concordat a été signé entre le pape Pie VII et le premier consul, le divorce existait en France, et ce n'était pas le titre VI du Code civil, c'était la loi de 1792 qui admettait jusqu'à la répudiation! Eh bien, ce ne fut là l'objet d'aucun obstacle, d'aucune discussion dans la rédaction du Concordat, qui fut admis, signé, promulgué, sans qu'il eût été question de l'abolition préalable du divorce.

Mais voulez-vous me permettre d'invoquer un souvenir, un fait assez curieux, qui prouve, une fois de plus, que, dans la pensée de la cour de Rome elle-même, dès lors que, dans un pays, la religion catholique n'est pas la religion d'État, les

pouvoirs publics, dans ce pays, ont le droit d'établir le divorce?
Ce fait, le voici. Le pape Pie VII n'avait point protesté contre le
divorce en France ; il l'avait trouvé établi au moment où le
Concordat avait été signé ; la religion catholique n'était pas
religion d'État, la cour de Rome ne protesta point contre le
divorce. Mais quand le Concordat italien fut signé, la religion
catholique devenait, en Italie, la religion d'État, et alors —
je lis ceci encore dans l'admirable ouvrage de M. le comte
d'Haussonville — le pape protesta contre l'introduction du
Code Napoléon dans le royaume d'Italie, en invoquant cette
raison que la religion catholique étant, en Italie, en effet la
religion d'État, le roi d'Italie, l'empereur Napoléon Ier n'avait
pas le droit d'y introduire le divorce.

Admis pour l'empire, le divorce était repoussé pour l'Italie :
les rapports des deux pays avec l'Eglise servaient de base à
cette distinction.

Je crois inutile, car personne ne le conteste, de vous lire le
passage de M. le comte d'Haussonville dans lequel j'ai pris
ce fait important à mes yeux.

Ainsi, messieurs, il me semble établi, autant que chose
peut l'être, que le divorce, restauré dans nos lois, n'aura
pas pour effet de blesser la conscience des époux catholiques.
Mais je veux aller plus loin et établir encore, qu'à l'exception
de ceux qui rêvent la suppression du mariage civil, qui espè-
rent l'obtenir et voir la matière du mariage rendue exclusivement au droit canonique, pour tous les catholiques qui
acceptent le mariage civil comme un fait acquis, indéniable,
sur lequel il n'y a pas à revenir, non seulement le divorce
n'est pas un mal, une aggravation, mais il est un bien qu'ils
devraient réclamer avec nous, au nom de leur propre liberté
de conscience.

En effet, si la loi œcuménique a décidé que le mariage était
indissoluble et que là où il y a sacrement, nul ne peut délier
ce que Dieu a uni, la loi religieuse, qui est, en même temps
très humaine sous bien des rapports, a compris qu'il fallait
des accommodements avec sa propre rigueur. Elle n'a pas
rétabli le divorce, mais elle a établi quatorze cas de nullité
canonique du mariage. Le Code civil a été très parcimonieux
sur les cas de nullité ; il ne les a admis que dans des circon-

stances absolument déterminées et rares ; bien plus, à moins qu'il ne s'agisse d'un double mariage, d'un fait de bigamie, d'un fait d'ordre social ou public, il a édicté une prescription très courte pour les actions en nullité ; si bien que, même au cas d'erreur dans la personne physique, si, après que cette erreur a été constatée, on a laissé écouler six mois sans demander la nullité du mariage, la nullité ne peut plus être invoquée.

Eh bien ! à l'encontre de cette rigueur et de cette parcimonie avec laquelle le Code civil accorde des nullités, la loi religieuse n'a pas imposé de prescription : On peut, après huit, dix, quinze, vingt ans écoulés depuis le mariage, découvrir utilement qu'au moment où les époux ont reçu le sacrement, ils n'étaient point en état de le recevoir et faire admettre que le sacrement ne les avait pas atteints, qu'il n'y a pas eu mariage et qu'ils sont libres de convoler à nouveau.

C'est ainsi, par exemple, que nous avons vu un mariage, — il n'y a pas longtemps de cela, — brisé par la cour de Rome, encore bien que ce mariage eût donné naissance à un enfant, — sous prétexte qu'il n'y avait pas eu consentement valable...

Un sénateur à droite. C'est le prince de Monaco !

M. Naquet. C'est le prince de Monaco, — si vous voulez que je dise les noms, — sous prétexte que la femme avait été violentée dans sa volonté par l'empereur Napoléon III. Quand cette décision fut rendue, l'empereur était mort depuis six ans, toute possibilité de violence avait cessé, par conséquent, mais on allait rechercher dans le passé le souvenir même de la violence et, malgré le temps écoulé, la sanction intervenait : la prescription n'existait pas aux regards de la cour de Rome. Le mariage a donc été dissous, et cela bien qu'il eût régi les époux pendant une période de huit ans.

Je ne citerai pas le mariage de Napoléon Ier et de Joséphine qui, au dire de M. d'Haussonville, a été également dissous par l'officialité métropolitaine de Paris, sous prétexte que Napoléon Ier avait été violenté et n'avait pas donné un consentement valable.

Je n'ai pas sous les yeux le volume, mais je me fais fort, messieurs, de vous apporter, à la prochaine séance du Sénat, l'ouvrage de M. le comte d'Haussonville, le tome III de son travail, qui traite du divorce de l'empereur Napoléon Ier et de l'impératrice Joséphine. L'auteur y raconte comment l'officialité diocésaine avait rejeté et comment l'officialité métropolitaine, jugeant en appel, rétablit et retint seulement cette cause de divorce.

Mais, messieurs, les cas de nullité sont considérables. Il y en a quatorze ; je ne vous en ferai pas l'énumération, mais il en est de plus particulièrement intéressants.

D'abord, celui du défaut de consentement ; vous voyez qu'il est très large, d'après les deux exemples que je viens de rappeler. Il y a aussi l'erreur dans la personne.

L'honorable M. Léon Renault a rappelé que l'erreur dans la personne, suivant les casuistes, s'entend, tantôt de l'erreur dans la personne physique, tantôt de l'erreur dans la personne morale, ce qui va extrêmement loin !

Quoi qu'il en soit, il est incontestable — et je vais citer quelques exemples, parce que les faits prouvent plus que les théories, en pareille matière, — il est incontestable que, dans un certain nombre de cas, l'Eglise annule des mariages que la législation civile n'annule pas. Je vais donc, si vous voulez bien me le permettre, citer quelques exemples à l'appui de ma thèse ; je mettrai les noms là où je croirai pouvoir le faire, notamment lorsque ces noms se sont trouvés indiqués dans un procès; on peut alors les présenter sans inconvénient.

Le premier de ces cas, je l'ai cité déjà à la Chambre en 1879, il y a aujourd'hui cinq ans, jour pour jour : c'est celui de M. le marquis de Grollée-Virville, marié vers 1860, et à qui sa femme déclara, dès le premier jour de ses noces, qu'elle avait entendu épouser son nom, mais qu'elle n'avait pas entendu épouser sa personne. L'honorable marquis de Grollée-Virville avait, lui, entendu autrement les droits et les devoirs du mariage, et, pendant deux ans, il essaya, par tous les moyens honnêtes, de ramener sa femme à de meilleurs sentiments. N'ayant pu y parvenir, il s'adressa à la justice civile de son pays ; il demanda au tribunal civil de la Seine d'annuler son mariage. Il avait confié son procès à

Jules Favre, qui prononça, à cette occasion, un de ses plaidoyers les plus éloquents. Le tribunal civil reconnut que le cas était grave, qu'il y avait injure de la femme vis-à-vis du mari, et il prononça la séparation de corps et de biens. Mais il retint le mariage comme bon et valable, et le marquis de Grollée-Virville se trouva ainsi marié sans l'être !

C'était un homme sincèrement, profondément catholique. Il ne voulait pas renoncer au mariage, il ne voulait pas renoncer à l'amour et ne voulait pas, en homme honnête et religieux, s'engager dans des relations adultérines. M. de Bonald a écrit quelque part, « que, dans des cas semblables, il n'y a qu'un parti à prendre: se retirer dans la vie monastique. »

Mais on peut être très bon catholique sans avoir la vocation de la vie monastique. Le marquis de Grollée-Virville se trouvait dans ce cas. Que fit-il?, Il se rendit à Rome, introduisit une instance devant le tribunal romain, et il obtint l'annulation de son mariage. Plus tard, il épousa à Rome une jeune Florentine, avec laquelle il vint habiter Florence, et dont il eut trois enfants.

Seulement, quand le royaume d'Italie eut annexé les provinces romaines, la législation italienne ayant validé tous les actes accomplis dans les États romains avant l'annexion, M. de Grollée-Virville se fit naturaliser Italien, et, à cette heure, il est légalement marié, tant au point de vue civil qu'au point de vue religieux.

Mais, au point de vue français, il ne l'est pas; il vit en concubinage, s'il n'est pas bigame. N'est-il pas vrai de dire que, en sa qualité de catholique, il aurait eu tout intérêt à ce que le tribunal de la Seine, au lieu de prononcer la séparation de corps, eût admis le divorce ?

M. Delsol. Ce n'est pas le divorce, c'est l'annulation du mariage.

M. Naquet. Mais, monsieur, il aurait, dans tous les cas, bénéficié du divorce. Vous dites : « C'est l'annulation du mariage. » C'est là une question de mots.

Il est certain que si, au lieu de prononcer la séparation de corps et de biens, le tribunal avait prononcé le divorce, M. de Grollée-Virville en aurait bénéficié, pour avoir une situation incontestable, au point de vue civil comme au point de vue religieux; tandis que, grâce aux rigueurs de la loi française, il n'a pu mettre sa situation en harmonie avec la loi civile, qu'à la condition de perdre sa qualité de Français.

Voulez-vous me permettre de vous citer un autre fait du même ordre? j'y insisterai moins. C'est un fait identique, mais dans le sens inverse. Il s'agit du mariage du fils du maréchal Maisons avec mademoiselle de Maugsbourg, en 1840. Ici, ce fut le mari qui se déroba immédiatement après le mariage, et ce fut la femme qui obtint la séparation de corps. Dix ans plus tard, mademoiselle de Maugsbourg, — j'ai le droit de l'appeler ainsi, et non pas madame Maisons, — se présenta devant le tribunal romain, fit annuler son mariage par la cour de Rome, dans l'espoir que la décision pèserait sur les juges français, et qu'elle obtiendrait plus facilement la nullité de son mariage devant le tribunal civil. Il n'en fut rien; sa demande fut repoussée purement et simplement par le tribunal civil, alors que, cependant, elle avait été retenue et admise par le tribunal ecclésiastique.

Oui ou non, ai-je le droit de vous demander : le prince de Monaco et lady Hamilton ont-ils été heureux, étant catholiques, de ne pas vivre sous la législation française? Et, s'ils eussent vécu sous cette législation, n'auraient-ils pas eu à souffrir de ce que, le divorce n'étant pas établi, il ne leur aurait pas été permis de profiter d'une liberté que leur conscience religieuse leur accordait? N'auraient-ils pas eu à souffrir de notre législation civile, plus dure, plus rigoureuse que la loi catholique elle-même?

Oui ou non, mademoiselle de Maugsbourg, oui ou non, M. le marquis de Grollée-Virville, qui a été obligé de renoncer à sa nationalité, n'auraient-ils pas été plus heureux, comme catholiques, de pouvoir se reconstituer une existence que le droit canon, moins sévère que le droit civil, leur permettait de se reconstituer ?

Mais, messieurs, il y a un cas bien plus grave, et que prévoit l'honorable M. Lucien Brun; je veux parler de celui où, au sortir de la mairie et, alors que rien n'a été débattu ni convenu d'avance sur ce point l'un des deux se refuse à rece voir la bénédiction nuptiale.

Ah ! ici ce n'est plus une question de divorce ou de nullité, comme vous l'entendrez ; il n'y a pas lieu d'annuler un sacrement ; il est constant qu'il n'y en a pas eu même l'apparence.

Au point de vue religieux, l'époux catholique n'est pas marié, et cependant, au nom de la loi civile, il l'est.

Eh bien, si le divorce existait, les tribunaux, dans ce cas, le prononceraient pour cause d'injure grave, comme ils prononcent aujourd'hui, dans les cas semblables, la séparation de corps. Ils rompraient le lien civil, et l'époux catholique devenu libre pourrait, je ne dirai pas se remarier, puisque dans sa pensée il ne l'a jamais été, mais se marier.

Voici à cet égard ce que dit M. Lucien Brun :

«... Juges, vous n'hésiteriez pas à décider que la persistance du mari à lui imposer une cohabitation qui n'est à ses yeux qu'un concubinage, constitue une injure grave, de nature à motiver la séparation de corps. S'il est permis de faire l'invraisemblable hypothèse d'une femme refusant la consécration religieuse de son union, le mari, cela est hors de doute, pourrait, pour des motifs de même nature, refuser de recevoir sa femme et obtenir la séparation.

« Mais, palliatif insuffisant, ai-je dit, car l'époux séparé restera la victime innocente du manque de foi de son conjoint. Marié aux yeux de la loi civile, il ne pourra demander à l'Église la consécration d'une union légitime, et, veuf avant le mariage, il vivra dans un célibat forcé auquel il n'est pas destiné ; il ne pourra goûter ni les joies de la famille, ni les austères jouissances de la virginité volontairement gardée sous l'impulsion d'une vocation religieuse.

N'est-il pas évident que dans tous ces cas et dans les cas analogues qui peuvent se présenter, les catholiques auraient avantage au divorce ? Et s'il en est ainsi, s'il se présente des circonstances telles que l'époux catholique ait avantage au divorce, s'il n'en existe aucun où il puisse être violenté, blessé par cette institution à laquelle il n'est pas obligé de recourir quand il ne le veut pas, j'ai le droit de dire que l'argument des catholiques se retourne contre eux ; j'ai le droit de dire que c'est au nom de la liberté de conscience des catholiques eux-mêmes que le divorce s'impose.

Toutefois, messieurs, malgré ce que je viens de dire, malgré la conviction profonde dans laquelle je suis que ni les objections tirées de l'intérêt de la famille, ni les objections tirées de l'intérêt de la femme, ni celles tirées des mœurs sociales, ni celles tirées de la liberté de conscience ne sont recevables, que même toutes ces objections se retournent contre leurs auteurs et permettent de conclure au divorce, malgré cela, j'hésiterais peut-être, comprenant tout ce qu'il y a de grave à modifier les lois qui régissent cette question fondamentale de la famille et du mariage, si l'expérience était à tenter pour la première fois, si elle était neuve, si le divorce n'avait jamais existé nulle part dans l'antiquité et n'existait nulle part dans les temps modernes.

Mais je n'ai qu'à jeter les yeux autour de moi, et je trouve le divorce qui fonctionne sous toutes les latitudes, sous tous les régimes, dans la Russie autocratique, dans la Hollande, en Angleterre, dans la Belgique constitutionnelle, dans la Suisse et dans l'Amérique républicaines, avec des mœurs différentes, avec des religions différentes, car la Belgique est catholique et elle a le divorce ; je vois ce fait, que reconnaissait hier, dans une conversation privée, un des adversaires que j'ai dans cette Assemblée, c'est que dans les pays où le divorce n'existe pas, il y a un mouvement qui se manifeste en faveur de son institution. Tantôt c'est un législateur, tantôt c'est le gouvernement lui-même, comme en Italie, tantôt c'est un auteur dramatique ou un philosophe qui réclame le divorce.

Au contraire, là où le divorce existe, où on le voit fonctionner, jamais — à l'exception de raisons d'ordre purement catholique et clérical — jamais il n'y a eu de mouvement en faveur du retour à l'indissolubilité.

J'ai donc le droit de le dire : Quand une expérience a donné de tels résultats, non seulement elle est faite, mais elle est parfaite, et il ne reste plus qu'à introduire chez nous une réforme qui fonctionne partout ailleurs à la satisfaction de tous.

Aussi, messieurs, est-ce avec l'espérance d'une décision favorable du Sénat que je descends de cette tribune. Le Sénat voudra certainement prouver une fois de plus, qu'il n'es , point, comme d'aucuns le disent, l'ennemi systématique du progrès, et qu'il est toujours décidé à voter les lois utiles et justes, quand elles sont mûres, quand elles sont acceptées et quand elles sont réclamées par toutes les personnes sages et modérées du pays.

FIN.

TABLE DES MATIÈRES [1]

(1) Explication des abréviations : a. *article.* — n. *numéro.* — p. *page.* — V. *voir.*

FIN DE LA TABLE DES MATIÈRES.

Paris. — Imprimerie G. ROUGIER et Cie, rue Cassette, 1.